U0633740

宜春学院校级教改课题：YCUJG-2015-08 信息化时代高校
哲学课程理论教育实效性提升路径研究

本书为江西省高校重点学科伦理学研究成果；
江西省高校人文社科重点研究基地成果。

领悟
中国哲学的智慧

尹业初◎编著

中国社会科学出版社

图书在版编目（CIP）数据

领悟中国哲学的智慧／尹业初编著．—北京：中国社会科学出版社，2016.6（2017.11 重印）

ISBN 978-7-5161-8017-4

Ⅰ.①领… Ⅱ.①尹… Ⅲ.①哲学—研究—中国 Ⅳ.①B2

中国版本图书馆 CIP 数据核字（2016）第 084284 号

出 版 人　赵剑英
责任编辑　凌金良
责任校对　王佳玉
责任印制　张雪娇

出　　版　中国社会科学出版社
社　　址　北京鼓楼西大街甲 158 号
邮　　编　100720
网　　址　http：//www.csspw.cn
发 行 部　010-84083685
门 市 部　010-84029450
经　　销　新华书店及其他书店

印　　刷　北京君升印刷有限公司
装　　订　廊坊市广阳区广增装订厂
版　　次　2016 年 6 月第 1 版
印　　次　2017 年 11 月第 2 次印刷

开　　本　710×1000　1/16
印　　张　21.75
插　　页　2
字　　数　357 千字
定　　价　79.00 元

凡购买中国社会科学出版社图书，如有质量问题请与本社营销中心联系调换
电话：010-84083683
版权所有　侵权必究

14 思政班

目　录

前　言

在政法学院聂火云教授的热情鼓励与大力支持之下，我为思政专业本科生讲授《中国哲学史》，授课结束之后，即主编了这本书。

源远流长的中国哲学里有我们一生取之不尽、用之不竭的智慧宝藏。大学生应该在中国哲学的指引下更加智慧地生活。学习中国哲学的价值与意义，首先体现为中国哲学的智慧使人成为人而不是成为某一类人。在这种智慧长期的潜移默化下，可以磨砺出人之所以为人的高贵品格，找回人之所以为人的高尚情操，重建人之所以为人的精神家园。我们生存于天地之间，或许可以不投身于数学和物理学的新进展，便能够直接利用或者享受它们的成果，但是却不能不关心自我心性的修养，因为人生的品位与境界在己不在人，在内不在外。中国哲学不是人生存的工具和手段，而是人生活的目的和理想。人生问题成为中国哲学最重要的研究对象，人生问题涉及人与自然、人与社会、人与自身的矛盾，进而延伸到生命的短暂与永恒的矛盾、灵与肉的矛盾、人生现实与理想的矛盾等，中国哲学提供了解决种种人生问题的智慧：天行健，君子以自强不息；地势坤，君子以厚德载物，奠定了中国哲学思考人生的主基调。人法地、地法天、天法道、道法自然，这是道家思想赋予中国人的人生智慧；君子谋道不谋食，忧道不忧贫；穷则独善其身，达则兼济天下；为天地立心，为生民立命，为往圣继绝学，为万世开太平，这是儒家思想赋予中国人的人生智慧。除此之外，在与人交往相处的过程中，设身处地地站在对方的立场上想问题，时刻谨记“己所不欲，勿施于人”，不怨天，不尤人。时刻保持一颗虔诚恭敬之心，对待他人谦恭有礼、充分尊重；对待工作兢兢业业、恪尽职守；为人处世不患得患失，待人接物不斤斤计较。总之，中国哲学的亲切和洒脱，是以任何人都可以了解和掌握的姿态出现的。

学习中国哲学关注的重心不是知识论，也不是认识论，而是道德情感体验论。中国古代哲人的智慧在很大程度上是超越逻辑思维和理性思辨的，体现的是对日常生活的直观感悟。翻开中国哲学的经典，其中的文字记载，都不是那么注重逻辑推理与分析，而是用形象含蓄的语言娓娓道来，讲人生体悟，谈修身养性，其中的道理都需要我们身体力行或直觉体证才能通达。因而在课堂教学设计方面，我尽可能引导学生设身处地地对中国哲学的智慧进行思考，理论联系实际，调动学生的学习兴趣。整个课程以传统中国哲学的主流思想儒、释、道、墨、法、兵家的人生智慧为重点，兼顾两汉、魏晋与宋明时期主要思想家的人生智慧为核心内容。在教学过程中，要求学生加强对这些流派与思想家们经典原著的阅读，加强中西哲学中人生智慧的比较，以凸显中国哲学人生智慧的特色。同时，通过有意识地调整中国哲学的广度和深度两者的关系，来提高学生对本课程的兴趣，提高学生自学的能力。课程结束后，已经形成一套比较完整的教学方法和学生考核指标体系。我相信在一定程度上，该课程应该会成为学生终身受益的必修课程。

这本书凝聚了宜春学院政法学院14思政专业四十九个同学的心血，承载着他们对中国哲学的心得与体会。书中每一篇都是他们在课后用心写出来的真情实感。他们的观点也许表现得非常简单朴素，也可能经不起严密的逻辑论证，但至少反映了他们内心世界对待传统文化真诚的态度。理解一种文化总是应该具有虔诚与理性的态度为前提，领悟传统文化的智慧尤其如此！他们从我设计的十二个课程教学主题出发，为整个学期的中国哲学课的教学交出了一份比较满意的答卷。希望这本书能成为他们心智成长过程中的一个见证，成为永远不能忘却的纪念！书末的后记，是由本班表现非常优秀的刘修发同学完成，希望能够代表全班同学的共同心声。书中的作者分别是：01. 阿利娅　曾柳　02. 陈梦琴　03. 陈蓉　04. 陈彩平　05. 邓聪聪　06. 丁文英　07. 费文立　08. 高慧　09. 高铭遥　10. 郭小妹　11. 郭燕茹　12. 胡婷　13. 胡雅雯　14. 胡伊珊　15. 黄芳芳　16. 金伊雯　17. 李骄阳　18. 廖芳娟　19. 林可可　20. 林秋平　21. 刘春连　22. 楼安妮　23. 吕苗苗　24. 彭盼盼　25. 宋莹　26. 谭家乐　27. 王琳　28. 王伶　29. 王依　30. 吴文莉　31. 肖海艳　32. 谢璐　33. 谢宇　34.

徐鑫　35. 薛婷婷　36. 张慧雨　37. 周飞菲　38. 周伟　39.　邹朱华　40. 曾祥贤　41. 林秋青　42. 刘乐虎　43. 刘修发　44. 龙翔　45. 吴旋　46. 肖明秀　47. 郑佳晨　48. 左强

第一章　那一抹乡愁

油然而生的乡愁，这是一直生活在城市里的人无法理解的。经历了从改革开放到现在三十多年巨大变迁的乡村，让生活在乡村里的每一个中老年人拥有了一段非同寻常的人生经历，这段经历以鲜明而深刻的轨迹刻画在这两代人心中。春节返乡过年的传统习俗，就成为这种情感集中爆发的时刻。在乡村，乡愁最严重的是七八十岁的老年人，他们已经跟不上时代潮流，散落在乡村与城市由钢筋混凝土隔离开的各个角落。他们习惯于乡村传统的日出而作日落而息的集体劳作，习惯于你来我往的互相帮助与互相照顾，精神世界一直还停留在农业文明的时代，一切现代工业文明特别是虚拟的网络世界，根本与他们格格不入。现代人讲的他们不懂，他们讲的现代人不感兴趣。外面的世界在他们看来，虽然精彩纷呈，却是眼花缭乱，虽然热热闹闹，却是与己无关。现代生活方式与环境日新月异，这种异化让他们找不到自己心灵熟悉的归宿，仿佛置身于一个魔幻世界一样不知所措。即使有些农村老人被自己的子女接到城市里生活，也因为更加异化了的生活方式与环境而慌乱得像被关在笼子里的小鸟。所以常常在空荡荡的房间或者更加空荡荡的乡村，在来来往往的城市街道或者更加人头攒动的商场，都可以看到一些这样的老人，没有衣食温饱的忧虑却在漫无目的地游走，他们常常自言自语地哀叹：自己为什么不早一点死去，活着还有什么乐趣，有什么意思？这种来自心灵深处的孤独，已经成为乡村老人难以言状的精神之痛。开辟一方土地建设有着田园风光的乡村敬老院，在设备设施方面按老年人的生活需要配备齐全，让他们就这样聚集在一起重温旧梦，感受到仿佛回归了属于自己本真的精神家园，能否成功则期待有识与有为之领导者的实践予以检验。

01

新年到，吉祥到！随着城市化的发展，在城市里，“年”是越来越没有原来的味道。

以前眼看着长辈们忙东忙西筹办着年货，为新的一年做准备。现在的年，只看见街上家长带着孩子，随处逛着买新衣服，就算是换了一身新气象！人类的发展，真的是越来越简单，越来越容易满足了吗？

这次过年，我们带着对城市“年味”的失望，去了趟乡下。还未到村口，就听到了鞭炮的响声，到处充斥着生机，人们的欢笑声，脸上洋溢着幸福。乡下的家畜也似乎欢迎新年的到来，小狗在村里到处奔跑。我以为乡村的年也和城市一样，只是一时沸腾。却没想到会如此丰富，小孩子放鞭炮、去爬山、去邻里家串门拜年，大人们在厨房里包饺子、做好吃的……

在乡村体会到了城市逐渐消失的年味，就像小时候，哪怕家里没有那么富裕，可还会有精彩的新年。以后的新年，也想要丰富多彩！

02

是什么烘托出了那份萦绕于怀、挥之不去的乡愁？大概是过去的积淀，当下的繁杂和对将来的祝愿期许甚至担忧……三种时间意识相互联系，乡愁一直都有。

乡愁对于当今追逐功利的社会而言是奢侈品，是一种带着酸涩又或是甜蜜的基本情感，是你转身或是低头沉思便可拾起的心灵归属。纷繁喧闹的城市生活能让人迷了眼、乱了心，而凝聚着花香鸟语、炊烟袅袅田园牧歌的记忆和期待之下的乡愁则能为人心寻觅到一片安稳而有根可寻的栖息地。

城镇、工业、信息解放了人却也在一定程度上禁锢了人心，有多少的真实情感是被压制在现实利益之下。生活一直在往前，幸好有乡愁这一平凡而又真实的存在。乡村的事简单而透明，依附在乡村上的情感也是干净诚挚的。潮湿的心除了要去感受生活的美好，也该去拥抱这一份乡愁，记住它，把它放在离心最近的地方。

06

家乡的年是热闹的。离过年还有一个月的时候，不知道从哪儿就飘来了过年的气息，虽是楼房，却还能从窗户上看到晒得满满当当的香肠、腊肉。街边的小店也忙活着——炸着肉丸、鱼饼，香味扑鼻。这一个月是会一直忙碌，市场也是不会闲下来的。市场街道两边摆着糖果和梨子、香蕉等水果。商场里来来往往的人，手里提着大大小小的商品，到处都是红红火火的。

到了三十那一天街上反而冷清下来，大家都在家里等着过年了，这时的餐桌上会有鱼、蒸腊肉、香肠……这些都是家乡的特色。晚上大人们一起看着春晚，小孩好像是被手机吸引住了。屋外烟花十分绚烂，为节日更增加了喜庆氛围。“年”这个节日不仅仅意味着新的一年到来，还意味着人的团聚、情的团聚，更意味着一大家子对于美好未来的期待。

对于我这个在外读书的学生来说，家乡的年也是一个美好的记忆，独自在外，有时会想起家，想起过年时热闹的气氛，想起那些为了“年”忙碌的身影。“年”虽说每年都会过，每人都会过，但是对于不同的人，“年”在心里都是独特的。

07

在2014—2015年的这一年里，是我上大学第一次回家过年。这一次过年，大家的话题都变了，以前家里的亲戚一直都希望你能考个好大学，现在大家都围绕着“结婚”这个词。表哥已经开始张罗着结婚了，姨夫总是说现在结婚的礼金太贵了。不仅如此，在今年的同学聚会里，同学们也是感慨家里的大人老是催他们去相亲，害得他们都不敢回家了。为什么大家对“结婚”如此感慨？究其原因，就是因为农村结婚的礼金太贵，一般的家里难以承受其重。

据调查研究，现在各大农村结婚的礼金一直在增加，许多家庭越来越担心将来自己的儿子因不能支付起高昂的礼金而娶不到媳妇。为何农村结婚的礼金越来越高？有很大的原因是随着经济的发展，农村逐渐与城市接轨，农村的人民也发财致富了，但是城市化也带来了负面影响，如城市里的浮夸、奢侈风吹向了农村。农村的人互相攀比、爱面子。第二个原因就是女方的文化水平普遍提高，因而身价也跟着提高。

总而言之，对于中国农村这种现象，值得人们思考，这到底应不应该呢？

10

踏上返乡的道路，心中怀着对家中温暖的向往。生活在城市的我们没有袅袅炊烟的清晨，也没有噼啪作响的柴火，但对家的向往却从未有过一丝的减少。

随着城市水平的发展和生活水平的提高，我们脱离了逢年过节大家庭团聚的喧闹与热烈，有的只是小家中三口人的温馨与相守，这是我们不可避免的窘境。发展随之带来的是改变，改变的是家中的人口结构和生活方式，我们不再走街串巷的挨家挨户拜年，不再午夜奔跑于小小的庭院围着烟花笑闹，没有高档饭店的家庭聚餐，也没有巨额红包的尾随而至，我满足于这种改变，虽有些小小的遗憾，但小家的团圆在我心中是弥足珍贵的。

在这个传统的日子里，我们遵从习俗扫房、守夜、包饺子，生活中依旧充斥着满满的年味，只是分享的人少了，但习俗就是习俗，它不会因人口的减少就被摒弃于家门之外。作为传统的中国人，习俗早已融入我们的血液，它因大家而浓烈多彩，但也不会因我是小家而黯然失色。发展带给我们改变，但不变的永远是源于人们内心深处的归属感。

18

“想得家中夜深坐，还应说着远行人。”多少的期盼在过年这一刻因家庭团聚而变得越发幸福，所有的守候在这一刻也是值得的。今年春节与往年不同，表姐因为有了小孩不能回来，看着手机中那个“萌萌哒”的小孩子，家庭中又多了一个成员，我在脑海中勾勒着明年大家相聚的场景，欢声笑语无限。但由于表姐的缺席，大家难免有那么一丝遗憾，当表姐的电话打过来的时候，我姨忍不住眼泪掉下来。我姨家里就只有她一个女儿，把她视为掌上明珠，从小到大什么事情都顺着她，起初的时候我姨不愿意让她嫁到那么远去，而且姐夫还比我姐大六岁，在我们农村人的眼中这是无论如何也接受不了的。不过后来，他们还是在一起了，而且姐夫还把户口迁到了这里，并且保证要对我姐好，包容我姐一辈子，也许是被姐夫的这份诚挚所打动，我姐姐同意了这门婚事。由于计划生育的政策致使现在农村里大多数家庭都是独生子女，对于父母而言，都希望孩子能在眼前，但是孩子也有长大的一天，他们渴望自由，渴望飞翔，家长却也只能含泪慢慢地放开了对孩子的束缚，让他们由着自己的内心去追逐自己的方向。可无论飞向何处，总有人在背后默默地温情地关注着这一切，而这些人就是我们的父母，无论何时何地，家都是我们温柔的港湾和温暖的期盼。多远都要记得问候父母，告诉他们：你想他们而且你过得很好，就这样简单而朴素的话语就足以让他们开心和欣慰。

21

家乡，曾经是个美丽干净而沁人心脾的词语。冰雪消融的春天，我们可以漫步在百花争妍的花海世界；骄阳似火的夏天，我们可以聆听阴阴夏木里发出的阵阵蝉鸣；凉风习习的秋天，我们可以享受硕果累累的金黄喜悦；白雪皑皑的冬天，我们可以嬉戏在漫天飞舞的雪花世界。然而，春天的花香、夏天的蝉鸣、秋天的硕果、冬天的雪人，却成为我们再也回不去的从前，只是永远留在了记忆深处的童年时代。

生于乡村、长于乡村的我，着实见证了自己家乡从山清水秀、鸟语花香到垃圾成山、草木枯荣的衰变。那条陪伴我一起长大，与时间一同老去的河流；那条曾经清澈见底，鱼虾成群的河流；那条哺育了全村人，造福了全村人的赣江支流，已不再有昔日的光景。鱼虾离它而去，村民弃它不顾，只留下堆积成山的垃圾寂寞地陪伴着它，不时还散发出一股怪异得让人恶心的味道。河岸上一排醒目的大字“请自觉将垃圾倒入河里”狠狠地讽刺着我们每一个人。这几个字，重重地砸在我的心头，终于懂得了家乡之所以日渐衰退，甚至惨不忍睹的缘由了。总是不免听到有人抱怨如今的空气质量变得越来越差，水污染变得越来越严重，村里的环境大不如从前。却不曾看到有人反省，为什么会变成如今这副模样，这一切都是谁造成的？归根结底，都是我们自己作孽。是的，社会在发展，时代在进步，人民的生活水平提高了。但这不该成为我们破坏自然的借口，自然不该是我们的战利品，进步不代表我们就能征服自然。如果不尊重客观规律，不以客观规律为前提，爱护自然、保护自然，迟早要受到自然的惩罚，这是我们初中课本就教育过我们的。家乡环境的衰弱，是在预示着自然正在以它对人类的不满，“回报”着人类。如果不是我们肆意燃放烟花爆竹、大量使用煤油天然气等燃料，乱砍滥伐，空气质量就不会变得如此不堪一击；如果不是那所谓的无知的“请自觉将垃圾倒入河里”，河水就不会恶心到无人问津。

想说爱你不容易，我的家乡。希望人们发挥主观能动性以尊重客观规律为前提。想要改造自然，首先要尊重自然，爱护自然，与自然和谐相处，希望有一天能够还我一个昔日山清水秀的家乡。

27

带着喜悦的心情回家，却不想经历一场家“变”。

今年爸妈说把家里重新装修一下，于是爷爷也在一起帮忙，当把电视机接收头像的有线拆下来装上新的时候，爷爷发火了，大声叫我妈的名字，说为什么要扔掉他的线，以后他还怎么看电视。我妈解释说已经买了新的，可以看电视，原来的不会扔，但是爷爷根本就不讲道理冲上三楼要把我妈买的新的砸掉，我妈也一下子爆发了，说出对爷爷的许多意见，以前从未提过的小矛盾也旧事重提。我没有想到他们彼此之间藏了那么多的不满，我妈就说分家，让叔叔把爷爷接到他家去住，一刻也不能这样相处下去了，这次矛盾最后由家族长辈出面解决，事情的后遗症就是直到我来学校之前他们都还没有说过话。

在我的印象中从来没有见过这样的场面，似乎丝毫不顾家人的情面与身份，只是将心中的不满全都宣泄出来，这件事情的发生或许是太久没有沟通过彼此内心的想法，或是怕说出来有损家人的感情，从而选择了假装没事不提起。却不曾想到坦诚、理解、包容才是家庭幸福的关键。

愿我的大家、小家忘记不愉快，现在、未来会越来越好。

43

以前，我的家乡好美！这里山清水秀，鸟语花香！整个村子充满了欢声笑语，随处可见小孩子追逐打闹。一片祥和，好不快乐！山上树木郁郁葱葱，为全村人输送着新鲜的空气。

那个时候村里好落后，全村也就一两家有电视，大家都跑到他家里看电视。我就是典型的例子。那时候的我经常与发小一起嬉戏、玩耍。放假时就一起去砍柴。想起以前，我都常常偷笑。我们经常一起发誓：苟富贵，勿相忘！谁有钱的时候买点零食都是大家一起分，感觉好有爱。那时候每个人家境都差不多，没有贫富差距，乡里乡亲的，关系好不和谐。

眨眼间，那些发小都已长大，或打工，或读书。好多人已成家立业！山已不再是青葱翠绿，而是黑乎乎的，被人用火烧了；水已不再清澈，里面含有大量的化学物质。整个村子笼罩在黑云之中！

十几年了，已物是人非！回到家乡，看到儿时的发小已没有共同语言，他们身上散发着阵阵铜臭味，压得我喘不过气来，每次聊天，他说的最多的无非是钱，眼里流露出讥讽，在他们的眼里我只是穷小子。从此他们不再与我做朋友，我不知道是啥造成今天这样的局面，是什么让他们忘记曾经的誓言。以后我只会把我们曾经的友谊深深地埋藏在心底。

朋友，再见！永远怀念的儿童友谊！最纯粹的情感！

年过得很无聊，只希望家乡的风气能够改变，只希望能再找回曾经的友谊！只希望整个村子能再恢复以前的美丽。

曾经最美，只能怀念！不忘初心，方得始终！

22

以前总认为离开家是越远越好，如今第一次离开家乡那么久、那么远，才真正明白了“近乡情更怯”这句话的真切含义。时隔半年，家乡的一点一滴变化都在我心中。

不知从何时起，一栋栋新房拔地而起，人们开始流行起了装修房子，里外都装修得很漂亮，家具也是齐全得很，一些不必要的花费都无所谓，看不到节约。以前只要一下雨，泥泞的马路是难以通行的，更不要说是小汽车。如今路面可以说是堪比国道，各种车辆来来往往，全国各地有名的车都开回来了，因此就算是十来分钟的路程也要开车去，向大家炫耀一下自己多有钱。大家过年回来不是一家人聚在一起团圆，而是寻找娱乐场所，除夕过年也是一群人聚在一起赌博，出手十分大方。我在春节初一看到一个青年，年龄和我相仿，本来如花的年纪应该在大学接受高等教育，而他却和一群大人一起打牌，输了就破口大骂，这是一年的第一天，他就说脏话。我想说：这素质去哪里了呢?

在物欲横流的今天，许多人只在乎赚了多少钱，和别人攀比、炫耀，却忘了提升自己的内在素质。有一个小孩读了一年书，连1、2、3都不会写，就不是块读书的料，他的奶奶跟邻居说："现在读书有什么用，大学出来也不安排工作，还不是打工。就算不会读书，长大了能像村里的某人一样当老板赚大钱，不是很好吗?"没有读书的人都能当老板，这是多么可笑的托词，但就是真正存在的。社会经济在进步，我们的文化素质也要跟上，只有这样国家才能真正发展，实现强国梦，走在世界前列。

24

上大学后的第一次返乡，我望着家乡的一草一木，既觉得很熟悉又觉得有点陌生。想来我离乡也有半年了，忽然又见到家乡的一草一木有种久违的熟悉感，又对一些因现代化的需要而被改造的景物有点陌生。不过不管家乡被改造成什么模样，都不能改变家乡对我的重要性和我对家乡的感情。

清晨，我走在乡间的小路上，呼吸着混杂着泥土清香的空气，心里油然而生出一种安全感，让人感觉很温暖、舒适。那时，我就在想：要是每个人都能感受到那份温暖，都能坚守自己心中的那方净土和最初的意愿，都能坦诚相待他人，这样的乡村里的人会不会更加相亲相爱，不会为了眼前的一点小利益而蒙蔽心智，不会因为一点小事而翻脸吵架、弄得人尽皆知。要是真如我想的这般该多好啊。

然而，事实是随着城市化进程的加快，国家实现现代化的需要，乡村的面貌发生了许多变化。与此同时，我也感觉人与人之间的温情也随之越来越淡。现在的乡村，许多村民一过完年就外出打工，留下父母和孩子在家。正是因为村民对钱的需要，许多村民背井离乡到东部沿海的发达省份打工。这种现象有利于加快城市化进程，促进经济的快速发展，但是也造成了许多问题。例如：城市人口快速增加、乡村人口快速减少，城市拥挤、住房紧张，加剧乡村人才的流失，加快人口老龄化进程，等等。

针对这些现象，有人提出这种观点：中国人“未富先老”。我觉得这种观点亦对亦错。对在：随着中国人口老龄化的加剧，老年人越来越多，然而中国大多数人并不富裕；因而说中国人“未富先老”也符合中国现阶段的现状。错在：随着近年来中国经济、政治的不断发展，政府对社会的回馈力度不断加大，人们受益颇多，况且青壮年仍占总人口的绝大多数，且随着一批批青年学业完成后，许多青年也运用所学的专业知识实践到现实生活中，造福人民。所以，我觉得中国人“未富先老”这种观点亦对亦错。

返乡后，我看到家乡的变化，感悟颇多。但不管怎样，我都希望家乡能够变得越来越好，村民的日子过得越来越充实。

29

随着爆竹声的到来，新年也到了，走亲访友，大吃大喝成了我们的日常生活。可是我觉得过年的气氛却不浓，比如今天是在姑姑家吃饭，一帮亲戚到了，相互问候一下，之后就是坐下吃东西，玩手机。两个人离得很近，但就是不讲话，不是低头玩游戏就是盯着屏幕看电视，手机成了我们最亲的、最无法割舍的。过年的时候，大家聊的话题不再是“啊，你的衣服真好看呀，哪里买的，多少钱哪”，也不再是“今年过得怎么样呀，身体还行吧”，而是“你手机是 iPhone 几啊？我的是 5s。”“你玩微信微博吗？”手机改变了我们的日常生活，现在看来手机已经开始渗透到我们的人际关系了。

我们可以总结一下现在的生活：早上起来第一件事就是拿手机，晚上睡觉前最后一件事是放手机，两人面对面坐着，都相互低头玩手机，有话和对方说也不直接说反而在QQ上说……这样的事情很多很多，我们是不是应该反思一下这种生活呢？这样的生活真的有意义吗？虚拟世界真的比现实世界重要吗？

25

“举头望明月，低头思故乡。”这是我最早接触的思乡诗，当初无法感触到作者对家乡的那份思念，而我在经历了多年外地求学之后，渐渐领会了那份深沉的感情。

又逢春节，无论在外多远，回家多坎坷，都无法阻挡人们回家过年的脚步，或许，回家是中国人对过年的另一种定义，但这已是儿时的记忆。如今随着经济的发展，外出打工渐渐成为潮流，在外安家立户也已是常见，乡下人也慢慢成为城市人，城市繁华多彩，乡下也楼房林立，但在我眼里，那一栋栋楼房成为了老人和孩子的囚笼，乡下因为人少变得冷清，更因为缺少关爱变得冷清，乡下已不再是儿时乡下，或许乡下已成为另一种意义上的城市。乡愁，不单单是对家的思念，更是对儿时记忆中的家乡的留念，那个走家串门，到处充满欢声笑语的家乡只能埋在心里了。但我想说，经济发展了，也不能忽视教育与精神文明的发展，经济决定上层建筑，但上层建筑对经济基础有不可忽视的反作用。如果经济发展了，人却变得越来越缺乏人情味了，这样达到的小康社会又有什么意思呢！我的乡愁，超过了对家的思念，是对乡村的一种愁思，淡淡的担忧，也渐渐变得越来越浓烈，不敢多思，只愿我以后的乡愁只有对家的思念。

48

春节年年过，而随着时代的变迁，人们过年的方式悄然发生改变。如女作家蒋方舟写的：大年三十永远是最热闹的，特别是守岁夜后的炮仗震天，仿佛不是自己过的，而好像过给生活看的。像是努着劲对生活的示威，是要齐心戮力把日子过得好，过得幸福，过得体面。她对于春节的理解似乎有些反传统。但是每个人对其的理解都是不同的。如今的人们，作为第一代互联网的原住民，人数已超过两亿，网络与他们如影随形。这也形成了他们自己的玩法。一半时间在网上，一半时间在网下，一半时间和家人，一半时间自己玩。新年是与家人的团聚，也是自己堂而皇之玩的时刻，只有这时是假期，没有了约束与限制。对于年年如此的新年太过寻常或者说是厌烦。他们更喜欢新式的春节玩法。譬如把过年吃的和穿的录成视频，在网络空间发表自己吃的过程，或是把春节旅行的照片发到网络相册，甚至在网络游戏里沉迷，等等。我们对于春节年味越来越淡，也对网络越来越依赖。我们对于传统越发失去了兴趣，我也不知道我们的新年究竟缺什么，也不知什么时候我们才会回过头来去拾捡春节的记忆。

47

夕阳渐西下，无限好。落日的余晖，射向那碎碎的云，天际晚霞宛如着火般，是那么的绚烂多彩。晚霞映着落日，天边酡江如醉，衬托着渐深的暮色，秋风携带着秋日凉意，伴着暮色层林尽染。片片落叶随风飘舞，阵阵的凄楚之美，心中油然生起悲叹之意。夕影落在车身上，撒下一路金黄，淡淡余晖！几度夕阳红。

回想起大年三十的前一天，已经很晚了。那天去县上和高中同学聚会，同门云集，推杯换盏，互将进酒，对饮三百，甚是快乐。在丽龙路上，登上表姐夫的车，三个表姐加两个表姐夫，和一个大表哥，在“名车”里聊得非常高兴，自己也时不时地参与进去，本以为会好好地很愉快聊下去，可是，当我们的“名车”在小转弯后，看到正在田里劳作的农民时，身着名牌，光彩鲜丽的二表姐夫，很不经意说：“明天都快大年三十了，还在田里干活，这种人活着有什么意义，还不如跳河死掉算了。”当时的自己不禁怔了一下，不敢出声，旁边表哥表姐只是笑笑而已！“名车”驰骋在弯弯曲曲的丽龙路上，之后自己便没有再和他们聊天，因为自己觉得，我和他们，道不同，不相为谋。只是看着田里劳作的那个农民，满是皱纹的脸上，只有疲劳，没有其他，没有高兴、没有悲伤、没有忧愁。丝丝的夕阳的光辉，淡淡的无名的忧伤，那时的夕阳不再美丽，只有寒冷！只有寒冷，是那么难忍！“明天都快大年三十了，还在田里干活，这种人活着有什么意义，还不如跳河死掉算了。”那种不经意的表情，那句话，那个农民只有疲劳的脸，也许，我的父母和未来的自己和那个农民有什么区别吗？辛苦的父母，大学里恍恍惚惚的自己，我们的一生还有什么意义吗？也许以前的、现在的、将来的自己，比父母的人生，更没有价值。

夕阳渐渐地快要消失，黑色的幕布已经快拉上！我们也到了村口。自己急着和他们告别，下了车！便感到一种莫名的舒适！可惜那种已有的悲痛挥赶不去，自己的人生到底有什么价值？我不禁扪心自问，真的要如那词中所说吗？“少年听雨歌楼上。红烛昏罗帐。壮年听雨客舟中。江阔云低、断雁叫西风。而今听雨僧庐下。鬓已星星也。悲欢离合总无情，一任阶前点滴到天明。”① 有颜面面对自己的父母充满希冀的眼眸？如今已不是不知世事的懵懂少年，父母已经不再年轻。那鬓边白发，额上皱纹，都是岁月变迁的见证，也是父母年老的征兆。再过几年，自己也该走出校园，走入社会了。若还是这般行事，如何在社会立足？我想，我该懂事了，勇敢地追求人生价值。

28

人生也许就是一种不停地反复，反复地相遇、告别，反复地追寻、停留，反复地踏上返途、离乡背井。而在学校，最盼望的就是迎接眼前期盼许已久的寒假，带着浓浓乡愁的归途如期而至。

家里知道放假，早就开始念叨。背着背包，拉着行李箱，刚一下火车，就看到老爸目光扫视着火车门，一个一个寻找着我的身影，看到我就赶紧接过我手中的箱子，嘘寒问暖，回家又赶忙做饭，一桌子全是我喜欢吃的菜，突然就感觉这一切好不真实，仿佛上一秒还在学校里。

一直后悔高考后为什么报离家这么远的学校，当时想着终于自由了，可以离家远远的。可是当真实现了，独在异乡，什么事都要靠自己，发现自己并没想象中那么坚强，生病，周围没有人会买药给你。或许，长大的过程就是这样艰辛，要自己深深体味，去经历去感受去学着

---

① 蒋捷《虞美人·听雨》。

不依靠别人。这半年，经历了许多事，也沉稳成熟了许多。

坐在火车上时，便一直想象下车后一家人相聚的快乐气氛，世界上最伟大的便是亲情，无论你经历了失败的爱情、坎坷的友情，家人永远都是支持你站起来的力量。珍惜短暂的相聚，也享受独在异乡的日子，因为经历了该经历的事情，就会得到你该得到的东西。

34

和以前回家不同，这次没有弟弟妹妹热情的拥抱，而是孤零零一个人走在越来越陌生的家乡。

不知是近乡情怯，还是不愿接受家乡的变化。感觉家乡和以前完全是另一幅景象，没有了在各自家门口随意交谈的邻居；没有了太久没见的寒暄；更没有了亲切的叫喊；有的只是各自赶路的行人。到家了才发现，连青梅竹马的玩伴也搬家了。一股失落涌上心头，似乎是到了老子那“民至老死不相往来”的境界。

以前互相串门的邻居随处可见，这家种的白菜嫩，就给其他人分享，但是现在吃不完的菜都是拿到街上卖。也不再像以前那样亲切地交谈，见面打个招呼就匆匆走了。需要全村人一起组织的活动也不再举行。我和家乡的玩伴们也不似从前那样亲切，见面反而尴尬起来。邻里之间的距离越来越大，感情越来越冷淡，早已没有了以前那热闹的景象。

人无法把那些远逝的时光追回来，更无法抵抗一个经济时代浪潮的变化，虽不愿就此沉沦，但是那些被物质沙漠荒芜过的物件、旧知、情怀、亲情该如何疏浚？

36

我们这一代人是幸运的，但又是忧愁的。家乡的发展使我们自豪，但无法适应的变化又使我们手足无措。今年寒假归家，这种感受更甚。

坐在卧室的窗台上，看着淅淅沥沥的小雨，一股落寞孤独的哀伤充斥着整个空间。九年前，我的家面临着拆迁的命运，我离开了那里，算到今日，这已经是我的第三个家了。从我的视野望去，望不到远方绿油油的麦田，只有林立的高楼大厦，听不到村落的鸡鸣声，只有不断飞驰而过的汽笛声。这是我生活的一角，它不再像水墨画中的那样宁静、婉约。如今的它正日新月异地发展成为沿海的一座商业大都市，每年都有大批人涌入这个生活节奏日益加快的城市，共同创造财富。这是这个时代的时势，在发现和繁荣的过程中，必然就会丧失一些东西。财富是这个城市的灵魂，也是生活在这个城市里的人的灵魂。

于是，我们会发现在某处繁华地带中夹杂着稀稀落落的小农庄，一旁还有老人家在辛勤地耕耘，他们不愿跟随子女去住十几层高的公寓，只愿生活在这片小土地上，直到离开世界。也许不久之后，这片土地也会被吞并。老人家的身心脆弱，他们已经承受不了这种变化。

在去往火车站的路上，经过园区，看到了屹立着的东方之门，这是近两年的标志性建筑，标志着这座城市的工业发展。

一方面，我为它的发展而自豪，另一方面，在内心默默地哀悼逝去的回忆。就像手中的沙粒一样，阻止不了它从手缝中流失。

38

记得刚放寒假时，想到要回家乡，心里感到十分激动欣喜。下了火车快到家门口时已近半夜，走过那熟悉的街道，也越发地小心翼翼，就怕惊扰了这座静谧的城市一般，颇有点“近乡情更怯”的感觉。到家后和父母说了很多贴心话，很是高兴，便计划着第二天该回乡下向爷爷奶奶报个到了。

第二天在回乡的路上，看到两旁的青山依旧翠绿，水田里长满了野草，有些许白鹭鸟隐在其中觅食，田边不远处还有一群群又白又胖的大白鹅。隐隐约约看到许多新建的红砖房藏在树后，还未来得及粉刷。这些景象让我感到十分舒畅。乡里的空气依旧是那么的清新干净，天空还是那么湛蓝，村里人的日子在慢慢变好，朴实真诚的性格还保留着。

平时乡村都比较安静，不热闹，不张扬，但是越靠近年关，则越是热闹喜庆。越来越多的打工人陆陆续续地从工作的城市返到家乡，小汽车、摩托车承载着人们深深地思念回到了家，归家的人总会买上很多东西给自己的父母，孩子。家家户户开始准备着年夜饭。生活富裕了，食材也就越加丰富了，有些人还是烧的柴灶，烧上一锅红烧肉，炊烟弥漫，香气萦绕，惹人嘴馋，这是家乡的味道。除夕夜不用说都是最为热闹的了，不绝于耳的爆竹声、炒菜声，还有烟花燃放的声音，全家人齐聚一桌，品尝佳肴，家长里短，这些景象都令人感到齐家欢聚的幸福热闹。绚丽的火花久久地闪耀在天空中，转瞬又消失不见。

但这样温馨热闹的日子也不是没有时间限制的，到了假期结束时，村子又会渐渐恢复以往的宁静，等待下一次的热闹。如我的寒假也结束了，想到要离家便是万分的不舍，舍不得那熟悉城市的熟悉街道，舍不得家中亲人，只愿当我再次归来时那座城市我念着的家人一切安好。

19

想家，是每一个出门在外的游子夜深人静的时候心里无数次响起的声音。

可是随着社会的快速发展，农村的不断建设，当你从外面回来后，你会发现路变宽了，房子变高了，人们的腰包鼓了，日出而作、日落而息的生活状态也被打破了。以前的春节是这样的：亲戚朋友围着火炉聊工作聊家常，孩子们在外面跑着闹着；现在的春节是这样的：亲戚朋友围着打麻将赌博，孩子们个个抱着手机、玩着电脑。

我不知道怎么看待这些变化，是该高兴还是悲哀？改革开放后社会繁荣发展，新农村建设进步了。是的，我看到了农民生活水平的提高，但我更看到了人们生活的空虚。我们总是不断强调要发展，要进步，要繁荣，要富强。慢慢地，人们的钱是多了，生活条件改善了，可是那必要的精神生活又该如何改善呢？

社会要发展，农村要进步，可是我们要的不只是钱包鼓了，我们还要精神生活的不断改善。不要让那些闲暇的人们孤单、空虚，然后只能在麻将桌上消磨时间。让健康向上的文化生活融入每一个人的生活中去，让经济越发展精神越富有。

39

今年过年家里人出奇的多，年夜饭多达二十人一起吃。

三个姑姑、姑父还有弟弟妹妹们齐聚一堂。可热闹中我仍嗅出了一股忧愁的味道，原以为这已经是大团圆了，可未曾想过在这团圆的日子里，仍少了军校毕业的哥哥。此时此刻他正在训练着。爷爷说，哥哥不在怎么能叫团圆？我已经记不清这是第几个哥哥不在家过的新年了，当我们热热闹闹地吃着团圆饭时，哥哥却在冷冷清清的军营中度过。吃完饭哥哥传来视频邀请，每个人争相拿过手机眉飞色舞地和哥哥视频扯着家常。五个月的小侄女看见视频里的哥哥哇的一声哭了起来，嫂子便说："是不是太久没有看见爸爸，所以想爸爸了呀！"我不禁感到一阵酸楚，才刚出生便要与父亲分离。

这世界上有太多无能为力之事，谁不想日夜陪伴在自己孩子身边呢？谁不想看见自己孩子一点点的长大呢？镇守在祖国边疆的战士只能思念着家人，在外面打工的父母因为路途遥远而放弃了这短短几天的相聚时间。但是谁也不能否认他们的思念之情，谁也无法否认他们那颗想家想亲人的心。没有谁愿意分离，但我更加愿意相信，每一次的分离都是为了更好地相聚。

32

当一个人离开家久了，就会被外面繁华的世界所吸引，该离开城市的时候就会恋恋不舍。然而，当你真正到了家的地方，你会为"啊！我终于又回来了"而感到兴奋和激动。我想，这就是因为一个人根本的归属感吧！

在我的记忆的最深处，我的家乡，那里，没有城市里的灯红酒绿，没有小巷子里的喧闹；那里，邻里相间，民风淳朴。不过，近年来，农村都在进行拆迁或预备拆迁中，我想，过不了多久，我们恐怕都要离开我们熟悉又再熟悉不过的宁静的环境了。其实，我很喜欢乡村那种淳朴而宁静的环境，不知道以后还有多少人能记得我们曾经生活过的地方，不过不管以后离不离开，它在我心中永远都是最熟悉、最值得我回忆的地方。

03

半年未归家，寒假的到来对我似乎是一个自然而然的理所应当的小小的惊喜。与室友大包小包拖着行李便踏上了归家之路。本以为一路是兴奋，可坐在火车里心中不免有一丝惆怅。来自农村的我，总以为那里是一个人在城市中奔跑得疲惫不堪之后，可以驻足休息的港湾。可是现代生活的脚步却逐渐进入了乡村，乡村也渐渐失去了原本的面貌，淳朴的农民也似乎被城市的风气所影响，变成了我们想象中的“城里人”。我并不是对城里人抱有任何不满的情绪，而是希望作为原本农村的我们可以回归本心，不忘原本的自己，不负自我。

昨日看到一篇文章，写的是一位大学生凭借自己的努力走出农村，本想这对于农村家庭来说是一件无比让人羡慕的事情。可谁曾想到，走出农村的他竟然连清明节回家扫墓的事也可以拒绝，他多次拒绝父母的要求，用各种工作学业的借口来搪塞父母，谁都看得出来他一心想留在城市。可我只想说，人不管怎样都不应该忘本，不要忘记自己最开始出发的地方。我觉得，作为农村人也应该有“这边风景独好”的自信。

16

过年前后是老人逝世的高峰时段，很不幸，在年前十五天，舅公成为了其中一员。由于常年在外求学，对于舅公只模糊地记得那温暖而慈祥的笑容。因为那丝笑容，我和妈妈走了两个小时山路，来到了舅公家那个偏僻的小山村。

挽联、花圈、灵柩，死者该有的东西一应俱全，可是我却一点都没有感觉到悲伤的氛围。舅公遗照上的笑容还是那么温暖，与周围那些寒暄、打牌、玩手机的人脸上的笑容格格不入。妈妈“照例”跪在舅公身边哭了几分钟，而后便被身边的人拽起，然后妈妈像什么都没有发生过似的加入到拉家常大军中去。我望着满屋子转化自如的脸，呆呆地愣在了原地。

晚上守丧时，妈妈和那些“远道而来”的亲人因为“舟车劳顿”早早地睡去，只有我、舅舅和两桌打麻将、一桌打牌的人“坚守阵地”陪着舅公，“欢声笑语”，一夜无话。第二天出殡时，不到一分钟，所有身穿孝衣的人不约而同地放声大哭。当然，除了我，因为一夜未睡，毫无精神的我连干号也做不到。出殡后，除了一个大约十岁的小男孩仍旧哭个不停，其他人又像川剧变脸高手那样快速换回笑脸。我望着舅公的儿子和媳妇哄着小男孩叫他不要哭，我又一次成功地愣在原地。

貌似“把欢笑带给别人，把悲伤留给自己”这句话在丧礼上一点也不适用。王磊光说：现代生活是一种让人心肠变硬的生活。① 这次真真切切体会一番后，心里莫名的多了一些悲哀。

回家后，我和所有参加过这场丧礼的人一样，兴高采烈地开始准备过年。舅公的去世就像一件“小”事，快速地逃离我的嘴里，我的梦里，我的心里，我的生活里。

生活仿佛在片刻之间就恢复到了“正常”。但敢问这样的生活真的正常吗?

04

仍记得在体验了几个月的大学生活后的第一次回家，那种心情无以言表，唯有亲身体验过才懂。我无限憧憬着回家后的幸福生活，但是回家的生活并没有我想象的那么美好。

我家离公交车站比较远，所以一般都是我爸爸骑摩托车去车站接我回去，刚到村子入口，我就惊讶地发现村子里通往各处的小路都打起了水泥地。我很开心，这样的话我就不会被溅得全身是泥巴和脏水，一路平稳地坐到家门口。可是，还没等我开心完，我妈就告诉了我一个“噩耗”，家里的压水机没有水了，得到前面伯伯家的压水机里去接，就这样我家用了一个多月伯伯家里的水。

我很纳闷，为什么现在会这么缺水，我妈说可能是 2014 年下半年下

① 王磊光：《博士返乡手记：越看，对中国乡村的未来越迷茫》，《共识网》，2015 年 2 月 22 日。

的雨比较少，但是我觉得远非如此。植被覆盖率不断降低，土地逐渐硬质化等都是导致地下水不断减少的“元凶”。我们总是提倡构建环境友好型社会，却又过度地伤害大自然，向它不断索取，最后伤害的还是我们自己。

44

寒假到来，我又回到了日思夜想的家中。这次回家令我感触最深的是岁月的痕迹在父母身上越来越明显了。

回到家后，父母依旧对我嘘寒问暖，还问起我在大学学习、生活的状况。一段时间没见到他们，我也有许多话想跟他们说。这时我发现父母有许多变化，他们的皱纹好像加深了，白头发也似乎增多了。也许这些变化早已有之，只是以前的我很少去关心这些吧。父母一直都在辛勤地劳作，用自己的双手维护着这个家的温暖，呵护着我的成长。一年又一年过去了，曾经年轻的他们耗尽了自己的年华。生活的担子一直压在他们的肩膀上，不管有多么沉重，他们始终不曾放下。时光飞逝，我不再是那个什么都不用去管的孩童了，父母也不再是意气风发的年轻人了。一切都在我不知不觉中改变了。

父母眼角的皱纹，鬓角的白发和忙碌的背影让我明白我应该承担起更多的家庭的责任了。谁也无法阻挡时间的脚步，我能做的只有让自己快快成长，不用再让父母担心，让自己成为父母可以依靠的人，让父母不用再操劳。我会珍惜父母对我的付出，珍惜与父母在一起的每时每刻。如何去关心父母，理解父母，为父母排忧解难，这些我都会努力去学会。也只有做到这样，我才能在父母渐渐变老时不感到心慌和无助。

35

一讲到红包每个人都希望得到，但是我今天所讲的“红包”与传统意义上的红包不一样，那么这是什么呢？就是我过年在家所看到的一则新闻，有很多外出务工人员和在外游学的人们在寒假期间回家过年，可是回家没几天身上就起了红疹，经过医生的诊断这是由于家乡卫生不当所产生的蚊虫咬的，所以此“红包”非彼“红包”。

其实这卫生问题在如今生活水平不断提高的农村是一个不可忽视的问题，在我寒假回家的途中就可以看到很多人乱丢的垃圾，我们家乡那边也不例外。一些死了的家禽和在平时生活中产生的垃圾随处可见，这和之前小时候村子里的卫生情况比较相差蛮远的。以前可以看到清澈见底的小河，在稻田旁水沟里游泳的小鱼，可如今可见的只有那随处乱丢的垃圾。造成村里卫生很不好，因此也有很多人身上有了红包。

虽然人们如今的生活水平在不断提高，但更希望人们的健康也能够与经济同步发展。为什么如今有这么多人会患有之前没有听过的病，这和我们如今的卫生情况不无关系。希望人们在关注生活条件的同时也不要忽略了卫生问题。希望回到以前小河清澈见底，小鱼自由遨游的时代。

05

家，代表着爱与温暖，是我们最重要也是最熟悉的地方，是每一个人的避风港。如果只是把家当成了一个住所，连可贵的亲情都变得疏离了，那么人与人之间的交往又会变成怎样呢？

我来自农村，在这次寒假归家中发现人与人真的是不如以前那般亲密了。从除夕夜就可以看出，虽然仍是爆竹声声响，烟花处处有，但年夜饭后，家人们不再是侃侃而谈，谈笑风生，而是各做各的事。在农村呢，娱乐方式比较单一，老一辈的人就喜欢出去走走，打打牌搓搓麻将，而年轻的一辈就喜欢宅在家玩手机和电脑，家里没有了那种热闹的气氛，还有些人根本就在家待不下去，过年没几天就出去了。我曾经问过那些人，为什么不在家多待几天，但他们的回答却是：在家又不好玩，反正每年都是如此，还不如早点出去闯闯。一个表面完整的家似乎是被一道隐形的墙给隔开了。

现在是过年没了年味，把回家当成了一种形式。如果把上面的现象都归根于时代不同的话似乎有点以偏概全。我觉得最重要的还是在于我们的心态与价值观，如何取舍才是关键。

42

生活在快节奏的城市里，每天面对着喧嚣，在现实与梦想选择中纠结着，这样的你不累吗？何不回到乡村，去感受乡村大世界的魔力，让你的心如水般宁静。沐浴在阳光下，行走在长满花草的乡间小路上，再也不用飞速地向前奔跑，也没有速度与激情的困扰，你的心还在沸腾吗？看那些悄然兴起的小楼房，正静静地注视着你，仿佛在告诉你它们不再是昔日的土坯屋。听远处的爆竹声噼里啪啦地响起，原来这一天是除夕，家家户户忙着贴春联，放鞭炮，猜灯谜呢，好热闹啊！夜幕降临，坐在电视机前，与你的家人一起对着春晚吐槽，年味不是更足了吗？尤其是守岁的时候，想睡又不能睡，是不是很郁闷？但当时间走到零点，钟声响起的那一刻，你就会感受到这等待是多么值得，在第一时间，你享受到了新年的新气象，过去一年所有的烦恼在此时此刻都烟消云散了。走出家门，与亲朋好友欢聚一堂，享受着亲情、友情的欢乐，就像花儿享受着阳光、雨露的滋养，你的心情还是像之前那样糟糕吗？雪莱说过："如果冬天来了，春天还会远吗？"望着不远处盛开的桃花，你的春天也该到了吧。绿意成海，日光温和，到处弥漫着春天的气息，春天也热烈地张开了怀抱，出发吧，用轻快的脚步，看山看水，让心情鲜艳起来。乡村生活如此美好，趁着这个时候，好好享受这一切吧。

08

"爆竹声中一岁除，春风送暖入屠苏。千门万户曈曈日，总把新桃换旧符。"（王安石：《元日》）对于这首诗我们都有所了解，无论是在课本之中，抑或是作为父母曾经让我们背诵过的古诗，还是在不经意间听到过。它描绘了一幅喜气洋洋、欢乐融融的春节景象。的确，对于我们中华儿女来说，春节是一个特殊而又重要的节日，它意味着"家"。

怀着放假的喜悦和对家的想念，已经离家近半年的我们踏上了回家的路。我家在浙江省平湖市乡下的一个普通的村庄，虽然就地理位置来说，还是比较靠近城市，但这日新月异的城市和城市里灯红酒绿的生活似乎并没有给我们的村庄带来太大的改变。村庄依旧炊烟袅袅，伴着几声鸡鸣，朴素地矗立在那里。

或许对快节奏的都市人来说，大年夜基本是在餐馆酒店度过的，因为这样方便；但对我们来说，大年夜的晚餐是一顿一家人精心准备的大餐。每年必备的一道大菜是老笋干烧肉，要在灶头的锅上用硬柴慢慢地烧很久，让它入味。灶头里放两根粗粗的木头，小孩子坐在里面看火，脸上映着红红的火光；锅里则是满满一锅的老笋干和肉，伴着浓浓的汤汁；远远望去，家家户户的烟囱里，都飘着几缕炊烟，然后被风吹散。这就是我们从大年初一到元宵节都可以吃的必备佳肴，从某种意义来说，它代表着我记忆中的春节，这么多年来从未改变过。春节傍晚，可以清楚地看到，一边是灯火通明的城市，一边是炊烟袅袅的乡村。

在不断发展的社会中，城市和乡村也在发生着变化，不同的过节方式只是不同生活方式的选择，在我看来并没有对错，没有先进和落后之分，这都是顺应发展潮流的一种表现。只是令我感动的是，回家等待我的依然是那一缕熟悉的炊烟。

11

鞭炮声响，张灯结彩，人们总是用最热情最虔诚的心去迎接新年的到来。小时候最期盼的就是过年，总是问大人什么时候才过年？等到小年到来，每家每户开始一年中最快乐的忙碌，准备各种食物时，心里就会想，终于要过年了！可是随着时间的推移，我感觉现在过年已经没有儿时的欢乐了。

在异地读书终于等到放假，心里很是欣喜，可是在看到那一幕时，我明白为什么过年会没有儿时快乐了。过年在家，亲人久别重逢，热热闹闹地聊天，开开心心地吃年夜饭，这些是最平常不过的了。然而事实却并非如此，年后耳边响起的不再是热闹的聊天，而是震耳的搓麻将的声音，桌面上的各类零食也被那一张张牌替代了，人和人之间的交往就剩下打牌一种形式了。

年味变了，最主要原因还是人的心态变了，开始不注重家人的沟通，久别重逢也就不再像之前那么喜悦。心态为何改变？只因现代社会经济的飞速发展，人们对金钱的占有欲日渐增长，而打牌是除工作外的另一个赚钱的方法，所以打牌可以满足人们对金钱的需求。只重视物质享受而忽略了精神追求，现代人的年味自然就变味了。

51

天格外冷，我却并没有因冷而放弃回校。我拎着包上车，车开始移动，隔着窗户看着外面，雨水早已模糊了我的视线。妈妈转身了，脸也看不清了。车窗外的雨水就像是一条条割线一样割断了这幅画面。一滴水从妈妈的眼角滑落，我却分不清是雨水还是泪水。

车走了，妈妈也看不见了，我却不知道如何去表达我心里朦胧的牵挂。我今天离开了家，不知道多少天后才能再次回来，也许半年，也许一年。但现在的我却非常想家。“临行密密缝，意恐迟迟归。”（孟郊《游子吟》）用来形容妈妈的心情是最好不过了。而我却还是不知道该用什么样的词语来形容我的心情。

“想家，想家，无论我在海角天涯。”我相信这是每个游子的心情。家，它是什么？家是感情的港湾，家是成长的摇篮，家是灵魂的栖息地，家是任你放纵的乐园。家同样是社会的个体，没有家庭的和谐，就没有社会的和谐，没有家庭的平安，就没有社会的安宁。和谐正是社会的主流，和谐正是家的美好。家是一个神圣的地方，永远是那么温暖明亮。

想象着，我们的未来，同样是这样的生活。生活，以家为基点，一点点延伸至这貌似天涯的世界，最终我们将回到这里。这里是家，这里是我们的归宿。

我总是想去旅行，却始终是个恋家的孩子。

在这里，我们拥有安宁。

在这里，我们拥有快乐。

在这里，我们拥有了一切。

12

春节的气息渐近，我随着浩浩荡荡的返乡潮回到久别半年的家，由于四通八达的交通网，把学校到家的距离由十多个小时浓缩为三个多小时。沿途，列车在乡村与城市之间穿梭着，让我们感受到了中国的巨大变化。

漫步在乡村的小道，低矮的村舍，放眼望去是一望无际的田野，鼻间弥漫着的是泥土的芬芳。挨家挨户都在除尘、贴春联，为春节的临近而忙碌着。当然过年最热闹的莫过于放鞭炮，辞旧迎新，相当喜庆。而在充斥了汽车尾气和柏油气味的城市，随处可见的是高楼大厦，川流不息的车辆与人群，人们正忙着在大型商场采购年货，忙着订年三十的饭店。在高度发达的城市经济下，人们把物物交换发展为货币交换，一切东西都是可以直接获取的。那些年轻人或许正忙着收拾行李开始便宜快捷的航空旅游。

原本是举家欢聚、其乐融融的春节，乡村与城市人选择了不同的过节方式。随着高科技的发展，四通八达的交通延伸进乡村时，城市的灯红酒绿与乡村的古朴宁静冲突在所难免。当乡村的内部的稳定被打乱时，我们去哪里寻找那熟悉的过年的味道。

23

“家”，这个在所有人心目中温暖而又明亮的词语，对于每个人来说都是一份情感的寄托。特别是在外游学的我们，回家是一份热烈而又美好的期盼，这份思念是如此的强烈而又不可抗拒，即使把我们碾碎，它依然飘散在我们的血肉与骨髓之中。当除夕来临，我们终于踏上回家的路程，怀着美好的渴盼与期待。然而，美好的除夕似乎并不像我们想象的那样美好，记忆中的那飘散着浓浓香气的年夜饭，充斥着喧闹温暖的爆竹声，黑夜来临时小孩子提着灯笼的游行，似乎都随着时间的流逝而默默地隐藏了自己的踪迹。只留我们这些时间的遗留者在怅惘中怀念，然后继续带着遗憾义无反顾向前走。现在的春节，充斥的是各大商店的打折和促销活动，就连过年必备的食品也被标价和打折所占领。相比较我记忆中的过年，这个除夕似乎有些过于寂静与寒冷了，我经常同好友与家人说："我记得去年是怎样的……"但去年又是怎样的，也许是记忆中的模样，也许又是其他的模样，谁知道呢？

长大之后的回家与过年，似乎永远充满怀恋与遗憾，但我们又能怎样呢？无非是在口头与笔尖用眷恋的情感带着怅然与叹息这样说着或写下："我小时候的除夕……"但无论多么眷念与遗憾，它都携带着它独有的香气与温暖消失在我们的记忆中了。

13

小时候和爷爷奶奶生活在乡下，最期待的日子就是过年了。过年，在外打工或在外上班的人们都会返乡回家过年，一家人凑在一块，一起准备着年夜饭，别提有多么的快乐。

但现如今，水泥房取代了以前四合院般的砖瓦房，同时也分割了一个大家庭，一个大家庭中的兄弟姐妹各自有了自己的房子。有的搬离了乡村，有的则在乡村建起了自己的水泥房，生活水平在农村看上去似乎提高了好多，但同时也存在着问题。儿女外出打工，乡村里则容易出现许多空巢老人，导致乡村劳动力不足，加上乡村医疗设施的落后，这些老人的身体健康也令人担忧。今年过年我回到家乡，发现没有小时候过年快乐，大家庭没有聚在一起吃年夜饭了，现在过年都是以小家庭为单位，缺失了小时候过年的那种年味，失去了过年的乐趣。那种以前在四合院过的年或许再也回不来了。现在的乡村缺失了人情味，家家门上都上了一把锁，这把锁锁住的不仅是门，同时也锁住了人们的心，在早几年的乡村家家户户大门敞开着，邻里之间相互往来无比的和谐。现如今，大门一关，隔开的岂是一扇门，隔开的是人心。现在的乡村也愈发的世俗化，缺失了那抹温情与信任。

14

"梦绕边城月，心飞故国楼。"（李白《太原早秋》）诗人李白在睡梦里也望着边城之月思念家乡，一颗心早随着月光飞回了故国。故乡是什么？为何我们为它如此魂牵梦萦。童年时期我一直待在家乡，即使外出走走，也不过几天便归，而现在我为了求学而远离了故乡，方能感受到那份乡愁。

寒假回家，内心急切不已。但由于回家的时间比村庄里外出打工人员要早，村子可谓是一片宁静，丝毫没有临近过年的气氛。因为改革开放以后，村里的青壮年都外出打工，家里就只剩下老人和孩子，而随着城市化的发展，县城的经济水平提高，教育水平要更好，所以村里的大部分孩子都选择去城里上学，因此村庄里就只剩下老人了，在日益发达的世界外面，他们不断地去适应电气时代，当然随之而来的虚拟世界就显得更加遥远。老人们固守着这袅袅炊烟，仍然尽自己最大的力量日出而作，日落而息，正是这一片片黄土地，给外出漂泊的人留一份乡思。

随着这几年的新农村发展，我的家乡修通了马路，告别了泥泞的泥巴路，安装了自来水，告别了每日一担担的挑水的日子，虽然现在物质生活得到改善，但是也悄然改变了村里人的那份熟络，没有了母亲们围在老井边洗衣、洗菜、大声讨论着自家的猪、牛、锅碗瓢盆的事情，这种集体活动的减少，无疑使乡村情怀出现最大的落差。

今年回家过年我尤其的孤独，因为从小和我一起玩的小伙伴们，大多数并没有和我一样在外求学，他们选择在外打工，并且一个个都早早结了婚，更甚的是孩子都已经出生了。小伙伴都已为人父母了，和我之间悄然有了沟壑，再也没有了当年一起下河摸鱼、大雪里打雪仗的乐趣，有的是相互之间对话的风马牛不相及的尴尬。而父母亲这辈的人不再是各处串门话家常，做家乡菜，准备小年夜和除夕夜的饭菜，而是都围着牌桌打起了牌，搓开了麻将，而这样便更找不到情感的寄托了。

快速发展的中国，物质条件不断提高，人的精神追求却越来越颓败，乡村文明越来越没落，如何回归到最淳朴的民间生活，拥有最暖心的乡村风俗，值得我们深思！

26

或许是时间过得太快，一直处于忙碌状态的人，在这特有的返乡悠闲时光才会想起过去的孩童烂漫与随之消逝的风景，在回忆与现实场景对照下，难免会有失落。

回到万载首先看到了凤凰山，我们小时候攀爬的足迹早已消散，取而代之的是城市水泥建筑的层层阶梯，在水泥地上奔跑嬉闹的孩童应该难以想象往昔我们的疯狂玩耍吧。坐上公交车，慢慢驶入县城，看着原来我们抓泥鳅爬摸滚打的田野已然被一幢幢高层建筑取代，时光匆匆，我们回忆着过去的岁月看着过去的风景慢慢从我们眼前消失，不知所踪。我们在感叹时间都去哪儿了的同时，也为自然风光的消逝感到惋惜。回到家中，看着弟弟妹妹都在玩电脑，谈论游戏……表现着信息时代的特征。当我提议他们玩捉迷藏、跳房子等我们常玩的儿时游戏时，他们的不情愿让我内心生出些许失落，或许这就是代沟了。

正如自然世界处于不断变化发展的状态，人类社会终将不断前进发展，现代的气息越来越浓，对我们的适应能力的要求也越来越高。或许我们应该正视这种变化，不要一味地追忆过去，以老子的辩证法思维分析现在的变化，你也会发现这些变化带来了巨大的利益。邂逅了过去，珍惜了现在，才能更好地面对将来啊！

31

乡情是内心真挚的感情，是无法割舍或隐藏的一个秘密，每个人的内心深处总会有这样一种沉默的乡思，而乡俗则是对这种情感的传统表达。

祭祖是中国的传统，无论在哪个省都一样。寒假回家是最激动的事，幸福与亲切是写在脸上的，熟悉的人熟悉的事，依旧的乡民依旧的物。

年前和年后的祭祖是一件大事，曾经的年代，都是放着震天的爆竹以示对先祖的尊重与怀念，即便是一种形式，人们还是会这样去做，因为是传统。所以新年前后几天，天空总是灰暗与雾霾成结，能见度是急剧下降的。那样子的天空是让人心疼与自责的，同时这样的结果也是对我们的身体造成危害。

年初轰动社会的柴静的《穹顶之下》让人们感受到雾霾的可怕与惊悚。即使烟花不是主要杀手，可是它也在危害着空气，危害着人类的生活。大自然是无辜的，它提供着人类所必需的空气与其他资源，而人类只顾着利益与面子。所谓越来越频发的呼吸道疾病则就是人类的报应。人类社会是依赖大自然的，在所有的事情上，大自然的规律是不可抗拒与改变的，我们不能试图去改变大自然，我们应该与大自然和谐相处。

09

哲学是男人的天下，东方孔孟老庄，西方亚里士多德尼采。政治经济文化大刀阔斧纵横捭阖，儒学尊卑等级，道家玄妙高深，墨家苦行济世……很多人觉得它很枯燥。

宗教是女人的天下，东方焚香礼佛，西方斋戒祷告。东方皇后德懿天下，西方闺秀饭前感谢上帝。佛教深入人心的是观世音，基督教人人亲敬圣母玛利亚，所有人都感到舒适柔美。

那么是否女性就没有哲学呢！非也非也！只能说绝大多数女性的哲学意识不强，不强体现在哪里呢？从哲学的特点出发，哲学的特点是逻辑性和思辨性。绝大多数的女性可能会看人生哲学书，但是专业细致的执着研究哲学逻辑完成哲学体系的就很少了。

那么仅有的不出名的几个女哲学家究竟在哲学上留下了什么样的文墨呢？真正说出来大家有点印象的也就西蒙了！因为她对存在主义有贡献。汉娜也是一号人物，政治经济学当年搞得有声有色，但是说实话和尼采、马克思这种大家比不得，同叔本华比依旧是少三分名气。

很多女权主义者又要争论了！其实我也是女性，女性虽然不能直接创造哲学文料，但是女性用生命哲学，从恋爱到出嫁到择偶养生育儿都有一套独特的原理。

女性在哲学领域处于弱势地位，归根结底，是因为哲学不够生活化，所以男人用哲学支撑信念，女人用宗教驱除烦恼。在女性这里，女性更爱宗教。

女性身边的宗教品种最具浓重色彩的是伊斯兰教，伊斯兰教女儿身上用纱包裹得严严实实。这种压迫显而易见，屈辱卑微，有人争辩头巾是当地气候决定的，但是那滑稽的布基尔尼泳装，包裹得严严实实令人无语。这种宗教是男权社会强加给女性的，强加给女性一系列的道德责任，伊斯兰教压抑女性，电视剧《锦绣缘之华丽冒险》中女主角质问深爱她的日本武士为什么杀害她的父母，武士回答："他们不是你的父母，他们只负责把你带到这个世界上，把你带给我。"伊斯兰教把女性看作男性的财产、附属品、家庭的生育工具和劳动工具。有人争辩，伊斯兰教赋予女性享有自己劳动财富的支配权，然而，被繁重家务奴役的广大妇女能有多少时间精力去创造自己的财富。

女性最喜爱的宗教是天主教 ，天保村盛行天主教，每逢周日村中可谓万人空巷，村中人都去做礼拜去了，哪怕农忙时节依旧如此。历时一个半小时的弥撒开启于一首优美的宗教音乐，穿戴整洁的村民被音乐抚慰疲惫、劳作的辛苦、儿女的教育、人际的不顺、生活的繁重与波折。焦灼和愤怒都在音乐中得以平息，犹如人浸泡在温暖的海水中的舒适感，纯洁，感化，身与心依附在崇高的意境里。天主教对女性的独特魅力就在于它的归于宁静的独特魅力吧。

15

家，是温馨而充满爱的地方。临近春节，车上多是归家之人，熙熙攘攘。除了卧铺票，坐票外，还有站票，上个洗手间可见站票的人一脸疲惫不堪地靠车厢站着，心中有点异样涌动。人多睡不着，过了零点，只见一男士上洗手间，久久不回，一站票的中年妇女见没人，便坐下来，一会儿靠着椅背睡着了。待那位男士回来，疑惑地看他座位上的人，也不作声，在旁边站着玩手机。大约一个小时后，因中途站广播，妇人醒来，看占了人家位置，连忙道歉，那男士客气地说没关系，让她再坐会儿，妇女也不好意思，起身走了。我看着窗外，心情高兴起来：生活周围时常发生着善行，中国自古传承的美德看来还不至于让社会冷漠，如阳光总是明媚暖人心呀！

我们在生活中只要多留个心，便可发现美好，细心留意身边的生活，它会让我们学到与众不同的知识。知识，不在书本，在生活中的点点滴滴，只是需要发现。

17

腊月二十六是我家吃年夜饭的日子，原本每年吃完都会放烟花，今年却没有准备。原本都是妈妈在吃的前几天就准备好腌蹄、鲫鱼等必备年夜饭菜品，从去年开始也改在饭店。到了饭点亲戚才陆陆续续到场，吃好饭后又匆匆回家。就算是大年三十，有些打寒假工的学生还在店里忙碌。春晚的节目越来越不受关注，老少青年都痴迷于“抢红包”了。正月里做客的礼品包也没了，改成了送钱送烟。也是啊，小时候拿着一百元的压岁钱心里美滋滋的，看着夜空中绚丽的烟花都不舍得离开阳台，做客的时候和哥哥姐姐到处走，放鞭炮，跟着奶奶在大年初一去庙里烧香祈福。我们在不断成长，观念也在接触新事物时不断变化。用着几千元的手机时不再觉得一百元的压岁钱能多让人兴奋，吃着从热带运来的水果也不会去想做客的礼包。过年的新衣服想穿就提前穿了，也没有等了很久终于盼来穿新衣时候的开心。随着人们环保意识的提高和放烟花禁令的执行，原本吵吵闹闹的夜空也沉静许多。村里，只有那些老人和少数父母辈的人还在遵循着以前传下来的，在我们看来可有可无的规矩。似乎只有从满村奔跑着玩耍的小朋友的脸上，才看到了只有过年才有的欢乐，就像看到了小时候的自己。

寒假快过去的时候，我一边整理行李，一边想着：两个月的旅行结束了啊。那天我坐着火车回到家，一个温暖熟悉的地方，在这里过冬再合适不过。在家里吃着可口的饭菜，睡着宽敞的被窝，感觉每天都在过年。

如何拯救正在消逝的年味，我们应当好好反思了。

40

今年的年过得和以往都不同。在很多年前便听爸爸说过自己的故乡在几百公里外的樟树。但当时祖父带着爷爷来到了现在被称为故乡的地方。不知不觉几十年过去了，爷爷在弥留之际嘱咐爸爸和叔叔们，将来一定要回到樟树去看看，找回家乡的亲人们。之后经多方打听，得知樟树老家的位置所在，便商量着约定时间一起回故乡看看。

在初二，一家人和叔叔姑姑们踏上了寻根之路。一路上，爸爸和叔叔们都在谈论着故乡的亲人现在该是什么样子。经过近四小时的车程，我们一行人到达了樟树。一到那，家里的堂哥们就满脸笑意地朝我们走来，并不停地说着“辛苦了，辛苦了”。在他们的带领下，车子驶进了一条蜿蜒的小路，半小时后，终于看到期盼已久的故乡。表哥们立即拿出一大箱爆竹，点燃以表示欢迎我们远道而来。爆竹噼里啪啦地作响，爸爸和叔叔们心里是说不出的高兴。几十年后的重聚，半个世纪的见面，大家都感到甚是欣慰。爷爷的愿望在后辈的努力下也得以实现。

大伯们拿出了家里最好的菜肴盛情款待我们，看着两桌满满的菜，想到大伯和伯母们一定是一大早便开始洗菜备菜，准备了大半天。我们便有说不出的感动。亲情真的是一种很奇妙的东西，不管相隔多么遥远，不管历经多少岁月沧桑，这份情意永远都不会改变。就像闪电后的雷鸣，太阳雨后的彩虹，都是亘古的永恒。

正如席慕蓉在《乡愁》中说的那样，“故乡的歌是一支清远的笛，总在有月亮的晚上响起。故乡的面貌却是一种模糊的怅惘，仿佛雾里的挥手别离。离别后，乡愁是一棵没有年轮的树，永不老去”。不管我们身处何地，不管我们富贵与否。家都是永远的港湾，心灵的庇佑。有了根，我们才能在迷惘时知道自己是谁。

46

天空中淅淅沥沥的小雨下个不停，而早已疲惫不堪的我却还要拖着沉重的行李箱往家的方向赶去。斑驳的木门那边是我待了十多年的地方，以前我放学回家推开门总是能够看见妈妈在门那边的灶台上烧晚饭，不知道妈妈现在是不是在那灶台边准备今天的晚饭?

距离上次回家已经半年多了，而我就像长不大的孩子离不开父母。在学校的晚上总是能够想起和父母坐在不大的床边围着一台20英寸的电视，看赵本山的小品，笑得不亦乐乎。有时想念到偷偷地落下两滴眼泪，但我还是要假装坚强，因为爸爸妈妈并不在我的身边。也许有人会认为我就是温室的花朵，永远也离不开父母。是，我认为父母是生我们养我们的人，正是由于我们是花朵我们才能更加体现出父母的价值，而且我们只是在家的花朵，在外面我们也懂得坚强、懂得照顾自己。正是由于我们是家里的花朵，我们才会有对家的依恋和想念，不管刮风下雨，我们也要赶回家，看望爱我们的父母。

站在门口，往日的思念之情全部涌上心头，苦涩的味道占据着心扉，泪水不断地涌出眼眶。突然，门的那边传出了一阵脚步声，我急忙擦干眼角的泪水，但那红红的眼圈却毫不客气地出卖了我。门被打开的那一刻，妈妈好像僵在了那里，片刻之后才回过神来。

——“回来了?”

——“嗯，回来了。”

妈妈连忙转回身，连同那盆要倒掉却没来得及倒掉的淘米水也被端了回去。在泛黄的围裙上擦干净手，转身就要帮我提行李箱。在妈妈转身的时候，我隐约看见妈妈的眼圈也红了。

妈妈，我想说，即使你的手再脏，即使家再破，我也永远不会嫌弃。

晚饭很简单，一碗白菜，一碗妈妈特地去小卖部买回的红烧肉，再加上四碗饭。四个人在黄色的灯光下，安静地吃着世界上最美的食物。

这就是家，这就是爱，这就是幸福!

49

“树欲静而风不止，子欲养而亲不待。”（《孔子家语·卷二·致思第八》）短短十四个字叹尽人生的无奈悲哀。时间的步伐从来不会为任何人而停留，带走母亲华丽的容颜，父亲健硕的体格，留下的只有那饱经沧桑的痕迹。

羊年钟声的敲响，步入二十岁的殿堂，我们所要明白的不仅仅是自己有了多少的权利，也更应该懂得自己肩上所要扛起的责任。随着时间的流逝，岁月的更迭，父母已然不再年轻，生活的重担早已压弯了父母原本挺拔的脊梁，生活的锋刃在父母的脸上也已留下太多的痕迹，我们眼睁睁地看着这一切的发生，却也只能站在原地，无能为力。

曾经的孩童无数次质问着自己："真的是这样吗？自己看着父母渐渐老去，却无能为力？"

不！不是的！

日月星辰，沧海桑田是自然的规律，任谁也无法改变，但这并不意味着我们无能为力。我们仍可改变自己的内心，改变自己与父母相处时的点点滴滴。父母老了，逐渐长大的我们应该多抽点时间好好陪陪自己的爸爸妈妈了。在外求学，一去半年，应该记得时不时给自己的爸爸妈妈打电话，好好聆听他们的话语。在家时也应知道要帮帮爸妈了，哪怕只是帮爸爸捶捶后背揉揉肩，帮妈妈洗洗筷子刷刷碗。我们长大了，也就意味着爸爸妈妈老了，我们应该懂得照顾他们了！

昔日的孩童已经长大，往日的肩膀却渐渐老去，长大的孩童已经明白，是时候用自己不够宽广的肩膀去分担父母肩上的重担了。

孩童会永远铭记："世上最遥远的距离不是形同陌路，而是天人永隔；世界上最大的悲哀，不是不亲不孝，而是子欲养而亲不待！"

愿时光给我一丝怜悯，放慢您的步伐，让我这不懂事的孩童再好好看看爸妈的容颜！

20

回家，第一次离家那么久的我们充满了期待。不可否认，当家离自己越来越近，当那片熟悉的景象映入眼帘的时候，心中产生了一抹无法言喻的情愫。许是激动愉悦，又许是近乡情怯。

家，依旧是那个家，母亲的怀抱依旧那么温暖。可是久了，当我走在那个熟悉的街头时，心中思绪万千，甚至产生了一丝厌恶。是了，是那种熟悉中的陌生！那条公路上，车辆疾驰，甚至为了超越，开进了行人分割线内。“危险”两个字在我脑中乱窜。明明有着人行道，却总有那么几个跨栏的人。人行道上，明明有着红绿灯，可是总有那么几个结伴而闯的人。商店里，银行里……总有那么一道道势利的眼神向你射来。

我最熟悉最爱的家乡啊，是我跟不上你的步伐了吗?

都说人生追求的境界是自然境界—功利境界—道德境界—天地境界，何时我才能在你的眼中看到功利黯淡下去呢……

45

家是温暖的床，每个人都会有思乡情怀，尤其是对于在外面的人来说，然而，当我真正回到家乡时，所见所闻却惨不忍睹，我的心久久无法平静。

小河成堆的垃圾，一群整天赌博的年轻人；火山喷发似的自来水无人搭理任由其浪费；挪用公款的村干部逍遥法外；一家家独守空房的老人日日远望似乎在等待着什么；为了挣钱，大年三十外出打工的他们；一过完年，人们拜年不再是在亲戚家住上一两天而是骑着摩托车匆匆走一遍，放下东西，馈赠礼品，客套几句就要离开。邻居家之间有的“老死不相往来”，似乎挺热衷老子“小国寡民”的状态。年味越来越淡，感情越来越淡，关系越来越淡，还有一栋栋传统的建筑被铲车推翻……

“无数的、千奇百怪的灯，入夜以后的都市和乡村，比白天更多了一些新奇和眩惑”，“喃喃自语的我在无边的夜里迷失在灯与灯之间”（萧萧《灯火》）。“迷失在灯与灯之间”的怅惘，是因为在乡村里曾经有的东西如今已经很难看到或者已经荡然无存。目睹这一切，我的心久久不能平静，此时的我又显得如此渺小。在农村的角落里充满着污浊的邪风，让我呼吸日趋困难，因为它太强大了。

时间终究吹散每个人的味道，消失是必然，留存是偶然，显得如此怪诞。时过境迁，终究物是人非，甚至物非人也非。

乡村一直被视为人们精神的“归宿”，乡村传统文明的衰败，这个大问题不得不让我们深思。

拯救被破坏的乡村，还那片宁静清纯祥和的乡村吧！

30

大一第一个学期放假，让我着实期待了一番。第一次离家这么远，第一次离家这么久，第一次寒假这么长……众多第一次加上过年的临近，我的心情极度喜悦，计划着寒假回家要做些什么。然而，一个寒假过去了，回想一下并没有什么和计划相同的事。上了大学以后，阅历丰富了一些，想的事情也更加深刻了许多。在家的这五十多天看了许多，也想了很多。

现在的农村发展了，人们富裕了，大多数人都不再农耕，所以空暇的时间多了。但怎么利用这些时间就成了问题。亚里士多德认为哲学产生的条件有三个：惊奇、闲暇、（精神）自由。村里的人有着大把大把空闲的时间却无所事事，那是一种精神上的贫穷。他们把时间花在牌桌上，呼朋引伴只为打牌，打麻将。人们常说：小赌怡情，大赌伤身。在我看来，人是贪婪的，输了想赢回来，赢了又想赢多一点，无穷无尽。

农村的发展总体上就是经济的发展，而经济的发展是需要付出代价的。人们的腰包鼓了，水却不再清澈了；人们的腰包鼓了，山却不再秀丽了；人们的腰包鼓了，天却不再碧蓝了……这次回家村里所有冶炼厂都已经关闭了，相信这是个良好的开始。终有一天，我们能再看到青山绿水，再看到湛蓝的天。

在家里的这段时间，最悠闲的时光便是吃过晚饭后一家人去散步。即使每天都是相同的道路，即使不到一个小时，但这种和家人在一起的时光总是让人觉得幸福。走在一起，父母讲着他们年轻时的故事，我们讲着我们的同学老师，时间在不知不觉中悄悄流逝。

回想回家经历的种种，躺在床上玩手机，看电视的时间还是占了大部分，但这些事情带不来成就感，真正带给我成就感的却是那认真写出来的实践报告，是那陪伴家人的时光。

第二章 中国哲学的开端——易经的智慧

中国哲学的开端在哪里？就在《易经》中。《易经》是五经之首，也是诸子百家思想的源头活水。《易经》因何而作？《易传·系辞》说得明白："古者包牺（伏羲）氏之王天下也，仰则观象于天，俯则观法于地，观鸟兽之文，与地之宜，近取诸身，远取诸物。于是始作八卦，以通神明之德，以类万物之情。"原来中国哲学是观照天地、取法自然而成。天地在古代中国人眼光由自然天地变成宗教天地，又进而变成义理天地。中国哲学从一开始就确立了伟大的目的：希望人能通神明之德、类万物之情。自此，重德又重情便成为中国哲学的主基调。

对《易经》的解读有象数派与义理派之分。象数派研究卦象，推算数率，通过占筮预测吉凶，逐渐发展形成风水之学，带有迷信色彩。义理派研究卦辞，揭示微言大义，指导现实政治人生，逐渐发展形成诸子百家学派。易有三义，即简易、变易、不易。中国人就是这样辩证地看待这个世界与人类社会的存在。从易中三义可以感悟人生不应该去瞎折腾，不应该安于现状，更不应该失去做人的基本原则。每个人应该在变与不变中把握好自己前进的方向。

《易经·系辞》中有一句提纲挈领的话，可以涵养出中华民族高贵的灵魂。"天行健，君子以自强不息；地势坤，君子以厚德载物。"中国的神物是龙，中国人都望子成龙。大学生是天之骄子，渴望成龙而不是虫，就应该具备龙马精神，既自强不息，不断进取，又厚德载物，勇于担当。天作地合，乾坤人生，成就的才是德才兼备的人。

19

春夏秋冬，四季变化；日升日落，时间飞逝；花开花败，叶落叶长。我们处在这个不断变化的世界里，不管是你想的还是你不想的，看得见的还是看不见的，所有的一切都在变化着。

“变化”一词出自《易·乾》中“乾道变化，各正性命”。我们也许无法给变化下一个准确的定义，但我们总是能够感受到身边的每处变化，我们会感慨物是人非，也会感慨韶光易逝。

“世界上没有什么永恒的东西，一切都在变化，一切都在发展。”（斯大林《无政府还是社会主义？》）的确，所有的一切都在变化着。我们无法让时间停止，更无法回到过去，有的只是现在。“一念思量，名为变化。”（《坛经·忏悔改品》）面对这瞬息万变的社会，我们拥有的只有现在，不去感慨曾经的骄傲，不去想象未来的美好，我们要的是珍惜眼前，走好我们正在走的每一步。比如亲人，比如朋友，比如同学，比如老师，我们要珍惜聚在一起的每一个时日，因为我们无法想象下一秒会怎样？明天又会怎样？

01

哲学课，老师给我们讲的八卦图，形象有趣，其周围的图标也是首次接触。《易经》的内容博大精深，其实，它就是一部中国古代集大成的著作，主要涉及哲学方面的问题。否极泰来，物极必反，你中有我，我中有你……这些观点最早就是《易经》提出来的。按照《易经》的观点，宇宙也会有消亡的那一天，只是之后，它又会再次诞生。

《易经》在近代让人们用来算命，占卜风水。《易经》中的易是指变化，经是指方法。随着时间的变化，它也被活用在这方面。《易经》中所讲的变化、发展大部分是抽象的，有的甚至是牵强的，有一部分是有朴素辩证法思想的意义。

《易经》中的智慧是需要时间去钻研的，随着社会生活的发展，也许《易经》会变成我们生活中的需要。

02

对于“人更三圣，世立三古”的《易经》我只感觉玄乎得不行，深奥难以参悟。对于《易经》中的自然科学、人伦道德我只懂些皮毛，不敢妄言，只较为客观地阐述一下我对《易经》的印象。

生活需要前人智慧的指导，《易经》告诉了我们人类宇宙的状况，让我们知道怎样去适应、去改善。

上古伏羲的八卦和中古周文王的六十四卦合称《易经》，而近古孔子的《十翼》则是为《易经》而作，又称《易传》，三者合成我们所说的《易经》。

《易经》无所不包，大到没有外面；广大精微，小到没有里面。这部集体创作的人生宝典承载着孔子“人能弘道，非道弘人”的教导，人该去应用这些人生密码，而不是等待这些密码起作用，强调一个对待内外的主动性。

学习《易经》必然是一个需要开动脑筋、以感悟至上的学习过程，它那么神秘难懂，《易经》的道德光辉也是发人深省，我们平常接触的一些错误观念也可以在这其中得到纠正。

06

在我们的印象里《易经》有些神秘，有的介绍它是卜筮之书。在古代，有些人会用其中的观点来预测“未来之事”。但它又不仅仅是迷信之书，它的体系是“圣人”认识世界，处理事务的万能法宝，其中蕴含了辩证法的思想。不只是它的内容，就连它本身都是辩证的。辩证地看这本书，它不是迷信。因为其中还有辩证的思想，但它又并不是完全的辩证，因为其中有的辩证是牵强附会的。

《易经》里的对立统一：《序封传》在《泰》卦后对《否》卦作解释；“泰”是通达，“否”是阻塞；《剥》卦后是《复》卦，“剥”是剥落，“复”是反本。《易经》的两点论：一阴一阳之谓道。“易有三义”中有一易为“简易”，在我看来它其中包含的意思就有辩证，要正确处理复杂与简单的关系。这个道理可以运用在平常的为人处世里，现代社会的人越来越复杂，做事、做人、想事、想人，都不太简单。学会“简易”，使生活简单起来，能获得简单的快乐。

《易经》里的辩证法还有许多，这些古人留下的智慧还要我们去细细探索。

43

一幅八卦图蕴含着无穷的智慧。

八卦乃圆形，做人也就是一个“圆”字。做到外圆内方，便是为人处世之境界。有原则，讲人情，明事理！

阴阳两极，相互转换。如万事万物一样有利有弊，同时物极必反。凡事不要过头，把握一个度。俗话说，狗急跳墙，就是这个道理。有些事过火了容易给自己带来麻烦。凡事但留一线，只为日后更好相见。

乾卦中的潜龙到亢龙，道出了人生哲理。在你没能力之时要学会沉潜，学会隐忍，坐得起冷板凳，耐得住寂寞。同时要学会蓄势待发，迎接着机会的到来，把握机遇，一飞冲天，完成人生的蜕变。功成名就之时，切不可大意，当心功高盖主，凡事要维护领导权威！这时也要做好急流勇退的准备，学会放弃，拿得起放得下，这才是人生哲理的高境界。

“易”字也蕴含着做人的道理：变易，不易，简易，告诉我们做人要学会变通，坚持底线。大智若愚也是一种智慧。难得糊涂也是一种手段，有些事知道太多了不好，容易失去纯洁之心。不管真糊涂还是假糊涂，有时也是一种幸福。

八卦图中，含义颇丰，还需我们进一步的探索。

07

《易经》，在我的生活中很少接触过，也很少了解它。小时候，似乎只在武侠小说或者电视里听说过，但是也只局限于皮毛而已。现在通过老师课堂的讲说，我知道了《易经》是中华文化的总源头，也是“群经之首，群经之始”。

《易经》由阴阳八卦排列组合而成，其中包含了朴素辩证法的思想，这在商周奴隶社会是很难能可贵的；《易经》认为，对于事物的变化发展是无法认识和驾驭的，而只能乞求于神的指示，带有严重的宗教神秘主义色彩。随着时代的发展，《易经》的思想也不符合社会的进步了，因此我们应该继承《易经》的积极意义，摒弃糟粕，与时俱进。改革开放时期，就是由于邓小平顺应时代的脚步，顺应潮流，与时俱进，带领中国走向富强的道路。

所以，我们学习《易经》也是如此，需要与时俱进，更好地发扬中国文化。

10

世事无常，我们坐看云卷云舒，时光流逝，身边的人在变，行为习惯在变，不变的是一颗真善待人的本心。无论时间带给我们什么，情感的加深和本心的不变都是弥足珍贵的。《易经》三易：简易、变易、不易，这不易讲的就是变化背后的不变。

生活中，我们有亲人、朋友；工作中，我们有同事、上司。面对的人虽不同，但我们要守住的是自己真诚待人的本心，你以真诚待人，别人必将以真诚待你。结一份善缘，做一件善事，做一个纯善的人，过平淡而安宁的生活。

守住这份不易，我们将收获更多时间给予我们的馈赠，以真善待人，守真善之不易。

18

冰心曾说：成功的花人们只惊羡于它现时的明艳，然而当初它的芽，浸透了奋斗的泪泉，洒遍了牺牲的血雨。当我们看到成功人士的光鲜亮丽时却不知他们成功背后的坚守。

“怀抱之木，生于毫末，九层之台，起于累土。”作为追梦者，在前进的路上总会有未知的风险和挑战在等着我们，我们总是在感叹世事无常，我们没有预知未来的能力，所以我们要从最基础的小事做起来，以应对随时发生的事情。追逐梦想的道路并非一帆风顺的，从来都是荆棘满布，刺得我们遍体鳞伤，以至于我们不知道是进还是退，有过这样的犹豫，有的人在挫折面前选择一蹶不振、畏缩不前的态度，纵使离成功一步之遥也不肯往前再多走几步，那么他所有的努力都将付之东流。也许在未来的某一天回想起来悔恨不已，关键处几步路我们要懂得把握；而有的人在挫折面前泰然处之，斗志昂扬，不向困难屈服，高昂着头颅，努力向前，而最终采撷成功之花。汪国真曾说：没有比脚更长的路，没有比人更高的山。在困难挫折面前，我们更应该挺起胸膛，而不应该自怨自艾，抱怨命运无常，时世不济，我们应该坚信承受的苦难都会在未来的某一天有所回报，踏实一点，你想要的岁月通通会给你。历过寒风彻骨的洗礼，得到梅花满园扑鼻香，这一刻我们陶醉于成功，也许我们可以尽情地欢呼却不能忘乎所以。人生的路很长，一个梦想的实现并不意味着终结，要时刻保持清醒而奔赴下一段旅程。跋涉过，付出过，哭过，笑过，血泪中静待彼岸花开。

21

前几天课上，老师给我们讲了关于《易经》的一些知识，听完之后，感触良多。向来对《易经》不感兴趣的我居然突然爱上了它。不可否认，这是中国哲学史上举足轻重的一本书，作为群经之首，群经之始。与其说是爱它的声誉，我倒是更愿意说是爱它的精髓。

是的，随着科学技术的发展，迷信越来越被时代抛弃。而以自然神学和迷信为基础的《易经》却依旧深得广大民众的追捧，我也不例外。为什么喜欢这本书？因为它教会我们为人处世，教会我们众多道理。

简易、变易、不易是它最基础的道理。把复杂的事情简单化，这就是简易。为什么人们总说自己活得很累？因为他总爱把简单事情复杂化。世界万物都在变化着，没有表现为不变化的，这就是变易。一切事物都是变化发展的，运动是事物的固有属性和存在方式。为什么成功人士不会是那些安于现状的人？因为安于现状，因循守旧没有创新的静止不是成功的方法。变是现象，背后还有不变，这就是不易。物质运动存在相对静止状态。为什么古往今来的仁人志士都会有“我心岿然不动”的豪言？因为他们知道变的是岁月，不变的是内心的壮志。

41

变易，是《易经》三大原则之一。变是现象，世界万事万物，没有不表现为变化的。

大千世界，有着姹紫嫣红的花儿，它们从花苞变成花朵，最后零落成泥碾作尘，成了养料；有着千山万水，无论多么高大与宽广，也逃不过时间的折磨，在不断变化着；有着众多生命，它们都经历着由幼年到成年再到老年的过程。望着世间万物，想着往事，蓦然回首，曾经沧海桑田，如今沧海已远，桑田已过。这告诉我们所谓变易，就是说世界上的事，世界上的物，世界上的人，乃至宇宙万物，没有一样东西是不变的。变化是常存的，当然有其变化的法则，有其必然的准则可循，并非乱变。

不变的原则，万变的现象。里面是原则，方的，外面是圆的。无论是外方内方，还是外圆内圆，都是不好的，这样的人是小人，是可耻的。从这我们可以得出，做人的原则是外圆内方，即以不变的立场来变，才不会乱变。变是一种现象，背后还有不变。太阳东升西落，四季寒来暑往。我们要以不变应万变。

22

生活中我们常常会听到“人不要屈服于命运”，那何为天命呢？

说起天命，其实算命在生活中很普遍。我初中有一个同学，成绩一般，快中考的时候她妈妈去寺庙里算了命，说考不上高中，于是她犹豫了，没有参加中考就直接读了中专，但是出来工作不顺心。今年聚会的时候她说后悔了，羡慕我们这些还在读书的人。高考的时候也有很多的家长会为子女去庙里烧香拜佛，为的是求内心的安慰。

在当今科技发展的社会，对天命我是既不支持也不反对。一方面，我们对天命要有敬畏之心；另一方面，不能一味地屈服于天命、无所作为。天命是随着自然界的发展而发生的，我们可以通过努力改变它，但同时不能违背自然规律。一旦违背了自然规律，给人类带来的将是巨大的灾难。

人生事事无常，我们最好带着科学的态度对待天命。

24

有人说："《易经》是中国哲学的开端。"因为《易经·系辞》说得明白："古者包牺（伏羲）氏之王天下也，仰则观象于天，俯则观法于地，观鸟兽之文，与地之宜，近取诸身，远取诸物，于是始作八卦，以通神之德，以类万物之情。"所以中国哲学一开始就针对《易经》确立了学习哲学的伟大目的：希望人能通神明之德，类万物之情，做人既要重德又要重情。《易经》中关于人生的道理很多且很精辟。例如：①易有三易：简易，变易，不易。简易是指不要把简单的事情复杂化，要懂得把复杂的事情简单化；变易是指变化，世界万事万物，没有表现为变化的，毕竟过去是无法挽回的，未来是难以预测的，现在是瞬息万变的；不易是指变是一种现象，背后还有不变，太阳东升西落，四季寒来暑往，纵使人事全非，感恩之心依旧。②"天行健，君子以自强不息；地势坤，君子以厚德载物。"这句话告诉我们：中国人应该具备龙马精神，既自强不息，不断进取；又厚德载物，勇于担当；成为一个德才兼备的人，为中华民族的未来而奋斗不息。我觉得这句话是几千年来中华民族得以传承的源泉，是中华民族自立于世界民族之林的根本，是中华民族文化源远流长、博大精深的重要见证。

44

《周易》中包含着中国朴素辩证法思想萌芽，同时也是诸子百家思想的源头。《周易》分为《经》和《传》两个部分，《易经》记录了六十四卦的卦象和周人卜筮的卦辞，《易传》记载后人对《易经》的解释。

没有事物是一成不变的，任何事物都在不停地变化。《易传·系下辞》说："日往则月来，月往则日来，日月相推而明生焉。寒来则暑往，暑来则寒往。寒暑相推则岁成焉。”“变”是“易”的基本观念，时势在不断变化，我们周围的环境也无时无刻不在改变。因此我们必须适应时势，察觉周遭事物的变化并加以应对。

对立双方可以相互转换的思想也在《周易》中有所体现：“泰者，通也。物不可以终通，故受之否。”事物不可能永远通达，物极必反。我认为，事物发展到一定程度就会走向反面，没有事物会永远停留在某一个阶段上。事物会不断向下一个阶段发展，而且这种变化永远不会停止。

《周易》凝结着中国古代人民的智慧，体现了他们对自然规律和宇宙奥妙的探索。仔细研读、品味《周易》，可以有所感悟，体会到许多人生哲理。

09

在电影《赤壁》中，羽扇纶巾的诸葛却总是说“略懂略懂”。我不知观众滑颚大笑之余，可曾细想，这四字下，当真的只是哗众取宠的区区笑谈？说这话的，真得好好借《易经》补补，诸葛君可是熟读《易经》的人物。《易经》授解天下之变，人活一世，草木一生，人有悲欢离合，月有阴晴圆缺，人天冷添衣，草木零落尘泥。这样一来，咱要说着“略懂略懂”，就得回到当时的政治人文环境里去，考察人物行为的依据。诸葛第一次言“略懂略懂”，初来乍到；毕竟人家是桃园三结义，且都是须眉的硬傲人物，这可是不利的景况，《易经》潜龙勿用，他诸葛正是言语谦和韬光养晦，日后，果不其然，这日后诸葛便草船借箭；想七擒孟获便七擒孟获。影片还有一处令人忍俊不禁，引人思考，小乔问诸葛可通音律。诸葛笑摇鹅毛扇，一副痞相道“略懂略懂”。然后，一曲下来绕梁不绝，满座疯狂。

世间“飞龙在天”都如此，蓄得好时机，须得见伯乐，人生不过一个海中一尾鱼，行行走走都是人间波涛或流水，深入其中，根据环境变换自己的色彩，最大限度协调实现自我和减少水流冲击的矛盾。《易经》中的乾卦就是教授我们一代又一代的人间孤客在行走人间中如何变换色彩，适应人间，成就事业的，这里面蕴含着非常多实用而巧妙的道理。

小女子无才，不过有些时候我以为看《易经》会难过，有位台湾教授讲乾卦直觉脊梁骨冰冷，如君子终日乾乾，夕惕若厉，无咎。身已居高位，有德才便可，却还需小心谨慎，免招人忌恨。我以为这样的生活是很累的，听台湾某教授解读《易经》中有一句，人生就是水深火热。水深火热，也许是我涉世未深，反正只感觉世界虽然不纯白如洗，有些的确丑恶，不过也不至于人间时时如履薄冰，须这般谨慎。这不，《易经》还有一卦，九五：飞龙在天，利见大人。若得有缘人相助，这点我很相信，中原张仪得苏卿相助，香车宝衣，才可展露舌辩，得国君赏识。牛顿站在巨人肩上摘星星。如果没有哥白尼的日心说，又怎来牛顿的万有引力。用九：见群龙无首，吉。人在何时会觉得群龙无首呢？一种是在肯定自己的时候，觉得团体如一盘散沙之时，在有想法做事之时，即使不做领袖也可以拥有一个参与奋斗团体的机会。第三个是“惕”，木秀于林，风雷摧之，所谓高处不胜寒，一是责任，二是协调上下级关系，对下级树立权威可能会严厉些，可能确实有点对下级不公平，但是不得不做，所以有时要变换色彩让下级觉得你严而不苛，愿意为你全力以赴。第四个密码是“跃”，就是准备要一跃升天，中国古代有位君王便是如此，终日纸醉金迷，连大臣讥讽他如不叫之鸟，但是，其实他在等待时机，等到正在积蓄了足够的力量，肃清朝政，大快人心。上九：亢龙有悔。须急流勇退，这方面可以引诸葛为戒，诸葛在朝中久居，高位者虽然保持爱百姓之心，但是已经听不见民声了，当年刚愎自用，非要派马谡镇守街亭，成千古大恨。

《易》曰：天变，君子因天而变。

25

以前对《易经》的了解是少之又少，仅仅知道《易经》属于四书五经。甚至片面地简单地认为《易经》是完全封建的，迷信的。而现在经过了解学习，不得不为自己愚蠢的浅陋的知识而感到羞愧。

《易经》中包含了某些关于“对立”和“物极必反”的朴素辩证思想的萌芽，并且《易经》在一些卦中，包含有一些由低向高的变化发展思想。如乾卦中的“潜龙勿用”到“见龙在田”到“君子终日乾乾，夕惕若”等。而我在这些卦中不单单是感受到古人的智慧，更是让我懂得了不少为人处世的道理。一匹好的千里马，在伯乐没发现之前，它所有的能力都在潜伏着。但并不是每个人都是千里马，所以我们每个人应该充实自己，等待时机，懂得“机会是给有准备的人的”。时机一到，属于我们自己的伯乐就会出现。但辉煌时，我们也不应骄傲，应谨慎，一直拼搏努力，到达人生顶峰。但“高处不胜寒”，要取舍有度，学会满足。这也是人生的重要信条。而这也是现代人都应该学习的，欲望、贪心等原因造成的腐败，让人厌恶，如果他们懂得满足，结果或许会有不同吧！

《易经》中的道理或对或错，都需用心领悟，于我而言，《易经》中的知识让我受益无穷。

28

生命本来就是一个悲伤而严肃的过程。我们来到这个美好的世界里，彼此相逢，彼此问候，并且结伴同游一段短暂的时间。然后我们失去了对方，并且莫名其妙地就消失了，就像我们突然莫名其妙地来到这世上一般。

人本来就很脆弱，世事无常。谁都逃不过生死一说。“枯藤老树昏鸦，小桥流水人家，古道西风瘦马。夕阳西下，断肠人在天涯。”这首词是外公生前教会我的。那时依偎在他身旁，玩耍，听他讲他年轻时的故事，教我们几个小孩背诗唱歌，“从前日子慢，车马邮件都慢，一生只够爱一个人”。木心的诗，总是让人不禁想到过去。现在外公过世已经有6年了，我总是不由想起小时候跟着他的点滴故事，好怀念却又无能为力。

人生本来就无常，许多事情悄然发生，你甚至来不及发现。唯有把心放宽，活出自己的样子来，才不会辜负老天赋予你的一切。

32

看到“八卦”二字，很多人都会联想到“流言蜚语”、“闲言碎语”等词语，然而我想要说的却是“八卦图”中的“八卦”。此八卦是古代汉民族的基本哲学概念，是古代的阴阳学说，是易学体系的基础。

八卦除了用于占卜、看风水外，影响还涉及中医、武术、音乐、数学等领域。八卦是由伏羲画出来的。《易经》有言：“阴阳生太极，太极生两仪，两仪生四象，四象生八卦。”之所以叫“八卦”，是因为八卦中心的“阴阳鱼”周围分布着八个卦相，分别是“乾”“坤”“巽”“震”“坎”“离”“艮”“兑”。《周易·系辞》中说：“古者始作八卦，以通神明之德，以类万物之情。”八卦就像一个无限的空间，装进了万事万物，象征着自然现象和人事现象。

34

《易经》中的易有三义，不易是其中的一义。变是一种现象，背后还有不变，这就是不易。尽管世界是在无止境的变化中，可是却有一项永远不变的东西存在，那就是这世界的根本，是所有现象的来源。《周易·系辞上》：“天尊地卑，乾坤定矣。卑高以陈，贵贱位矣，动静有常，刚柔断矣。”郑玄认为不易是从至变之中，借得其不变之则。马克思主义哲学也认为运动是绝对的，静止是相对的。也就是说，万事万物都是变化的，都在改变，不变的事物只是相对而言的。

我认为生活中也有不变的事物，那就是感情。亲情、友情、爱情，对我们来说都弥足珍贵。古有小儿卧冰求鲤，现有女儿带母上学，更有动物之间的乌鸦反哺、老牛舐犊。可见，亲情并没有因为时间的变化而消逝。想必伯牙绝弦的典故我们都知道，伯牙因失去知音子期而不再弹琴。马克思和恩格斯在创立科学共产主义理论的革命实践中，互相帮助，互相鼓励，共同写下了许多指导革命运动的理论著作。马克思和恩格斯之间的友谊深挚而纯真，超过了古人关于人类友谊的一切最动人的传说。爱情是每个女生都非常向往的，孔雀东南飞的故事虽凄美，但是刘兰芝和董仲卿之间的爱情是如此惹人羡慕。

我们每个人都有感情，就算是无恶不作的人在内心深处也是有感情的。感情是千百年不变的，只是表达方式不一样。

36

“Twinkle twinkle little star”，这是我们小时候都听过的儿歌。小时候的我们更接近梦想，因为我们不怕人笑话，敢于说出自己心里最原始、最本真的想法。长大后的我们离梦想却越来越远，因为我们害怕成为异类，于是在现实面前，我们的梦想就变得“可笑”了！我最爱的是《星空日记》中的那句话：“不是现实支撑了梦想，而是梦想支撑了现实”。他最后实现了星空梦，摘到了星星。也许，你会说这只是电影，不真实。但我却不那么认为，这种不真实的梦，才是最真的现实。

人生活在这个纷繁的世界，大多数人都陷入现实的水深火热之中，明知道前方是坟墓，依然奋不顾身地跳入。人固有一死，为什么不让自己过得简单一点、舒心一点？为什么非要用现实的枷锁约束自己。顺从自己的心吧，我们不需要做别人眼中的英雄，也许最后，你的一生是平凡的，但你绝不是平庸的，我们会说我们的一生是幸福无悔的。

另外，追求梦想的道路是永无止境的，我们必须怀有不断进取的心，才能在这条路上越走越远。这是《易经》中的智慧，也是前人在被人笑过之后总结出来的。

23

我们总是觉得，世间的一切无时无刻不在变化，的确，我们周围的人，周围的事，似乎总是在不停地变化，人们总是在忙碌，不停地说着一些我们需要变化的似乎激励人心的话。然而人们在忙碌中似乎忘记了一些不该变化也无须变化的东西，比如对于家庭、家人、情感的坚守。人们总是追求舒适的生活，因此我们不停地向外面广阔的天地涌去。我们总是在行走，然而我们是否忘记了一些事情，比如回头看看我们的家庭、我们的父母。

我们追求变易，但回头想想，其实不易不也是一个很好的变易吗？在不易的初心中追求变易的未来，带着父母的挂念，留下自己的牵挂，在变易中时时想起自己的初心，坚守着自己心灵的静与净，那时候，我们是否拥有更多的自信去面对这世间的变易？

38

在还没有接触过《易经》时我就已经觉得这是一本很深奥的书了，感觉对它一无所知，也不知道《易经》具体是讲的什么样的知识。当我在课本上稍稍了解了一下《易经》后，更觉得《易经》是博大精深的了。《易经》是群经之首，五经和六经都把它放在首位，它也是群经之始，被认为是中华文化的总源头。由此可见，《易经》在中华优秀传统文化中的地位是极高的，这也说明《易经》博大精深，凝聚了古人的智慧结晶。虽然在周代时，《易经》是周人用来卜问吉凶的卜筮之书，但其中却蕴含着许许多多朴素而又宝贵的人生哲思。

《易经》中认为，宇宙间万事万物都是由“阴、阳”两种因素构成的，认为阴阳是一切具体事物共同的、最基本的两种对立的性质，同时认为世间万事万物都是不停变化着的。《易经》中的“易”便有“变化”的意思，“日新之谓盛德，生生之谓易”（《系辞上》）说的便是不断发生、不断日新的道理。易又有三易，分别是简易、变易和不易。我认为“不易”是很可贵的，它的大概意思是说变化是一种现象，但变化的背后还有不变。宇宙万事万物都是不停地变化着的，自然现象、人类社会都是在变化着的，太阳的东升西落，春夏秋冬的四季交替，时间的不停流逝……这些都是变化着的，我们所处的环境，生存的社会，人生中遇到的事物都在变化，这些变化蒙蔽我们的双眼，左右着我们的选择。而我们要做的，就是透过不停变化的现象，看到事物的本质，在众多诱惑中始终坚持为人处世的原则，保持自己纯良的本性。

《易经》的智慧如天际般广大精深，而我所感悟到的不过是小小的一角，如若是把《易经》比作一条宽广的道路，哪怕是穷尽我们的一生也是不能够探索完其中的奥妙的。

14

那时的感觉依然深深地记得，在一次中国哲学史课上，我们观看了著名历史栏目《百家讲坛》“易经的奥秘（十一）乾坤人生”，虽然没有看完，但是当自己看到那四个字“乾坤人生”，已经被《易经》所征服，被《易经》的智慧震惊！感叹那时的人们，是那么的有智慧啊！身为大学生的自己，对其关于人生的哲理更为好奇！

《易经》中记载着八卦，其中最基本的和最重要，也是和本书有关的是乾坤两卦。乾卦讲“天行健，君子以自强不息，”卦象体现在九爻位置的变化之中，分别是初九、九二、九四、九五、上九，爻辞分别是“潜龙，勿用”“见龙在田，利见大人”“君子终日乾乾，夕惕若”“或跃在渊，无咎”“飞龙在天，利见大人”“亢龙有悔”，以上是乾卦，而我们再看坤卦。坤卦讲“地势坤，君子以厚德载物”，卦象体现在六爻的位置的变化之中，分别是“初六”“六二”“六三”“六四”“六五”“六六”而爻辞分别是“履霜坚冰至”“直方大，不习无不利”“含章可贞，或从王事，无成有终”“括囊，无咎无誉”“黄裳元吉”“龙战在野，其血玄黄”，也许你对以上的古文很难看懂，但是你是否感受到那时古人对于一个人一生的理解？

一个人的一生做一件事，开始早知道积累和准备，然后就会有所收获，但是在这时不要骄傲自满，更要懂得含蓄和谦虚，只有这样才会有更大的进步。但是当你的人生和事业达到顶峰时，要知道和懂得，凡事都会盛极而衰的！乾坤两卦关于这个有些相同的地方，就是“元、亨、利、贞”即元始、亨通、祥和、中正。古人用这四个字，概括了当时智者们对人的一生和人的事业的理解！我想，当时的人们在当时的条件，用抽象的思维来说明人的一生是怎样，该怎样做，是非常值得现代的人探讨和佩服的！

03

也许在常人的眼里，《易经》只可以用在风水学或者命理学，而实际上《易经》作为百家之源，不同的人研究会得到不同的道理。我们的祖先伏羲氏通过长久的探索，形成了现在我们所见到的值得深刻思考的《易经》。

八卦图是中华民族在没有文字以前最早的文明记载，我们在学习《易经》之前，必须要先明白八卦图，正如尹老师在讲课时所说，不会画八卦图，也就不会学好《易经》。在《易经》中乾坤是完美组合，因此，在八卦图中首先值得一提的便是乾坤二卦，象曰：天行健，君子以自强不息。做人第一要务是立志图强，“乾”代表的是天，启示着我们应该效法天，不懈努力，力求进步，从而造福天下众生。进而再来谈谈坤卦：元，亨，利牝马之贞。人在前进之时，必定要有正确的思想，才能把握正确的方向。

在当今社会，不可否认《易经》中的许多哲学都能给我们提供指引的方向。例如第三卦：屯，六三：“即鹿无虞，惟入于林中，君子几不如舍，往吝。象曰：即鹿无虞，以纵禽也。君子舍之，往吝穷也。”当我们把这个道理运用在选择职业方面时，我们可以考虑是选择创业，还是选择就业，《易经》无疑给了我们一个选择，选择是一切行为的前提，也是一切成功的前提。路在脚下，关键在于自己的选择。《易经》是解开宇宙奥秘的宝典，请静下来细细品读，思考其中的道理。

04

你说《易经》离我们很遥远，可是，待细细体会后，你便会觉得《易经》与我们的生活息息相关。

西汉时期的司马迁在《史记·刘敬叔孙通列传》中说道：“高帝悉去秦苛仪法，为简易。”古有汉高帝废苛仪法，而今有政府精简机构，进行行政审批制度改革。这无不体现了《易经》三义之中的一义——简易。

随着我国经济、政治、文化等事业的进一步发展，行政审批的应用范围逐渐增加，而要更好地提高行政效率、发展社会主义事业，那就得精简机构，进行行政审批制度改革。

高中的老师对我们讲过这么一句话：“要先把书本读薄，你才能更好地掌握它。”的确，一本厚厚的书让你无从下手，但是如果你把其中精华部分理解透彻，提纲挈领，就能很容易地掌握它。

《易经》离我们并不遥远，只是我们缺少发现的眼睛，有些事情本不难，只是我们缺乏简易的思维。

51

八卦为传说中的中华民族人文始祖伏羲所创，《易经·系辞下》载："古者包羲氏（即伏羲）之王天下也，仰则观象于天，俯则观法于地，观鸟兽之文，与地之宜，近取诸身，远取诸物，于是始作八卦，以通神明之德，以类万物之情。"

易学的早期发展史，传统之说以"易更三圣"为主，三圣即"伏羲、文王、孔子"，指画卦者伏羲、演卦者文王、传述者孔子。

其实生活之中有许多关于易经的事情，犹如现在的太极，现在的算命。俗话说：算命的都看了《易经》，但看了《易经》的不一定会算命。也许你会觉得这样说来，似乎感觉《易经》是一种迷信。但它却是中华文化的始祖，古代的诸子百家都是从《易经》中吸取智慧，再得以消化加工最后自成一家。

也许你会说，《易经》离我们很远，但它就在我们的身边。乾坤八卦，各有其特点，揭示了人生奥秘。就拿乾卦来说，要求人要积极地改变策略，遇到不同的情况及时做出决策。化险为夷！这正是八卦中的一种奥妙。乾卦，主要有以下几种情况：

初九，潜龙勿用。

九二，见龙在田，利见大人。

九三，君子终日乾乾，夕惕若厉，无咎。

九四，或跃在渊，无咎。

九五，飞龙在天，利见大人。

上九，亢龙有悔。

《易经》中的变易表明事物的发展是有规律可循的。承认了物质的第一性，是一种古代的朴素唯物主义思想，因此，我们面对《易经》要取其所长，弃其所短。最后是中国哲学不断发展、中国文化不断繁荣！

05

若有人问你什么东西是世界上最珍贵、最美好、最值得坚守的，你会怎样回答？在我看来，是“善”。它可以温暖寒冷的冬季，抚慰受伤的心灵，唤醒人最初的希望。

在这瞬息万变的时代，一切都在变化发展，人也一样在不断地实现自身的飞跃。常常会碰到在利益与良心之间做选择的情况，这似乎是个艰难的决定。若选前者，你就会变得无情，会被金钱蒙蔽双眼，会让表面的物质占据生活的全部，虽然你物质上得到了满足，但你的心灵却受了创伤，也许以后会成为生活中的遗憾。若大家都是这样选择的，那么这个社会也只是虚有其表，就不单是“老人跌倒无人扶”“黑心司机绑架少女”“官员腐败”的情况出现了。若是选后者，也许你物质上不富足，但至少问心无愧。那些道德模范、最美妈妈、最美教师、最美司机的出现就展现了人性之美、人心之善，这样的社会才会更加和谐美好！

我们可以不伟大，但不可以没坚守。《易经》有三义，其中一义便是不易，即变化之中有不变，说得也是这个道理。在如今的快节奏生活中，一切都很难预料，人性也有可能变得扭曲，我们需要的是一盏指明灯，一个永远的导航，那便是“善”。所以，为了我们更加美好的未来，更加充实的人生，一定要坚守这个信仰！

48

这是一个最好的时代，也是一个最坏的时代。这是一个复杂多变的时代：我们脱离了原始的愚昧，迎来了科学与先进；我们丢弃了原有和谐的生存方式，转而进行尔虞我诈的生存竞争；我们放弃了对自然的敬畏与感恩，进行着不断的索求和破坏。是的，一方面我们在高尚的进化，另一方面我们也在某些方面退化着。我也不知这些变化会持续多久，但我知道按照这种带有破坏性的“发展”最终结果也是毫无疑问的毁灭罢了。我想有些时候我们应该向我们的祖先学习：多一份对人的真诚、多一份对自然的尊重、多一些对未来的思考。在当今变化的社会，我希望能够坚持一些不变的东西。生产方能坚持良心生产，人们能够保持那份对人的诚信，对社会与国家的责任担当，对环境的保护，以及对未来美好发展的憧憬。我们无法阻挡社会进步发展的脚步，但我们能在这一过程中坚守某些良好的品质。就像曾经的智慧先师孔子所倡导的大同社会那些美好的构想，作为后来者的努力，便是朝着这个方向坚守先辈所拥有的智慧和品德。在变中保持不变，完成美好人格与美好社会的塑造与发展。

29

易有三义：简易、变易、不易。中国有句俗话叫“大事化小，小事化了”，这句话的意思和简易是一个意思。

我有两个邻居李某和王某，李某家在建房子，声音有点大，吵到了王某，于是王某一气之下举报了李某（建房的高度是有限制的，李某家超过了一层），当时李某家还没建好，只差一个星期就可以竣工了。年三十下午，一大帮当地警察以及同村的村民都围在李某家边上，警察缴下了作业工具，李某家被迫不能再继续建下去，同时李某家弄得一团糟，连过年都草草了事。虽然大家都不说，但是大家也都知道是王某举报的，两家人也从此未讲过一句话。明明是一件小事，王某愣是把它扩大了，如果当时王某不是选择举报而是和李某好好谈谈，我想结果应该是不一样的。所有事情都是这样的，再大的事情，只要有心都可以把它化小。

08

《周易》一书中尤其是《易经》的部分，在我们浅薄的认识中，它就是一本问吉凶的卜筮之术，通俗来说就是用于算命的书。但追究其来源，它是在人们对大自然的观察分析中产生的，包含着古代人民对大自然的原始而可贵的敬畏之心。

而对于我们现代人来说，或许会对之嗤之以鼻，向“天”“鬼神”卜问那不是迷信吗？古时候的人也太过愚昧了！现代科技的飞速发展，为我们揭开了自然甚至宇宙的神秘面纱。我们知道了地震不是上天对我们的惩罚，而是由于地壳板块之间碰撞产生的；知道了所谓“天狗食日”不过是一种自然的日食现象；知道了在我们生活的这块土地之外，还有其他众多的国家，还有浩瀚的宇宙。渐渐地，我们对自然的了解越来越多，越来越科学；渐渐地，我们对自然的敬畏之心，越来越少，越来越脆弱。

课堂上老师感叹道，他从未参加过一次祭天活动，祭天活动不需要每个月都如期举行，或是一年一次，抑或是几年一次也是极好的。这并不代表我们愚昧无知，什么都要向上天祈祷保佑，更多的则是寄托着我们对“天”的一片敬畏之心。

我们都知道要遵循自然规律，把握自然规律，从而利用自然规律。遵循的目的最终还是利用。但就是在对自然的把握利用中，我们渐渐地失去了感恩自然的心，渐渐地失去了敬畏自然的心。

不再有农民们为祈求丰收的恳切，不再有天降甘霖时的欣喜，不再有粱满仓库的珍惜。有的是过度开发地下水造成的地表下沉；有的是过度采掘带来的资源枯竭；有的是过度砍伐带来的土地荒漠化。这是不是我们忽视自然带来的惩罚呢？这难道不是我们失去敬畏后带来的恶果?！这值得我们反思。永远都不要忘记我们的初心，在科学的深入发展中渐渐失去的最初的那片敬畏之心。

42

何谓乾坤？何谓八卦？八卦就是：乾、坤、震、艮、坎、离、兑、巽。乾坤就是八卦中的两卦，正所谓乾为天，坤为地，在八卦图中，乾坤是精髓所在，它是为易经哲学体系创立而制定、建构的范畴。

乾坤被世人赋予了诸多含义，比如在“竭节尽忠扶社稷，指山为誓保乾坤”（《敦煌曲子词·浣溪沙》）中它代表的是国家；在“经纬乾坤，出入三光”（汉·班固《典引》）中它代表的是天地……这些都表明乾坤已被世人所认知，而且它的界定也不再是唯一的，它是变化莫测的，纵观宇宙，无物能及。《系辞上》曰：“乾知大始，坤作成物。”确实，“乾坤合一，天地交通”。也唯有乾坤才能如此，这就是它创生天地万物的境界。

“乾以易知，坤以简能。”（《系辞上》）讲的是乾卦通过变化来显示智慧，坤卦通过简单来显示能力，所以把握住变化和简单，就把握住了天地万物之本。因此，在乾坤中把握自我，才能回归本真。《易经》学人生，八卦传智慧，《易经》八卦的锋芒何以展露，唯有乾坤出鞘，才能魅力四射。

17

《易经》是我国古代一部囊括宇宙智慧的著作，其中的人生哲理让人惊叹。可是，这些哲理是怎么总结出来的呢？“古者包牺氏之王天下也，仰则观象于天，俯则观法于地。观鸟兽之文与地之宜，近取诸身，远取诸物，于是始作八卦，以通神明之德，以类万物之情。”这本身就是很玄的话。伏羲是传说中的人物，是神一样的存在。征服了华夏大地后，他每天观察星象和大地的变化，从鸟兽地形和身边事物上悟出人生规律。先不说家人，他征服天下后为什么不从王之道反而专于研究八卦图呢？对于其他，我们无从得知。也有“文王拘而演周易”一说。一个人在狭小的空间里靠演算八卦图总结出规律，没有实践而全凭想象？还有孔子。他的话充满做人的智慧与人生哲理，为何他能懂得如此之多？我想，这部著作的诞生，更多的是历史中无数人民的智慧结晶。亚里士多德对五十多种动物进行了解剖，才得出鲸是胎生的结论。每一个智慧背后都有事物的启迪吧。而《易经》这样的大智慧到底是受什么启发呢？在它的基础上，我们是否能得出进一步的结论？这就有待我们去发现和探索了。

11

在冰冷南极生活的企鹅每次上岸之前都会极力向海水深处扎去，扎得越深海水给它的压力越大，以此蓄势。在潜到适当深度的时候，用力摆动双脚，猛地向上，然后腾空，在冰面上划出一道完美的弧线，就这样它成功地上岸了。然而若它只是一味地在冰沿挣扎，我想它很难上岸，它利用沉潜的方式，轻松地上岸了。

沉潜，在有些人看来是愚蠢的，是在做无用功，然而事实并非如此。伏羲氏的八卦中的乾卦中说潜龙勿用，意思是龙潜在深渊里伺机而动，等待最适当的时机的到来。这里说的勿用并不是完全不能用，而是在适当的时候用，就像企鹅一般，在沉潜到一定深度时一跃而起，完成自己的既定目标。对于我们来说这个道理同样适用，我们自己为人处世也应如此，学会沉潜，定能画出一道完美的弧线！

12

易有三义：简易，变易，不易，其中包含着朴素的辩证思想。变易：变是现象，世界万事万物没有不表现为变化的。正如人生，过去的无法挽回，未来的难以预测，现在的瞬息万变。所以与其追悔莫及，抑或是担心缥缈的未来，还不如把握现在。

经历高考的我们曾经埋怨为什么当初自己不多努力一点，为什么不多考几分，这样就能去自己所心仪的大学。无论有多么的不情愿我们还是无法挽回，所以还不如过“随遇而安”的生活，珍惜现在所拥有的。久而久之我们就会明白那句话：“高考的迷人之处不在于如愿以偿，而在于阴差阳错。”

季羡林说过，不完美才是人生。世上没有十全十美的人，我们无法使事事尽如人意，强求完美。我们唯有做好的就是把握现在。人生不易，且行且珍惜。

13

从古到今，似乎一切都发生了巨大的变化，无论是在思想上、经济上，还是文化上，都在不停地变化。

古时，人们用一支蜡烛照亮黑夜，用人力发展着生产，用媒妁之言结成姻缘，用农家肥灌溉着庄稼，用神灵维护着统治，用重农抑商抑制了经济的发展。自给自足，人与自然，是那么的和谐。从古到今，什么是变化的？什么是不变的？

而今，人们用电灯照亮了整个黑夜，用机器发展着生产，用自由恋爱结成姻缘，用化肥灌溉着庄稼，用民主维护着统治，用改革开放推动了经济的发展。

因而，科技的发展为世界带来了便利，民主自由顺应了时代的潮流，思想观念的转变推动了经济的发展。然而看似不断变化进步的社会，却也发生着倒退的变化。人与自然间，缺失了那份和谐，更多的是占有，人一次又一次地挑战着自然的底线，使得人与自然间缺失了平衡。

从古到今，似乎一切又都没有发生变化，无论是在亲情上、爱情上还是在梦想上，都没有发生过变化。那黄香温席般的亲情依旧没有发生改变，那梁祝般忠贞不渝的爱情依然存在，未曾改变，那伟大复兴的中国梦未曾改变过。一切优良的精髓都未变。

这个世界从古到今似变又似不变。

30

《易经》，是群经之首，也是群经之始。这本古老而伟大的书籍中包含着数不清的知识，其中哲学思想是最为耀眼的一颗星辰。

《易经》中的六十四卦由八卦演变而来，八卦则由阴阳两爻组合而成。所以，自然界和人类社会的变化最终是阴阳两极势力的消长。这里包含了最初人类社会关于变化和对立的思想。

对立可以体现在某些卦象相反的卦上。泰卦，否卦，卦象相反，体现了《易经》中关于对立的内容。

易有三义：简易，变易，不易。懂得把事情简单化，承认世间万物的变化，不否认变后的不变。

对立的事物会“物极必反”，经历着对立后的变化。《易经》把两种对立的事情或概念联系起来，相信两者之间可以转化。

《易经》中的哲学虽是些朴素辩证法思想的萌芽，但也十分难能可贵。可以被称为中国哲学开端的《易经》，里面的知识值得每一个人细细品味。

20

所谓“三易”，就是简易、变易与不易。

先谈简易，也就是说化繁为简，切忌易转难。数学中常提到的简便方法其实也是简易的体现。生活中，很多事情也需要我们去运用简易。

但是，不是所有事情都可以简易的。现实中，如果遇到小事故，比如两辆车子的摩擦，当事人往往会选择私了，似乎在他们的观念中，这就是简易。但是，我个人是不认同的。这是法律意识的淡薄，是对法律的忽视。但也因为在法律处理的过程中，这些程序太过烦琐。所以简化程序让人们愿意乃至习惯运用法律去维护自己的权益显得尤为重要。

再讲变易。世界是运动的，世界的万事万物都在运动变化之中。

但在“变”之中，我们必须坚信在那背后，也有不变的，这就是不易。

时间会流逝，容颜会老去，我们的身份角色无时无刻不在变换着。但是，不变的是信仰，是原则，是追求……这些都该是我们不应改变的。

14

随着经济的发展，人们开始对自然界和人类社会的变化有了注意、观察、分析和理解，在这过程中，便发展出了不同的看法，而《易经》一文中便包含着某些原始而可贵的朴素辩证法的思想，其根本思想的精华也是值得我们去学习，去领悟。

“天下难事，必做于易；天下大事，必做于细。”[①] 这句名言也与《易经》中的作者的观点相同，《易经》中作者认为，事物变化都是从微小的变化开始，逐渐积累出巨大变化，这个观点也充分证明了《易经》源于人们的生活之中。在自然界中，有水滴石穿的现象，一滴看似毫无力量的水珠，在日积月累的滴水过程中，便把比其坚硬百倍的石头给打穿了。在人们的日常生活中，我们在学习的时候，不可能一下子把要学习的东西都学完，而是通过每天的积累，每天学习一点点，领悟一点点，等过了十年甚至几十年后，我们知识储备便早就不是最初的一点点了，可能也算得上“知识渊博”了，所以重视小事，方能成大事。

《易经》是人们去摸索、解开宇宙密码的宝典，不管是在古代还是在现代，对我们仍是有学习意义的，我们应当去学习《易经》中精华的部分，以便指导我们人生，并探寻前方的路。

49

“孝悌也者，其唯仁之本与。”（《论语》）我曾在不经意间看到一篇

① 出自《老子》。

名为《七步至爱》的文章，其用优美的文字记叙了母亲用一生走过自己房间与儿子房间相隔的七步距离，去盖好儿子滑落的被子。短短七步，跨越一生。

细细回想，从母亲的房间到我的房间的距离也正是七步之遥，七步之间，却也蕴含了母亲一生的关爱、牵挂。年少无知的我们曾多少次忽略了母亲的关爱，厌烦了爸妈的唠叨。然而母亲却用七步走完人生，无怨无悔。

历经沧桑，岁月变迁，多少人与事早已面目全非，然而不曾更改的始终是母亲所留存的旧日的情怀。

“君子笃于亲，则民兴于仁。”（《泰伯》）中国的孝悌思想早在五千年前的远古便已产生，孔子更是大力提倡，将其认为是仁爱思想的核心所在。然而摇头晃脑的学背《论语》的我们，却并未用心去体会孝悌的真正含义，体会母亲的辛劳！

每个人都是带着使命来到人间的。无论他多么的平凡、渺小，多么的微不足道，总有人需要他的存在。你用七步走完一生，我愿用一生伴你走过！

45

“《易经》仰观天文，俯察地理，通万物之情；究天人之际，探索宇宙及人生必变，所变，不变的大道理；通古今之变，阐明人生知变，应变，适变的大法则。”（孙三宝《易经与人生大智慧》，中国商业出版社 2010 年版，前言）《易经》上有天文，下有地理，对自然之必变、所变、不变与人生之知变、所变、适变的规律把握得淋漓尽致，是开启探究自然规律之道与为人之道、处世之方密码的一把金钥匙。

《易经》分六十四个卦象，每一卦象中都蕴含着许多实用而精妙的人生大智慧，是“指导我们利用自然规律及社会发展规律进行实践活动的哲学著作”，可以说是我国先人智慧的结晶，也可以说是我国先人长期实践所产生的必然结果；更可以说是指导我们人生成功抉择的真理。

“天行健，君子以自强不息；地势坤，君子以厚德载物。”（《周易》）

这告诉我们要自强不息，要勇于拼搏；要不断进取；要有树立远大志向的精神追求，就像天运行一样生生不息，刚劲强健；更要有德，美德，厚重的美德；更要有宽广的胸襟，更要有像大地容载万物一样宽广的胸襟，厚德载物。《易经》里蕴含着许多的丰富的关于人生处世的哲理。

“天道有常，不为尧存，不为桀亡。”（《荀子·天论》）万事万物处于不断运动变化之中，但其运动变化各有其规律可循。《易经》正是揭示此中之规律，普遍之规律，同时告之我们如何去认识规律、把握规律和利用规律为之改造人生，改造世界。

如果说要造就乾坤人生，那么读《易经》；如果说要做成功人士，那么读《易经》；如果说要做大智慧者，那么读《易经》。《易经》永恒的智慧需要我们去认识，去发现，去探究，去实践，去品味，为人生成功做正确的抉择。

40

华夏文明中的祭祀主要是指祭神、祭祖，根据宗教或者社会习俗的要求进行的具有象征意义的一系列行动或仪式。在古代，祭祀的规模大小不一，有的是小家庭中祭拜祖先活动，有的则为官宦贵族的祭奠仪式，上至皇帝，下至百姓，无一不把祭祀当作生活中一件极为重要的事情。同时，祭祖也是汉人宣告自己为炎黄子孙最直接的方式。

但随着西方文化的传入，人们的生活变得越来越西式化，对中华民族传统习俗的热情也越来越淡了。原本的祭祀自然抑或祖先的活动，是对自身的认知与反省，是对心灵的净化与涤荡。但21世纪的中国，国人的信仰去哪儿呢？国人引以为傲的品质去哪儿呢？太多的外国人说中国人没有信仰。的确，面对如今的食品安全问题，社会道德被金钱腐蚀的现象，我们的灵魂已经千疮百孔、满目疮痍，弥漫着恶臭。所以，在当今物质文明高度发展的中国，拥有自己的信仰，祭祀自然、敬畏自然、感受自然是很有必要的。在祭祀中，我们可以思考，可以感悟，可以获得灵魂的净化。也许有人会说，这是中国古代的陋习，完全是封建迷信活动，是不值得提倡的。但要重视的是，之前的形式已经完全改变，如今祭祀的意义，是对人生的思考，对自身价值与道德的深思。

当前，高度发达的物质文化与滞后发展的精神文化是不相符的。国人虽然越来越富裕了，生活水平提高了，但走出国门，在别人眼中依旧是素质不高的人。在国外的旅游景点，随处可见中国人乱扔垃圾以及其他不文明的行为举止。更让人觉得羞耻的是，在许多国外景点，赫然写着几个大的中文字，“请勿随地乱扔垃圾”。可以明白，这是专为中国游客而设置的，可以明白，外国人是如何看待中国人的。要知道，中华儿女走出国门，他不是代表着自己、代表个人。他代表的是整个中国，是所有华夏子孙。在以仁义、道德而闻名的古代中国，所有人对中国的态度都是敬重的。但如今，为何会有如此之大的改变？中国人怎么呢？

我们真的应该好好反思自己，思考中国的发展。适时进行祭祀，让精神文明获得提高。不要被物质蒙蔽了双眼。静下心来，停下脚步。倾听自然的声音，倾听自己心脏的跳动。

15

放眼世界，到处无不是生机勃勃，无论是肉眼看不到的，还是巨大无边的，都是生命体，存在于地球上。

《周易·系辞》曰：“古者包牺氏之王天下也，仰则观象于天，俯则观法于地，观鸟兽之文，与地之宜，近取诸身，远取诸物。于是始作八卦，以通神明之德，以类万物之情。”人生的处世种种，都是与自然相协调，且相互的发展着的。从古至今，一个国家或者一个地方的管理者，必须实行有效的维护秩序，一代代发展，从中汲取精华，至其完善，无不是从自然中得到启发。

八卦，就如人生的指针，阴阳相对，处事之道微乎其微，如有不妥，便一塌糊涂。所以我们在生活当中，需懂得为人处世，不断地去学习，世上还有很多未知，等待人类去探索与发现。

31

“唯一不变的就是不断改变。”这是小汤姆·沃森，IBM 公司创始人的儿子和接班人于 1962 年在美国一所大学演讲时讲到的内容。在这个时代，企业要取得成功，必须时刻准备应对不断变化的世界所带来的挑战，也必须时刻准备改变自己。“唯一需要保持不变的信念，就是不断做出改变。”

不必再去纵观历史长河，也无须再去把聊漫漫人生。光是2014这一年，就像是坐过山车，不待我缓神，已是过去。六个月前，我们还是烂漫的高中生，兢兢业业地为自己的梦想努力，不松懈，不服输。楼道间回荡的是我们铿铿的誓言。我们破天荒的想去改变未来，到底是不自量力，六个月以后，还是未来在牵着我们走。学什么，考什么？都是为了顺应未来趋势。因为我们总是不想成为就业剩余人员。这一年，从激情到懈怠，从天真到现实。我一直在回忆当初年少轻狂该有的样子，我也想别人那样。肆无忌惮地说“原谅我这一生放荡不羁，只爱自由”。可是，终究我们还是在改变自己，去顺应现实，我们没有资本，做不了空想主义者。改变自己是最好的方式。但是，旅途越来越远的时候，别忘了“不是现实支撑了梦想，而是梦想支撑了现实”。

第三章　领悟孔子的智慧

孔子是儒家学派的创始人，当他屹立在神龛的时候，是至圣先师、万世师表、无冕素王；当他倒下神龛的时候是孔老二、臭老九、伪君子。尊他或者损他，他的形象都在中国历史上不增不减。尊他是认为他的思想伟大，损他是认为他的思想保守。也有人说：儒家思想是治世安邦之术，非乱世争斗之法。

孔子体天之道而成社会人伦之道，其核心思想体现在仁、礼与中庸上。仁者爱人，心中有爱才是仁人，这是孔子为人之所以为人确立的标准，也是为人之所以为人树立的理想。人来到这个世界上首先与父母兄弟姐妹建立起感情才有了爱的萌芽，长大后爱的感情也在扩充。人因为心中有爱所以无忧，知道自己每天应该干什么；人因为心中有爱所以无惧，即使道路坎坷也一往直前。人无忧无惧的时候，活得精彩洒脱也活得光明磊落，所以仁者无敌。

人进入社会之后，建立起各种社会关系，不同的社会关系有不同的礼来规范。如果每个人在处理各种社会矛盾时，视听言动都依礼，即做到君君、臣臣、父父、子子，或者做到如后来孔子思想继承人孟子五伦所指的父子有亲、君臣有义、夫妇有别、长幼有序、朋友有信（《孟子·滕文公上》），则可实现社会稳定，人际关系和谐。

孔子中庸思想是一种最高行动智慧，不是教导人做没有原则的好好先生。当我们有了这种智慧时，就会懂得审时度势，恰如其分恰到好处地做好每一件事情。孔子中庸智慧强调时中，即行动要与时势共进退，这需要我们在掌握客观事物规律的基础上充分发挥人的主观能动性，并且始终做到高瞻远瞩。

02

细细研读感悟孔子用名以正实的思想，发现他的思想映射到现代社会还是很有可取性的。

“正名”思想里先确定自身的“地位”，以求其义的思维和我们现在所说的“定位”同理，古人把这种定位叫做“名分”。我认为，以现实去实现名分，符合规律、人际伦理的定位，是为“正名”。那时便有人认识到“正名”的重要——“君子于其所不知，盖缺如也。名不正则言不顺，言不顺则事不成，事不成则礼乐不兴，礼乐不兴则刑罚不中……”（《论语·子路》）

把这样一种思想应用到生活中，强调的是符合规律和符合人际伦理；由此看来，偌大一个文明古国里，工作中的上下级、家庭内部人员地位的差等隐约的分割仍在且将长久存在。礼的遵从不会是一味地僭越忽视，各司其职各安其分会是很好的处世（事）法则。正名思想带给社会、人精神行为上的指导，随着时代的变迁渐渐变成了一种智慧，一种需要人去用思维来判断自己位置的精髓。时间的洪流奔赴向前，瞬息万变的世事下正确定位自己绝对是能被搬上日程的大事。

09

大家哪个不晓得中庸之道是个好宝贝，大到周恩来治国安邦《和平共处五项原则》，小到人际关系协调，不偏不倚，讲求适度原则，这种处事为人态度，从古至今不知留下多少佳话。可是这个度什么时候拿捏，拿捏多少合适却是一门学问了！随着年龄的增长，我是越来越害怕听到东郭先生的故事，真是傻得让人起鸡皮疙瘩，狼说要吃了他，他竟然还在思考我要不要给狼吃。你说这可不可笑。生活中往往有这样的人，自称调和主义、折中主义，实际上并不是这样，真正的中庸之道还得向孔子取经。

《孟子·万章下》篇说孟子是圣之时者，这就是说孔子在整理思想时是圣人中最注重合时宜的。他的思想言论不是庙堂之上，中看不中用的牌匾，而是有实用价值的。在改革开放之初，考虑到需要引进外资，以及和平的政治环境，政府选择“搁置争议，主权在我，共同开发……”如果要打，中国不一定打不赢日本，可是打仗对经济发展就不利了！很多人唏嘘中国抗日战争胜利后为什么不找日本要赔款，在那种情况下，日本赔得起吗？整个日本为了侵略战争投入大量人力物力，日本根本赔不起。而且，如果要赔款，这些负担还不是日本老百姓的？巨额的负担压到无辜的日本劳动者身上，这些接受过军国主义思想的人，只会更仇华，战争还不一定能结束呢！

那么接下来的这个问题就是“中庸之道”怎么拿捏呢？不卑不亢当然好，只不过偶尔也要灵活一点，在不违背原则的情况下，吃吃亏，卖卖傻，人们愿意和愿意吃亏的人做朋友，不是因为喜欢占便宜，而且觉得你做人厚道大方，相处下来不会给自己添堵，这就是为什么傻人有傻福的道理。偶尔呢，也要占小便宜，人家才知道你不拿自己当外人，会更喜欢你的，但是总体还是要不卑不亢，为人平和。

中庸之道是实践着的、变化着的学问，人这一生，千帆过尽，走过的路，见过的人，有相似的，也有不同的。只要不违背国家的民族的生命的原则，没什么大不了，告诉自己没有谁讨好谁的义务，不必在意，看破不说破，以免剑拔弩张，最好见面还能普普通通说20来个字就行了。

06

何为中庸？儒家的道德标准，中庸重点在中、庸二字，中位于中间，不离两边，不走极端。孔子的中庸是有多重意义的：君子德行高尚；做事全面、灵活。中庸并不是一个贬义词，它的词性是温和的。孔子说过：“中庸之为德也，其至矣乎，民鲜久矣。”（《雍也》）拥有这种品德也不是轻而易举的，一个人待人接物不受心情的影响，也不受此人是不是你厌恶的影响……这需要极高的情操。

梭伦改革用的就是中庸的原则，他的想法是穷人获得比以前更多的利益，但富人的利益也不能受损，改革中使用中庸是一件不简单的事。在如今社会“中庸”体现在多方面，就拿各国文化交流来说，文化“和而不同”，相互学习，精华为我所用。“中庸”也是有一个度的，超过了度，就有可能片面和偏激，也有可能失去自我的观点，只会和稀泥。中庸看起来容易，做起来难，要不失偏颇，要保持公平、正义，做利益的平衡者，这的确要考验一个人的素质。

07

春秋时期周王室衰微，诸侯争霸，社会处于动乱之中，这也是一个百家争鸣的时代，其中尤其是以儒、道、墨、法为主要思想。儒家是孔子为代表的，他一直致力于恢复周王室的统治。

孔子把春秋时代看成是礼乐崩坏的时代，所以他提出“正名”思想，以求恢复周礼，但是其并不是完全因袭周礼，而是对周礼有一定的补充和发展。他的正名思想不仅在古代适用，现代社会也应该提倡。因为在物欲横流的现代，人们都遗失了最初的本心。比如许多人崇尚外国的洋节日，对它们如数家珍，而对中国传统节日却充耳不闻，这种丢失本国文化的行为是不可取的。中国是一个有着五千年历史的文明古国。孔子的思想源远流长，博大精深，对后世有着巨大的影响。所以我们也应该“正名”，恢复和传播中国传统文化，学习中华传统美德，才能更好地建设美好社会。

10

“仁者爱人，克己复礼。”仁爱、关怀、体谅、包容等一切美德，都是孔子仁学思想的体现，也是为人处世的最高道德标准。

“克己复礼为仁。一日克己复礼，天下归焉。为仁由己，而由人乎哉?”(《颜渊》)这段话告诉我们，约束自己的行为，使其符合礼的规范，自觉地做到这些，就可以做到为仁，也就是成为道德的典范。在生活中能做到这点是需要努力的。人们总是会因为各种原因无法约束自己的行为，有时不能宽容待人，有时不能做到言出必行，这些都是需要我们不断克服和改正的。

面对复杂的人际关系和社会关系，想要做到“克己复礼”就必须勇敢地直面这些关系带给我们的问题，遵从礼的规范，诚恳待人，学会容忍和体谅，成为一个仁者，恭、宽、信、敏、惠。逐渐学会爱人，那么我们就会收获友谊、快乐并享受生活。孔子的仁学思想适应于我们的社会，给我们的生活带来指引，让我们向正确的方向勇敢前行。

44

孔子承认有不同于一般人的圣人存在，他们的知识是生来就有的，是先于经验、先于实践而存在的，因而孔子是一个先验论的鼓吹者。在《季氏》中他提出："生而知之者上也，学而知之者次也，困而学之又其次也。"而且他还说过："文王既没，文不在兹乎！"（《子罕》）认为自己是继承文王做圣人的人。

孔子的先验论应该被看做是维护当时统治者的统治的一种工具。他认为应该对一般劳动群众进行服从统治者的教育，让他们更好驯服。这种思想放在今天来看无疑是落后的。孔子认为既存在先知先觉的圣人，也存在天生的愚人，并且这两种人都是天生的不可改变的。他说："唯上智与下愚不移。"（《阳货》）这就否定了人的主观能动性的作用。

如今我们都知道，没有什么"生而知之"之人，所有人都是"学而知之"的人。实践出真知，只有通过实践活动才能获得知识。并且人人生而平等，没有所谓的"下愚"之人应该接受所谓的"上智"之人的统治。我们看待孔子的思想应该结合其所处的时代背景，才能明白他的思想不可避免地带有局限性。他的先验论不仅仅是其个人的思想，也是那个时代的产物。

16

作为"统治"了我泱泱大国两千多年的思想，中庸之道已经渗入到每一个国人的骨子里。几乎每一个人都对这套思想奉若神明，小心翼翼、恭恭谨谨地学着，但是大多数人都是"中人以下，不可以语上也"（《雍也》），往往学得个"四不像"的后果。

"质胜文则野，文胜质则史，文质彬彬，然后君子。"（《雍也》）孔子认为只有质朴和文采兼顾的人才能算君子，但中华上下五千年，究竟出过多少个文武全才，孔老夫子不也不是嘛。因为奉行中庸之道，要全面兼顾，现在必须经历高考、中考那些可怜的孩子们，语数外、政史地、物化生，必须样样精通，最不济也要都过得去，不能偏科。不幸的是，我就是众多偏科学子们的一员。高中时，数学出奇的差，文综出奇的好。结果班主任说拐子马是跑不远的。这一中庸之道，逼我去平衡数学和文综。最后结果是我的文综泯然众人矣，或许还不如众人了。

再穿越千年，看看孔子提出的中庸之道，面对奴隶与奴隶主激烈的矛盾，孔子竟然天真地认为只要奴隶主对待奴隶多多仁慈，有仁爱之心，并且奴隶安分守己，即使面对剥削和压迫也要安安分分的做好奴隶该做的事情，这个社会就会和谐。在我个人认为，这不仅是痴心妄想，还是满口胡言。凭什么鲁昭公娶同姓女还算是知礼，而季氏稍有僭越，孔子就愤愤不平？天下哪有此理？更何况，奴隶与奴隶主的矛盾是为根本矛盾，根本就不可以调和。他们之间最后的结果只能是一方压倒另一方，不可能和平共处。

众多的史实告诉我们，某些时候激进点又何妨？更有甚者，就必须要激进了。没有暴力极端的变革，哪来的法国大革命？没有铁血有力的政策，俾斯麦怎么将德国统一？没有坚定的暴力革命，哪来的新中国？

再来看看当今的社会。尚处于青少年时期，敢闯敢拼的我们，因为中庸，就要慢慢消磨我们的创新意识么？因为中庸，就不能说出甚者做出自己特立独行的想法或行为么？因为中庸就要安于现状，碌碌无为一辈子么？不，不要！我断定这样毫无竞争力的我们绝对难以生存在这个弱肉强食的社会。所以，不要被中庸思想所束缚，觉醒吧，年轻人！我相信爱冒险的你们大多数人绝对不甘于待在一个世人给你画的格子里，绝对不想要循规蹈矩、安安分分、平平淡淡的那种生活，不想要一个一眼就可以看到死的那种人生！

诚然，作为指导了我们两千多年的思想，一定有它的可取之处。但对于我来说，它只是众多思想里的一个处世原则，不能让中庸之道束缚我们，而是我们在过激的行为中好好利用它，如若这样奉行中庸也是挺好的。

最后，我想说，可能我今天的文字有点过激，那就是因为我少用中庸，不甘于平庸！

27

几千年前，春秋时期著名的教育家孔子提出“有教无类，因材施教”的教育理念。主张不管什么人都可以接受教育，没有高低贵贱之分，不因为贫富、智愚、善恶等原因把一些人排除在教育对象之外，根据每个学生不同的特点，用不同的教育方式施教。而今天的教育体制是同一性教学，坐在同一个教室，使用同一本书，由同一个老师教学，忽略学生的不同点，灌输学生奋力一搏，只要读不死、就往死里读的思想。所有努力只为挤过千军万马的独木桥，得到进入重点高中、大学的一张门票。以至于完全抹杀了许多青少年的创造性，造成了思想呆板、一成不变，只知道一味做题的现状。

事物的发展是螺旋式的上升和波浪式的前进的。而如今的教育相比以前的确退步了许多，到底还是当今教育制度的缺陷，还是我们国家比起西方发达国家对教育方面投资远远不够，硬件和软件设施皆不完善，目前大致做到了“有教无类”，颁布了义务教育法，保障了初中、小学学生的受教育权利，但仍然是不全面的，有些偏远地区还是有学生因为各种各样的原因而无法继续学习、享受自己的权利，比起西方国家早已普及的大学教育，相差甚远。而应试教育制度更是害惨了一大帮子人，国家、政府的改革口号响亮，扶持的力度薄弱，各个学校也是雷声大雨点小，要解决这些现状，必须要政府的强烈支持，下定决心的改革，大大增加对教育的投资，拯救学生们于“水生火热”之中，焕发新的生机。

少年强则国强，教育乃固国之本，只有真正改变现行的教育体制，才能使中国长久屹立在世界的东方。

18

孔子学生三千，贤人七十二。他对学生采取一视同仁的方法，不分贵贱，不分等级，在他眼里，这些学生都是渴望知识的甘霖，而且在教学的具体过程中提倡启发式教学，他的这些思想对我们今天的教学还具有很大的借鉴意义。

在我看来，当今的教学方法存在一定的问题，各种补习班的出现，学区房的争抢，异地高考方案的出台等都在考验着教育的底线。我们被禁锢在传统的教育思维下，一个个成了单纯的考试机器，没有自己的独创性，老师填鸭式的教学抹杀了学生之间的区分度。此外，尖子班的出现也给学生造成了一定的心理落差，好的越来越好，而有的差生则会在心里产生一定的落差，那么学习更加一落千丈。在教学过程中，过分注重书本的理论知识，而忽视了学生的动手实践能力，一个个都成了书呆子。而现在的大学生掌握了较高的本领，思想道德素质却与街头混混无异，马加爵事件，复旦大学投毒案……这就是教育成果吗？很值得我们反思。

教育的目的本在于教化民众，启迪智慧，反观当今的教育格局，乱象丛生。教育不仅仅是为了知识的传播，也是为了民族人才的培养，任重而道远。

39

中庸之道，指不偏不倚，折中调和的处世态度。《论语·雍也》："中庸之为德也，其至矣乎。"中庸之道的理论基础是天人合一。"与天地参"是天人合一。这才是《中庸》天人合一的真实含义。何为天人合一？在自然和人之间采取中庸之道。在遵守客观规律的情况下发挥主观能动性，既没有破坏大自然，又在很大程度上利用了大自然。一千个读者有一千个哈姆雷特，对于中庸也有许多不同的看法。中庸思想有好有坏，太过于中庸会让别人觉得你没有立场，会让别人觉得你好欺负，不中庸会让别人觉得你太过强势。面对日本争夺钓鱼岛的咄咄逼人，我国选择中庸退让，避免了一场战争的爆发，可国人不禁自问："难道是中国太过懦弱？所以一而再再而三地退让吗？"可中庸之道不代表是无止境地退让，只是在保障了中国领土主权的情况下中庸。梭伦改革最为体现了中庸之道，在平民和贵族中选择了中庸，既不触犯贵族的利益又保护了平民的利益，有效地避免了贵族和平民之间的冲突。

我个人的理解是，不管大事小事都应当采取中庸之道。俗话说得好：

退一步海阔天空。吃亏是福。太过激进和咄咄逼人只会让事情的结果适得其反。古语云："君子和而不同，小人同而不和。"（《论语·子路》）君子则会采取中庸之道，而小人只会采取激进原则。只有采取中庸原则才不会两败俱伤，才能更好地兼顾双方的利益。做人处事也需要保持中庸，如果失去中庸，就一定会在喜怒哀乐等情感上不节制。

41

孔子曰："中庸之为德也，其至矣乎，民鲜久矣。"（《雍也》）也就是说，中庸是一种很高的德性，人们很久都不具备这种道德了。所谓"中庸"，后来北宋的程颐加以解释说："不偏之谓中，不易之谓庸。中者，天下之正道。庸者，天下之定理。"（《遗书》卷七）

中庸之道，很多人认为这是消极的思想，让人感觉太懦弱。其实不然，一个人在他的人生道路上若太过激进，必然走向歧路。例如，希特勒。中庸之道要求我们稳中求进，不偏不倚，在向前冲的时候要站稳双脚。君子中庸，小人反中庸，君子之中庸也，君子而时中，小人之反中庸，小人而无忌惮也。

达到中庸的做法：和而不同。在统一中求变化，不断提高自身素质和修养，待人接物至诚至善，达到人与自然和谐相处。

35

孔子在思想方法上宣扬"中庸"的思想。那么何谓"中庸"？程颢就曾说过："不偏之谓中，不易之谓庸。中者，天下之正道。庸者，天下之定理。"（《遗书》卷七）但是有很多人认为孔子的中庸之道与如今的社会发展不相符合，片面地认为中庸之道即无原则的忍让。其实不然，孔子所谓的中庸是不偏不倚，恰到好处，恰如其分，并不是没有原则地退让。但孔子的中庸之道也不是要我们过分的激进。

就拿钓鱼岛这个事件来讲，我们对待钓鱼岛这个问题上采用的就是一种中庸之道。很多人会说我们国家如今的实力足够和日本来一场正面较量，我们为什么不和他们打一仗呢？那么我们这样做是不是软弱的一种表现，是不是我们害怕日本呢？答案肯定是“NO”！其实我们并没有向日本屈服，我们也有派军队去保卫钓鱼岛，因为它就是我们中国的领土。我们不打仗只是为了不想回到解放前，我们要维护人民的利益，并非那些激进派所理解的胆小和软弱无能。也许采用孔子的中庸之道是一种明智之举，这样既向日本宣示我国的主权，又维护了人民的利益。

其实我们在做人方面也要采用孔子的中庸之道。对待事情不要采取过激的态度，凡事不要做过了头，不要做所谓的激进派，要懂得退让，正所谓退一步海阔天空嘛！但这也并非叫我们毫无原则地退让。任何事情我们都要把握那个度，只要那个“度”拿捏准了，事情就可以找到很好的解决办法。

如何做到中庸之道？就四个字“和而不同”。古语云：“君子和而不同，小人同而不和。”“君子中庸，小人反中庸，君子之中庸也，君子而时中，小人之反中庸也，小人而无忌惮也。”（《中庸·第二章》）要做君子还是小人凭君自夺。

26

孔子身为一代宗师，其思想必有可取之处，他的学习方法、教育方法是当代社会所急需的。他说，学习应该举一反三，温故知新。

如今对于中小学生来说学习就是为了所谓的成绩，为了所谓的升学率。而好多大学生选取专业都是以市场需求为风向标，专业热门与否，毕业后好找工作与否都成了大学生要不要选这个专业的理由。这种功利心理加上进入大学之后大多数大学生没有及时树立目标，求学的志向早已被消磨殆尽，更不要说举一反三了。现在大学生普遍的想法就是：考前临时抱佛脚，主要就是多考证为以后的就业做准备，求学求真不是我们可以做到的。再这样下去，“一千个读者，就有一千个哈姆雷特”就要改写为“一千个读者便有一个百度上的哈姆雷特”了吧。

毛主席对青年人说过：“世界是你们的。”可是现在功利社会逼迫青年人成为了什么？试想一个国家的青年人失去了求学的斗志，那这个国家的未来实在是难以想象啊。“学而不思则罔，思而不学则殆”；“敏而好学，不耻下问”……这些求学思想现代青年实在不该舍弃，而是应该发扬。

21

孔子曰：“能行五者于天下为仁矣。”“请问之。”曰：“恭、宽、信、敏、惠。恭则不侮，宽则得众，信则人仁焉，敏则有功，惠则足以使人。”孔子所说的仁人应该具有的五种品德，给我的感触极深。

恭，就是恭敬，恭敬待人就不会遭受侮辱。现实生活中那些没完没了的恩恩怨怨，就是因为双方的不依不饶，若待之以恭敬，问题或许早就得以解决。宽，就是宽厚，宽容。宽厚待人就会得到大家的爱戴与拥护。有一句话叫“退一步海阔天空”。也有一句话叫“宰相肚里能撑船”。都在告诉我们要宽容大度。信，就是诚信，诚信就能得到别人的任用。一个公司，一个群体，乃至一个国家，都不会选择一个不诚信的人。宋庆龄这个名字为什么家喻户晓？因为她诚信的品质打动着我们。敏，就是勤快敏捷，行事干练敏捷就能提高工作效率。高中课上，老师告诉我们：“这是一个快鱼吃慢鱼，而不是大鱼吃小鱼的时代。”你必须要行动敏捷才能走在世界前端，不被时代抛弃。惠，就是恩惠，有恩惠之心的人，才能够使唤人，最后领导人。“赠人玫瑰，手留余香”是众所皆知的道理。孔子的这些思想，着实是指导我们前进的明灯。

22

当今教育日趋完善，这让我想起了孔夫子，他开创了私学，长期从事于教育实践，曾自诩为“学而不厌，诲人不倦”（《论语·述而》），总结出了许多的教学经验，为我们当今的教育做出了巨大的奉献。

在教育思想上，孔子认为学习时首先应该采取虚心的、实事求是的态度，主张学习的知识面要广泛，学习的途径要多样化。在教学方法上，提倡学与思的结合，具体的教学过程中主张多用启发式：“不愤不启，不悱不发。”（《述而》）因此，他教学生时能根据个人不同的特点，回答问题，因材施教。在两千多年前能够总结的如此精辟，真不愧是一代圣人。

如今，孔子走出国门，孔子学院遍布世界各地，向世界传播孔子文化，让世界更加了解中国，同时也促进了各国文化的交流。孔子虽然逝世，但他的思想会一直影响后世。

23

孔子在现在的我们眼中是至圣先师，是万世师表，这当然没有错，他的事迹足以使我们钦佩，他的毅力当然也让我们自叹弗如，然而我们却忘了一件事，在我们把孔子放上神坛的同时，即使是被尊为圣人的孔子也并不是什么都对的。他依然是凡人之躯，人食五谷，就自然会犯错误。孔子创立私学，编撰六经，弟子三千，这都没错。但他同时也说过："唯女子与小人难养也。"这样的言论，在今天的我们看来，这当然是不对的。然而在孔子的时代，这却是理所当然的事了。孔子的不对并不仅仅体现在这里，樊迟请学稼，孔子却说小人。

另一个方面，孔子说："君君，臣臣，父父，子子。"（《论语·颜渊》）那么这句话有什么问题呢？从这句话的意思来说，当然是没有问题的，问题在于孔子的具体言论中，更多的似乎体现的是臣子与子女应尽的义务而非君主与父亲的责任。当然，说了这些，并不是在批判孔子。孔子的许多思想仍然是值得我们学习与思考的，否则他又怎么会称为万世师表呢？

24

孔子把春秋看做是"礼坏乐崩"，臣杀君，子杀父，"邪说暴行"不断发生大乱的时代。面对这样的大乱局面，孔子十分感慨："天下有道，则礼乐征伐自天子出；天下无道，则礼乐征伐自诸侯出；天下有益，则政不在大夫；天下有益，则庶人不议。"

孔子为了改善这种大乱局面，主张必须恢复周礼的权威，重新肯定宗法等级制度的秩序，而其要害就是要正名。他说；"名不正则言不顺，言不顺则事不成，事不成则礼乐不兴，礼乐不兴则刑罚不中，刑罚不中则民无所措手足。"（《子路》）这就是说，只有正名，才能挽救秩序的崩溃，才能改变“礼乐崩坏”，臣杀君，子杀父，“邪说暴行”的大乱局面。

孔子提出正名思想的同时，也丰富了正名思想的具体内容。例如：对社会要做到“君君，臣臣，父父，子子”（《颜渊》）。对人要做到“非礼勿视，非礼勿听，非礼勿言，非礼勿动”（《颜渊》）。孔子为“正名”要求复兴周礼，但这并不是完全的因袭周礼。因为完全因袭已不再能充分发挥周礼的作用了，所以，孔子对周礼有一定的补充和发展，这就是他所说的对周礼的“损益”。而且孔子对周礼的补充和发展也表现在强调道德教化。他说：“道之以政，齐之以刑，民免而无耻；道之以德，齐之以礼，有耻且格。”（《为政》）孔子提出的这种与政令刑罚相辅而行和礼治德化的两手办法，为后世的统治者治理国家提供了重要的理论依据。

25

说起孔子，应该无人不知，无人不晓。他作为中国古代儒家学派的创始人，积极主张复兴周礼，并整理了一大批历史文献，建立了一套系统理论。在政治统治方面，他主张正名思想，并且强调道德教化；在为人处事方面，他要求人们关爱，主张忠恕之道；在教育方面，他主张有教无类等。他的以“仁”为核心的儒家思想给后世留下了深刻的影响。

然而除了孔子的思想值得我们学习以外，他的为人更让我钦佩。孔子在齐国，有机会听到他认为最美妙的音乐，谓其“尽善也，又尽美也”。心中非常感动，一连好几天都想着它，食不知味，都忘记了肉的味道。这也是成语“尽善尽美”的由来。而孔子的不断追求，学习的精神不但体现在音乐方面，对知识的渴求，也让人敬佩。这也就成就了成语“韦编三绝”的由来。孔子周游列国，各地传播自己的儒家思想，即使碰壁，也不放弃。他的事迹对我们而言都具有潜移默化的影响，值得大家好好学习。

28

孔子是中国甚至世界上最伟大的教育家、思想家之一，是中国传统思想文化的创立者和奠基者。中华文化发展的所有丰富性特征都可以从孔子那里找到根源。孔子思想的主要特征之一便是他提出了“仁”的思想，以至于后人把孔子的思想概括为“仁学”。

孔子所说的“仁”的基本性质是约束自己的行为，使它符合礼，其特点是突出强调了从政治角度理解“仁”，即只有恢复礼制、巩固根据礼所制定的政治秩序的行为才能叫做“仁”。一个仁人要具备五种品德：保持一定的尊严和恭敬、待人宽厚、严于律己、善于思考、行为果断。在日常生活中，我们总要跟人相处，要做到“己欲立而立人，己欲达而达人”。

孔子“仁”的思想，就是既有内在的境界修养，又有外在的行为方式，小到个人人格道德的塑造、大到治理国家的社会理想，具有深刻的内涵，他的思想在今天仍然有强大的生命力，在思想贫乏的今天，与时俱进的儒学定能更好影响世人，深入人心。

34

孔子是儒家学派的创始人，他的主要思想为仁、礼、中庸。孔子的儒家思想对如今社会的作用也是非常深刻的。

孔子将恢复和巩固周礼的统治秩序叫做“仁”，“仁”是仁爱、关怀、体谅、包容的意思。这是我们都应该要具有的品质，与朋友相处要懂得包容，与父母相处要懂得体谅，与同学相处要懂得关怀。同时，对待所有人都应该要有仁爱之心。孔子所说的“仁”的另一个特点是为人由己而不由人，即具有仁的德性的行为是自觉的、主动的。仁具有自觉性的特点，也就是说我们在关爱其他人时应该是发自内心的。但是现在很多人都会虚伪地在表面附和，我们应该有仁的自觉性，真心地对待身边的人。

孔子说的礼是周朝的礼乐制度，孔子虽然要求复兴周礼，但不是完全因袭周礼，而是有所损益。这就体现的孔子与时俱进的精神。现代社会瞬息万变，如果停滞不前便会被时代所抛弃。所以我们应该要有与时俱进的精神，跟上时代的步伐。

孔子在思想方法上宣扬“中庸”的思想。中庸就是不偏不倚，恰到好处。北宋的程颐说：“不偏之谓中，不易之谓庸。中者，天下之正道。庸者，天下之定理。”（《遗书》卷七）现在很多人思想过于偏激，在处理一些事情上太过极端，往往做出一些伤人害己的事情。人们按照中庸的道德要求去选择自己的行动，就应当不狂不狷，做到“乐而不淫，哀而不伤”（《论语·八佾》），“惠而不费，劳而不怨，欲而不贪，泰而不骄，威而不猛”（《论语·尧曰》），“温而厉，恭而安”（《论语·述而》）。

孔子思想的内容非常丰富，对孔子的思想认真地分析和研究，批判地继承其中合理的、优秀的成分，对于提高全体社会成员的道德素质，形成良好的社会道德风尚，有着非常重要的积极意义。

19

“东方人闪烁出智慧之光，他们用言语来描绘，虽然比喻形象往往大而无当而且互不连贯，人们也可以从中看到卓越之处，而孔子就是集大成者！”（伏尔泰：《风俗论》中册，商务印书馆 1997 年版，第 218 页。）这是伏尔泰对孔子的评价，而从出生到死去都受孔子影响的我们却不知道该怎样去评价我们的孔夫子。他的一生是艰辛的、清贫的，也是“富有的”，他是智者，也是有志者。

没错，孔子是智者。“至圣先师”“万世师表”是后人对他的评价，他的智慧在他的一言一行中，影响着一代又一代的炎黄子孙。“仁”“德”“礼”“中庸”思想以及有教无类的教育思想是孔子的主要思想，这些思想培育了一个又一个有能力、有胆实、有魄力的中国人，也是这些思想造就了独特的中华文明。

的确，孔子是有志者。“知其不可为而为之”是对孔子这一生为实现其政治抱负的最好的也是最真实的写照。在那个战争不断、思想争鸣的时代，他周游列国宣传自己的政治思想，途中的艰辛、世人的嘲讽、统治者的不重用是我们都无法体会和忍受的。尽管最后他的思想没有在他有生之年得到重用，可他还是坚守不放弃，走上了另一条路。他开始著书立说、开办私学，教育弟子三千，也让他的思想永垂不朽。

孔子，一个智者，一个有志者，一个影响中国几千年，影响我们一生的圣人，他将屹立不倒，永远留在我们心中。

36

不得不说，当今社会的方方面面都充斥功利的影子，人们已经将

“仁”的思想淡忘了，这是万万要不得的。作为培养国家栋梁的教育领域一旦缺乏“仁”后果更是可想而知，这会带来一系列恶劣的社会反响。即使前几年的“复旦大学投毒案”早已尘埃落定，始作俑者也已经受到了法律的严惩，但近年来，大学生“同室操戈”的事件屡屡发生。这难道不使我们反思吗？这对我们当今的教育敲响了警钟。当今中国的教育片面地重视对学生专业知识的传播，连家长也只关心“孩子能上什么样的大学”“毕业后能有多好的工作”，却鲜少注重对学生的道德和法律的教育。即使有高校开设了类似课程，也只是重于形式，以考试的形式检测学生对它的掌握情况。殊不知道德教育并非是“一门课程”那么简单。试想，一个心里充满功利的人，又怎会得到真理，一个没有仁爱怜悯之心的人，又怎会尊重他人的生命。那么，即使他有丰富的知识和丰厚的学历，那也只会成为社会的定时炸弹。伟大的先贤孔子曾说过：“己所不欲，勿施于人。”这是“爱人”的体现。这对我们如今的教育现况更有指导意义，他教会我们要有仁爱、关怀、体谅、包容之心，将它们作为为人处世的最高道德标准。唯有如此，我们才能拥有健全的人格，一个拥有健全人格的民族，才能屹立于世界民族之林。

38

孔子是儒家学派的创始人，从孔子的很多思想主张来看，尊称他为圣人是实至名归的。孔子的教育主张有教无类、因材施教。在当时那个时代来讲，已经是很先进的思想主张了。他认为学习要会思考。正所谓，他讲的“学而不思则罔，思而不学则殆”。同时，他认为学习应该不耻下问。他自己便是用行动践行这句话。他向很多人请教过学问。这种学习态度也是我们所需要具备的。

我很欣赏孔子的“仁”“恕”思想，“仁爱”是孔子的思想核心，“仁爱”就是人与人之间要相互爱护，相互宽容，他也提出了“仁”的实现途径：“己欲立而立人，己欲达而达人。”（《雍也》）这种推己及人、为他人着想的想法，就体现了一个人内在的道德修养。而“恕”，又解释为“己所不欲，勿施于人”（《颜渊》），自己不喜欢做的事情，也不要强迫别人去做，不要将自己的意愿强加给别人，这也是人与人之间相处的应该遵循的原则。仁爱、宽恕的思想在现代社会也是有很大的现实意义的。有利于人与人之间友好的相处，有利于构建社会主义和谐社会。

除以上我提到的，孔子还有很多思想值得我们去了解。想想现今很多国家都在学习孔子的儒家思想，孔庙也是遍布世界，连外国人都如捧珍宝般对待孔儒文化，我们国人更不应该抛在一边。只希望我们可以在跟随时代迅速发展的步伐中，低头拾起无数被我们遗忘的文化瑰宝，别让它蒙尘、埋没在历史潮流中。

03

现代哲学家冯友兰曾说："阐旧邦以辅新命，极高明而道中庸。"在当今这个物欲横流的社会里，中庸之道是极尽高明之后而逐渐归于平淡的真实生活。孔子"三十而立，四十不惑，五十知天命……"面对种种坎坷，他始终坚持清明的内省。物质的东西越多，人就越容易迷惑，坚持内心的自修，才能达到心灵的独立，不为外界的诱惑所左右。

儒家所谓的中庸之道，不是完全的折中主义，也不是放弃原则。我偶然看到一个故事，名为：逃离城市，一群企业高管前往青海攀登岗什卡雪峰，有人问他们想去干什么，回答是"逃离城市"。他们有着美好的初衷，却始终未能逃离。被喧嚣的世界裹挟，心灵难以真正宁静。中庸之道的所悟，不在于简单的思考，而是静下心来高瞻远瞩地、全面地观察处理问题。当今社会，我们每个人都在匆匆忙忙周而复始的工作节奏中奔跑着、追逐着，还有多少时间去做好一件真正想做的事呢？我们长久以来都以他人的标准来要求自己，去倾听来自"过来人"的每一句规劝。这时候就突出了中庸之道的重要性了，面对事情，要学会"以中取用，取用其中"，不能片面地追随他人，遇事先权衡一番。

46

仁在字面上的解释是仁爱，指人与人之间相互友爱、互助、同情，也可以指一种涵养。在孔子的思想体系之中却变成了一种伦理，一门为人处世的学问，一种深奥的哲学。

即使在我们的生活之中，我们时刻处在道德伦理的规范之中。但是，道德伦理在物质经济的冲击下却显得那么脆弱不堪。这到底是文化传承的缺失，还是人性的倒退？现在的我们在现实的面前选择了屈服，我们不再抱有强烈的信仰，不再轻易相信别人了。也许是见过了太多的欺骗，我们在老人摔倒的情况下，有人选择了袖手旁观。在有利可图下，有人选择了出卖灵魂，出卖道德。还有太多太多的人，一面对社会上各种不公现象充满愤慨和批评，一面自己又做着令人愤慨的事。在不涉及自身的情况下，他们选择了道德，内心的仁爱被释放了出来。在关乎自己时，他们却没有了半分仁爱。这就是现实，这就是孔子的仁爱思想所处的现状，仁爱仅仅是存在于口头，现实无情地吞没了仁爱，在人们的心中信仰、仁爱、同情这些都已经不再重要。现实的残酷再次凸显了仁义的可贵，我们应该一直把仁义横于心中。

04

在一贯信奉“学在官府”的时代，只有官僚贵族子弟才有获得受教育的权利，而孔子提出的“有教无类”思想，以及私学的逐渐兴起，使得“学在官府”慢慢向“学在民间”转变。这就打破了官僚贵族对仕途的垄断，扩大了教育的社会基础和人才来源，对于人民素质的提高起到了积极的推动作用。

然而，孔子的有些思想也是不值得提倡的，比如天命观。

他宣扬“富贵在天”的“天命论”，认为命运之天决定人间的贵贱，这就否定了人的主观能动性，如今最能反驳他的一句话是：“富不过三代，穷不过三代。”马克思教导我们在认识事物的时候要尊重客观规律与发挥主观能动性相结合，而孔子的天命论却是和这一思想相违背的。

孔子的思想是在当时特定的政治、经济文化背景下的产物，对如今的社会来说，其中有精华也有糟粕，唯有“取其精华，去其糟粕”，才能促进社会的发展。

45

我们一谈到儒家“中庸”之道，往往被人理解为调和主义、折中主义的代名词。其实不然，我认为用三个字就可以在一定程度上阐述孔子中庸思想的要点：“时”，“中”，“度”。

孟子说孔子是“圣之时者也”（《孟子·万章下》），认为孔子为圣人中最合时宜者。“盖兼三子之所以圣者，而时出之，非如三子之可以一德民也。”（朱熹《孟子集注》万章章句下）朱熹认为，伊尹、柳下惠、伯夷三人能成为圣人，在于伊尹的任人唯贤；柳下惠的平和、和善；伯夷的高节清风。他们各有其偏重的一端，而孔子则能以时间、地点、条件为转移，适时而变。中庸乃时中也，反对过偏过激，走极端的方式，所谓“允执其中”（《尧曰》），能够控制在度的范围内。

什么是畏缩不前？就是因为害怕或有顾虑而退缩。畏惧退缩，不敢前进。

什么是中庸？就是在合时宜下，随着时代发展变化，灵活面对处理事情时能够不偏不倚，不受其他干扰，控制在度的范围内，积极解决矛盾，寻找处理事情的最佳方式的一套思想方法论。

中庸乃时中，时中乃与时势一致，不太过，又无不及。故中庸非畏缩不前也！

05

孔子，一个耳熟能详的人物，被誉为至圣先师。不管是对世界还是对个人，都有很大的影响力。如今孔子学院正推向世界各地，为何孔子的思想仍被大力推崇，可见其思想的先进性和可取性。

孔子的先进思想我不一一列举，但我觉得其中最可取也是最难得的是中庸之道。孔子说过：“中庸之为德也，其至矣乎，民鲜久矣。”（《雍也》）这就是说，中庸是一种最高的德性，人们很久都不具备这种道德了。是的，真正做到中庸很难。中庸之道博大精深，这只是单从德性出发，而我们平常所认为的折中主义还是最浅显的理解。不过，“时中”二字可以很好地概括这个词，依时局而变，稳中求进，灵活性就是中庸思想的一个特点。这对当今的社会发展具有很好的指导意义。

孔子认为，对于不好的处境要能容忍，对于不好的人也要有所迁就，采取过激的方法，就会出乱子。可现在，真正能做到这些的人已经少之又少了，似乎所有人都在冒进地追求一些不属于自己的东西，中庸对于大家就是一个遥远的词。我们常说做事要把握一个“度”，不能太过激，这与中庸有异曲同工之妙，所以不管是做人还是做事，都有一定的灵活性可取，不能故步自封，也不能过于激进。孔子的中庸之道告诉我们的远不止于此，需要我们慢慢去理解，去品味，但只要我们能掌握其中一个要领，就已经受用无穷了！

15

孔子是中国最早的比较系统的先验论的鼓吹者，孔子的儒家思想可谓是源远流长，至今，对中华文明做出了巨大贡献，但是其思想中也有个人觉得不合理的地方。

孔子提出“人皆可以为尧舜”的思想，但是他又说“唯上智与下愚不移”，其意就是：只有圣人可以为尧舜，而劳动者不可以。这很明显与前面的观点相矛盾了，对于“愚人”就是劳动者，进行的教育方式是“中人以下，不可以语上也”，个人觉得孔子在这方面存在一定的歧视，劳动者不接受更多的教育，便不能对社会的发展起到推动作用。对劳动者只是“小人学道则易使也”，让“愚人”成为顺服的统治对象，一定程度上限制了当时社会底层人民的思想。不是每个人与生俱来就可以成为圣人，所以我对孔子在这方面的思想持有个人的观点。

当然，儒家思想博大精深，通过后人的“取其精华，去其糟粕”，使其优良传统文化根深蒂固地扎根在中华文明大地上，滋养着华夏儿女。

20

圣人，百年也未必会出一个。古之圣者，也唯有孔子能让后人如此铭记了。孔老夫子的思想博大精深，我只了解点皮毛，也只能略发表一下拙见了。

孔子提出的与政令刑法相辅而行的礼治德化的两手办法，在我看来，是比较有现实意义的。法治和德治相辅相成之下才会有稳定和谐的社会。

此外，孔子的中庸之道也是令我印象深刻的。所谓中庸，我想应该是把握“度”吧。对权势的过分看重，对金钱的过分追求……不就是腐败和社会冷漠的重要原因吗？所以，凡事都需要有一个度的控制。但孔子一生追求恢复周礼，从个人情感上说，我是并不赞同的。这是一种倒退，是思想的局限。鲁昭公娶同姓女为妻却被孔子掩饰为“知礼”，似乎有些愚忠的意味了。

所以，我眼中的孔子，虽识天下局势，却非为俊杰。

32

孔子在思想上宣扬中庸之道，中庸不是调和，不是折中，也不是拘谨。北宋的程颐曾解释说：“不偏之谓中，不易之谓庸。中者，天下之正道。庸者，天下之定理。”（《遗书》卷七）中庸就是要启发人们在思想上不偏不倚，在行为上无不及亦无过之。不走极端和稳定不变，是一切事物正当不移的道理。这在一定程度上说明了孔子中庸思想的要点。总之，孔子的中庸思想就是要恰到好处的意思。

中庸思想是孔子哲学的基础和最高的道德准则。中庸思想博大精深，不是我们想学就能学到的。子曰：“好勇疾贫，乱也；人而不仁，疾之已甚，乱也。”孔子认为，对于不好的处境要能忍，对于不好的人也要忍，不能采取过激的行为，否则就会出乱子。但是我认为这个忍也是要有个度的，该忍的时候就要忍，不能忍的时候那就换个思维，换个方式。孔子中庸思想的着重点其实就是强调其方法上适度与平和的性质，以及运用这种方法时所必须具有的灵活性。

08

孔子——一个在数千年的历史长河中屹立不倒的人物。孔子的思想经历了春秋战国时期虽被尊为“显学”却不被任何一个统治者重用的窘境；经历了统治者对其毁灭性的打击——焚书坑儒的威胁；经历了新文化运动时期，知识分子们对它的无情否定。一次一次致命的打击下，它却依然存在于我们的生活中，依然在社会主义社会中闪耀着光芒。

的确，“金无足赤，人无完人”，他的思想不是完美的，这就要求我们能够客观地对待，用一分为二的眼光看问题，取其精华，去其糟粕。

我想在这个日渐冷漠的社会中，孔子的仁学思想值得我们学习。所谓“仁”，即“爱人”，就是能有一颗仁爱之心，去关怀、体谅他人；即“忠恕之道”，是“己欲立而立人，己欲达而达人”，自己想到做到的也帮助他人做到；也是“己所不欲，勿施于人”，自己不想得到的也不要强加给他人；即“孝悌”；是“恭、宽、信、敏、惠”这些美好的品德。

或许是水泥钢筋的城市硬化了我们的心，或许是良莠不齐的文化武装了我们的头脑，我们渐渐地淡忘了深入骨髓的“仁”的美德。号称礼仪之邦的中华民族的人们为究竟该不该扶一位摔倒的老人而踟蹰，为十万元的高额赏金而纵身入水救人，即便自己本身并不会游泳。用金钱来衡量一切事物的价值，这种行为难道还不该引发我们的深思吗？这难道还不能令我们反省吗？

存在就有其存在的价值，孔子思想之所以存在，甚至被外国推崇传播，就是因为有它独特的价值。孔子思想对塑造培养人的品德修养方面有着其他一切思想不可超越的重要性。那是刻骨铭心的记忆，那是悄无声息的浸透，那是潜移默化的流传。

42

一直以来，人们都在讨论义和利的取舍问题，是取“义”，还是取“利”？早在两千多年前，一个有故事的智者——孔子就给了我们答案，那就是取义舍利。不错，这正是我们当代中国社会所要追求的价值观——重义轻利。尽人皆知，如今“拜金主义”蔚然成风，“物欲横流”势不可当，如何理性地对待义和利的问题成为公众的话题。面对义和利，每个人的选择都不一样。“君子喻于义，小人喻于利。”（《论语·里仁篇》）君子的选择是“义”，小人的选择是“利”。当然，在面对道德与金钱的问题选择上，并不是不要“利”，不要金钱，而是在选择的时候要“见利思义”（《论语·宪问》）。正所谓符合道义，取之无妨，这就叫做“义然后取”。

子曰：“君子固穷，小人穷斯滥矣。”（《论语·卫灵公篇》）讲的是君子虽然很穷，但也不会像小人一样穷到放浪形骸。这就是君子与小人在面对残酷的现实生活中的义利问题上的行事风格，如果是你，会怎么选择？会在义和利的边缘处徘徊着、纠结着？不如选择先义后利，让自己成为一个君子，去书写辉煌的人生。

11

《论语·卫灵公》中有那么一段，子贡问孔夫子：“有一言而可以终身行之者乎?”孔夫子回答道：“其恕乎！己所不欲，勿施于人。”这句话的意思很简单，“恕”是可以终身应该做的，自己所不愿意的不要强加到别人身上，给别人造成困扰。这句话揭晓的是处理人际关系的重要原则。

这句话看似有理，但是我却有另外一番理解。“己所不欲，勿施于人”，这句话看起来有些无理取闹，自己都不愿意的事情怎么能强加在别人身上呢？我觉得这里的“施”并不是强求，比如说你自己不需要的东西，也许别人需要，而这时候，己所不欲就应该施于人。当然，还有另外一种情况：“己所欲，亦勿施于人。”很多人在很多时候都会在自己潜意识里觉得，自己喜欢的，别人也喜欢，所以总是会把自己喜欢的强加在别人身上，比如说有些人喜欢吃榴莲，他们觉得那个味道很好，他们总喜欢把榴莲弄到别人面前，让别人吃，但是并非所有人都喜欢那个味道，那么这个时候就“己所欲，亦勿施于人”。

很多事情都应该具体问题具体分析，而不应该一成不变地奉行一条看似是真理的“原则”，尤其是在我们与人相处时，更应该注意。

12

“有些东西不是越浓越好，要恰到好处。深深的话我们浅浅地说，长长的路我们慢慢地走。”这句话正体现了孔子的中庸之道思想。他认为做人要做待人接物要不偏不倚，恰到好处的人。

孔子说：“乡原，德之贼也。”那些好好先生处事过于圆滑，左右逢源，没有自己的原则，同流合污，不得罪任何人。“君子和而不同，小人同而不和。”乡原的为人处世采取的方法过于偏激，自以为是和以我为中心，他们之间的相处是人“一团和气”。试问这样的人有什么样的价值？他们真的做到了中庸吗？真正做到恰到好处的人是有所为而有所不为的，他们为人处世有自己的原则，不会为了利益刻意去迎合他人，他们和而不同。君子之交淡如水，他们之间的关系不需要刻意去维持。为人处世做到恰到好处。

在浮躁喧嚣的现代社会，我们需要使自己变成一个恰到好处的人，这样才能适应现代的社会。或许要做到孔子所说的仁与礼对于我们来说有点难度，但是我们能使自己尽量做到有原则，不随波逐流，做到恰到好处。

48

孔子的学说受到那些期盼他能掌握政权又认为他在从政的道路上畏缩不前的人的非难，也受到伟大哲学家老子那样希望遁世悟道才为更加美妙的生活方式的人的非难。孔子选择了中间道路——中庸之道——却并没有让多少人满意。最为典型的当属楚国狂人接舆在路上相遇对其的讽刺与挖苦，希望孔子放弃自己的追求。孔子最后没有去了却自己从政的夙愿，也没有隐世悟道，而是在世间推广知识与美德，推动社会的发展。时至今日，许多社会构造所需精神材料都回溯孔子。我们当代许多方面都确实需要中庸，才能左右逢源、顺顺利利。我们不仅要中庸，而且更需时中，根据特殊状况随机应变，才能确确实实在社会生活中得心应手地待人接物。中庸之道，不偏不倚。

在多变复杂的时代发展中手握中庸利器，不走偏锋，不走极端，保持节度，方得游刃有余之状、圆滑之果。

13

孔子被世人称为圣人，他的许多思想对当今社会的发展具有重要的借鉴意义，当然其思想也存在着一定的历史局限性。

孔子对于弟子的教育实行的是因材施教，寻找最适合每位学子的教育方式，而不是随大流或是过于形式化，这样在一定的程度上更好地让学生认识到自己的优点和不足，同时，也更好地达到了教育的目的。在教育上，孔子还主张实事求是的老实态度："知之为知之，不知为不知，是知也。"（《为政》）这样的学习态度在当今是非常缺乏的，有许多人，对一些知识并不了解，却碍于面子硬要说自己了解，进行一些解释，往往误导自己的同时还可能误导他人。当下，许多人过于依赖百度，对百度出来的知识进行直接运用或摘抄，完全不顾及自己是不是真的了解这个知识，而孔子所提倡的老实的学习方式很值得的当今人学习。

孔子的中庸思想也是一大特色，在中国发展过于快速的时候，中庸思想值得当今社会借鉴，不要过于激进。持续发展战略在我看来算是中庸思想的一种延伸。走可持续发展之路从长远来看，对社会的发展再好不过了。

孔子的许多思想值得我们去学习和挖掘，他的思想对当今的社会发展具有指导作用，具有重大的意义。

17

孔子开私塾之先，是我国古代最伟大的教育家。老师的道德教育，启发式教育等都被沿用至今，而因材施教的方式却在淡出人们的观念。我国国民的文盲率在大大降低，义务教育的年限也从九年延长至十二年以后甚至到十五年。但，我们的科技创新能力为何始终没有取得突破性进展？我们的观念为何还残留着浓厚的封建传统思想？这和我们的教育方式有很大的联系。

子路问："闻斯行诸?"子曰："有父兄在，如之何其闻斯行之?"冉有问："闻斯行诸?"子曰："闻斯行之。"公西华曰："由也问，闻斯行诸？子曰，'有父兄在'；求也问闻斯行诸，子曰'闻斯行之'。赤也惑，敢问。"子曰："求也退，故进之；由也兼人，故退之。"对于同一个问题，孔子对性格不同的学生会给出完全相反的建议。一个问题，本来就没有唯一的答案，只要有道理，对自己适用，都是正确的答案。记得《小王子》的第一页有一张图，许多人一眼看了都觉得是帽子的图案，作者看来是一条蛇吞了一头大象，然后展开了故事的叙述。在我国，小学生被同一化，老师在上面演示，学生在下面照做。凡是不和老师一致的，都被认为不对。在这样的环境中，不仅学习的热情被泯灭，更重要的是我们的专注力被扭曲，创造力被扼杀。教育体制改革进行了三十年，我们的教育内容有了很大变化，但根本上的教育方式没有大改革。原因何在？随着经济的快速发展，物质力量逐渐侵蚀人们的思想与观念。一种速成、高效的模式是市场强烈需要的，于是学校这台机器开始批量制造这样的产品以适应社会的需求。各种各样的孩子进入了学校工厂，经过同一模型压制，出来后都是一个样子。这是教育的悲哀。

一种花有一种花的习性，一棵树有一棵树的形状，一亿个人有一亿个世界。祖国的未来永远都在下一代手中。中国要强大，少不了科技力量的支撑。这要我们引导学生专注于自己的兴趣爱好，激发他们的创造力。量变引起质变，总有一天，随着一代一代的积累，我们的文明将在世界历史河流中重新绽放光辉。

29

孟子曾经说："圣人之于民，亦类也。出于其类，拔乎其萃，自生民以来，未有盛于孔子也。"(《孟子·公孙丑上》)孔子，一个声名远扬的中国古代思想家。他的思想是建立在恢复周礼的基础上的，周礼是等级制度分明的，是用来维护周天子权威的，是一种封建的制度。这和现在的社会是极其不符合的，但是孔子的思想也不能因此被否决。孔子思想中的有教无类、因材施教等都是符合现在的社会的，是值得提倡的。有教无类，就是指不管什么人都可以受到教育(《论语·卫灵公》)。因材施教，就是指针对学习的人的志趣、能力等具体情况进行不同的教育（《论语·为政》）。再如孔子的中庸思想，中庸即反对两极，恰到好处（《论语·先进》）。这也是我们为人处世应该做到的，不能过于激进，也不能过度消极！所以我们对孔子的思想应该取其精华，去其糟粕，不能全部肯定也不能全盘否决。

40

商周时期的周礼制度，使得当时的礼乐文明、礼乐文化呈现出一派繁荣的景象。但到春秋战国时期，由于社会的大变革，诸侯兼并连连，争霸不断，礼崩乐坏。君主所崇尚的皆为法家集权思想，这时，孔子则提出正名思想，以求恢复周礼所制定的世袭宗法等级制度。但在当时孔子的思想并未被大众所接受，在变革的时代里，传统的“礼”是无法再度恢复的。但若礼与法之并重，结果又会是不一样的。

秦始皇统一全国，封号始皇帝，却在胡二世时便灭亡。究其缘由，在于高度压制的中央集权制度和皇帝专治制度禁锢了人民。统治者对人民实行文化高压政策，进行思想统治，在残酷的法家思想控制下，农民起义不断，官吏残暴，民不聊生。所以，秦朝的兴衰是有一定的历史原因的。单凭简单的暴力统治、法家集权是无法长久统治一个国家的。所以在高祖刘邦夺取江山后，采取“休养生息”的一系列政策。在国家生产渐渐恢复后，极力推行儒家思想，推崇周礼制度，礼法并重，使得儒家学说成为阶级统治思想。由此，才有了汉朝的兴盛和繁荣。

在当今社会，礼法之度也是如此，即不能蜻蜓点水，也不能过犹不及，要恰如其分为好。在21世纪的中国，要借鉴华夏千年文明，权衡礼法，把握其度。

51

孔子是先秦时期诸子百家中儒家学派的创始人，儒学在中国历史的长河中艰难发展，但它却被中国的封建社会列为正统思想。孔子同样也因儒学而成为一个圣贤之人。但在历史的长河里却对孔子有着不同的评价。有时他是一个万丈光芒的圣人，有时却是一个一文不名的“孔老二”。孔子，作为世界十大名人之首的中国人，是中国的“万世师表”。

他的到来开创了中国的讲学之风，他创办了私学，开了私学的先河，是人们最早的老师。让广大的平民子弟有了受教育的选择，并且他主张“有教无类”的思想是现代所不能替代的进步，体现了他的“仁”与博爱的伟大胸怀。他的思想早已超越了时代的发展。提倡“多闻阙疑，慎言其余，则寡尤；多见阙殆，慎行其余，则寡悔”（《为政》）。这就是说，要多听多看，对有怀疑的地方要保留，在言行中这样谨慎便可少犯错误。他提倡学与思的结合，说：“学而不思则罔，思而不学则殆。”（《为政》）这种观念便是现代学生所缺的，现在的我们的教育仍然是应试教育，为了分数而考试，为了考试而教学，最终却成了一群只会做题的书呆子。这样下去，中国教育能不令人担忧吗？

现在的教育不太公平，农村与城市的不公平，富人与穷人的不公平，教学设施的不公平，教育是个大问题，邓小平曾经说过：“百年大计，教育为本。”现在的中国教育却不堪入目，古代所倡导的因材施教，如今却早已不知道躲在哪个角落。因此好多人才因为偏科而离校，现代的中国同样也没有像过去一样的伟人学者产生。

中国教育，该怎么去解救你？

31

当我读到孔子的“生死由命，富贵在天”的时候，我是气愤的。当他以“天生德于予，桓魁其如予”的口气自诩时，我是无法接受的。因为现代教育启示我的是“三分天注定，七分靠打拼”，每一个人生的转折点我们所接受的是自己去掌握和改变命运。所以，当我以一个现代青年的身份去看待孔子的思想时，我是反对的。

可是历史又说要辩证地去看待一种思想，要以特定的历史环境去分析。所以，应当重新改变自己的看法。

社会制度大变革的时代，他的思想又是逆着社会的潮流。那“受命于天”是唯一的选择，天是人们眼中的权威，具有最高意志的神，因此，这样，或许在宣传的路途上是不是会畅通许多，不至于太坎坷。

这是用辩证的积极面来看待他的天命论，对现代人来说，没有不赞同，而是有所损益，他的社会无法与现如今相抗衡，物质文明高度发达的今天，我们不能以新思想去否定他，因为物质决定意识。而我也觉得，孔子也正是部分地揭示了社会现实。从古至今，社会阶级的差距是一直存在的，每个人生来是不同的，不然就不存在“官二代，富二代”的说法。但只是说明了这样一个现象，我们无法改变社会阶级差距，那么只有靠自己的打拼。所要经历的人生是一样的，未来是靠自己打拼的。

第四章　领悟老子的智慧

中国人对“老子”一般理解为带有霸气色彩的老大，或者理解为与儿子相对称的父亲。其实“老子”还是我国古代一个伟大的思想家，原名叫李耳，楚国苦县人，也就是今天河南鹿邑县人，他是周王朝时期守藏室的一个小史官。小史官因为《老子》这本书而名垂青史，名震古今。《老子》又名《道德经》，共八十一章，约五千字。前三十七章是《道篇》，后四十四章为《德篇》，被誉为万经之王，已经译成英文、德文、法文、日文等多国文字，在世界流传。

老子以“道”为宇宙自然之本。此“道”非儒家仁义之道，即是“有物混成，先天地生”“道生一、一生二、二生三、三生万物”之道。人能体道却难以言说，即“道可道，非常道”。因其无形无象，即“是谓无状之状，无物之象，是谓惚恍”。此道常无为而无不为，可知其具有神秘性。人要得道，可以从天地运行中去领悟，即“人法地、地法天、天法道、道法自然”。这与我们平时学习知识不断积累刚好相反，即“为学日益、为道日损；损之又损，以至于无为”。老子告诫：“见素抱朴，少私寡欲”才能得道。

老子辩证地理解世界。他看到自然界事物与人类社会无时无刻不处在变化中，认为变化根源在于事物是矛盾统一体，对立双方既相互依存又相互转化，即自然界事物是“有无相生，难易相成，长短相形，高下相倾”，人类社会是“祸兮福所倚，福兮祸所伏”。因此，人应该以宽容的眼光看待世界风云变幻，以平和的心态面对自己成败得失。

老子有很高的政治智慧。他指出：“圣人无常心，以百姓心为心。”形象比喻统治者治国不要瞎折腾：“治大国若烹小鲜。”不应设置名利扰民：“大道废，有仁义；智慧出，有大伪；六亲不和，有孝慈；国家昏乱，有忠臣。”而有必要愚民：“古之善为道者，非以明民，将以愚之。民之难治，以其智多。故以智治国，国之贼；不以智治国，国之福。”统治者则贵在有自知之明：“知人者智，自知者明。胜人者有力，自胜者强。”老子的政治理想是“小国寡民”。

老子自我思想总结：“我有三宝，持而保之。一曰慈，二曰俭，三曰不敢为天下先。”

01

老子的思想中，我只感觉到了他的与世无争的安居乐业。在老子的时代，或许他认为与世无争才是最好的选择。如果将老子的思想用在现代社会，我们将会失去多少？在生活中，也许老子的思想是可以适应的。但是如果在国事上就不可实行了，比如国家领土，国家主权，军事，我想老子的思想就不可沿用了。

老子的思想中包含小国寡民，“道”生万物的哲学体系，朴素的辩证法思想，神秘主义认识论。在老子看来，人和万物都同出于他的最高精神实体。而且老子对知识采取了否定的态度，现如今的我们如果不学习知识，我们将如何发展？停滞不前，是否也会安居乐业于现在？不可否定，人的欲望是随着人的知识增长的。但是我们也会学着控制欲望。

我不认同老子与世无争的思想，只有向前看，我们才可以进步。

02

学习中国哲学，我觉得资料是古代的，但眼光要尽可能现代一点。我便是如此，拥有的哲学观点或许不够犀利、客观、公正，但只要是自己动脑筋去思考理解的东西，虽经不起苛求细究，却也能在“小景之中，藏足神韵”，意在通俗记录自己与中国哲学的一段不解之缘。

高中一位很有魅力的语文老师曾把“上善若水，厚德载物”当作座右铭，隐约也能感受到“上善若水”是一个带着很大智慧的词。这句话是老子的人生智慧，参悟了“上善若水”，似乎也能理解老子的“无为”。

水有怎样的一些特性？水滋养了万物却总是处在人们所厌恶的低下的

地方，使生命生生不息却从来不认为自己对其他生命有什么恩德，想到一个由水映射出来的社交法则：“任贤而去自贤，安往而不爱哉。”

水的德性：无论道路如何曲折都按照自己的路径去走，像义；水势迅猛无穷无尽，像道；奔赴往前，毫无惧色，像勇；自己透亮纯净、洗涤污秽，像是在教导与感化万物；水能以固液气三态存在惠及万物，不拘泥于外在的形式……

所以老子才赞叹上善若水，最高的善就像水一样，有着至善的品格却以柔软存在，不争不显，水的柔和与攻坚是无穷尽的以弱胜强之法，这便是老子以柔克刚的中心思想。很多成语俗语都体现了这种思想，像退一步海阔天空、以退为进、四两拨千斤等。人、草木生时是柔软的，而死后变得干枯坚硬，柔弱是成为生命的特点。貌似坚强的事物可能处在下风，貌似柔软的事物却可能更有能耐。

《道德经》有言——“天下之至柔，驰骋天下之至坚，无有入无间，吾是以知无为之有益”，我因此明白了无为也是有好处的，其形式柔弱无力，带来的效果却不然。电视剧《长大》里的一句台词“见识越多的人越谦卑，挫折越多的人越自矜”，“无为”恰是一种参悟了上善若水后的内敛淡定，为大事者该有这样一种追求、归属。“无为”作为“上善若水”的指导，“上善若水”也无时无刻不在体现“无为”。

06

“邻国相望，鸡犬之声相闻，民至老死不相往来。”这是老子心目中理想的社会，老子所处的社会是周朝衰微时期，各个诸侯国争霸，社会动荡不安，战火燃烧，燃烧出了老子心中的那把火，他骂无能的君主是强盗头子。他说的“小国寡民”是对和平的向往，小国“鸡犬相闻”，国家之间的距离很近，人民的数量很少，战争很难打起，他描写的小国没有文字，有了武器也不使用的，他怕有了文字的使用，那些居心不良的人会通过文字传达不好的意志，武器的使用使战争蔓延的更大，有武器却不使用，是因为不同国家之间和睦相处，没有使用武器的必要。

这个思想也有些不足的地方，如果没有文字，国家的发展会很艰难，人民素质不高，国家很难稳定；国家过小，人民数量过少，生产力将会是一个很大的问题。如今的社会适用的是“丛林法则”，需要极大的竞争，强吃弱。柔和的小国寡民估计也只能是老子心中的理想国了。

41

老子认为，统治者管理社会就应采取无为而治的政治思想，从而顺应自然规律，达到大同社会。然而很多人认为，这是一种消极的政治态度，不适应社会发展规律。若长期如此，则导致社会之秩序混乱无序，社会风气靡乱不堪，百姓不求上进。

其实，通常无为而无不为。老子主张“致虚极，守静笃”。在老子看来，无为是最好的方法，就是促使天下太平，没有争夺。就个人而言，无为而治是一种境界。其一，当一个人的素质够高的时候，那么统治者就不需要采取任何措施管理社会。其二，当一个人处于老子当时所面临的环境，我相信他也会毫不犹豫地选择无为。一个人的思想受其经历影响。一个老年人，他失去了年轻时候的激情和冲动，他向往宁静致远的生活，追求平淡的生活。在这个时候，他的境界达到了一定的高度，简单来说，这个境界就是“无为而治”。所以总的来说，无为而治就是一种境界。

古人曰：仁者见仁，智者见智。对于“无为而治”，每个人都有自己的见解。而对于一个大学生来说，我们要在深刻分析老子“无为而治”思想的基础上，汲取其中精华，去其糟粕，成就自我。

43

老子治国强调无为而治，无为不是真的不作为，而是较少去管治百姓，尽量不用国家机器去治理百姓，是“与民休息，休养生息”，这就是老子的治国之术。这种思想在每个朝代历经战争之后都会这样做，最好体现的便是西汉初年。

老子的驭人之术也很高明。将欲取之，必先予之。就是说想要取代一个人就必须给予他所要的，等他过分壮大时自然有人对他不满，会帮你除掉他，这样你就不费吹灰之力就干掉了对手。不过这种手段不是每一个人都能做到的，它也需要一些特定的条件，所以就要遵循“道”！道是规律，是真理！所有人必须遵守的原则。违背这种原则就要受到惩罚！“分久必合，合久必分”这就是一种规律，这就是道。

老子提倡回到“小国寡民”时代，小国好治，就像现在的新加坡。其法制建设做得特别到位，真正做到了违法必究，不管你是谁，违法了就要受惩罚。老子提出愚民政策，虽然不好，却有一定道理。百姓要是很笨就有利于统治，思想低下，它就不会反动，有利于社会的稳定，为什么原始社会能做到按需分配，这也跟它们的思想水平有关。老百姓的思想越单纯越好管理，所以说愚民政策确实有一定道理。

老子治理国家的方法有利有弊，我们要批判继承，取其精华，去其糟粕。

07

老子是道家学派的创始人，也是我国著名的哲学家，在我国乃至世界都享有极高的声誉。老子最有影响的政治思想是他提倡的“无为而治”，汉初统治者借老子的“无为而治”实现了国家的安定和谐。

老子所谓的“无为而治”就是认为，顺应自然变化不妄为而使天下得到治理。他向统治者提出一些很大胆的言论，如“民不畏死，奈何以死惧之?”但现在很多人都误解了老子的“无为而治”，他们认为老子的无为是不作为，带着消极的政治态度，并且大力否定老子的小国寡民思想，那么老子的“无为”是否真的不作为?

其实老子的“无为”不是以“无为”为目的，而是以“有为”为目的。老子生活于春秋晚期，正值王室衰微、诸侯争霸的动乱时代，统治者都热衷于政治斗争，不顾民生的疾苦。老子正是看到了人民生活的困苦，才提出了“无为而治”，让统治者重视民生，使天下太平。因此，“无为”是“有所为”。

老子的“无为而治”思想在现代也应该被提倡，如果能做到“无为而治”，那国家贪污腐败的现象将会减少，社会将会变得更加和谐美好。

46

老子的出生充满传奇，出生时就貌似老头，故名为老子。他虽然出生于没落的奴隶主阶级，反对变革，但我认为他还是农民阶级利益的代表人物，也许是和道家的出世思想有关吧！

冯友兰先生书中就提到过，“儒家者流，盖出于文士。道家者流，盖出于隐士”（《中国哲学简史》）。儒家主张入世，道家主张出世。儒家主张有为而治，道家主张无为而治。在这一点上我比较赞同老子的观点，也比较代表下层阶级的心声。春秋战国时期毕竟是战火连天，百姓流离失所。他们向往能有世外桃源一样的地方，他们渴望安定，渴望生存，就好像他们并不把希望寄托于政治势力，而是寄托于大自然。儒家、法家、兵家等学派中大部分都是积极入世的，他们希望通过他们的理论富国强兵，并且实现自身价值。就单从他们的想法、抱负来说，就决定了他们没有跳出世俗的范畴。就当时社会来说，他们积极入世，实现了富国强兵又如何？难道一个强盛的国家会安于本分而不投入到兼并战争中去吗？从这一点来说，他们是想通过依靠人为的力量去实现统一。而老子此时的出世思想就好比是站在桥上看风景，而那些入世的学派就在桥下自以为是的看风景，以为他们会创造一个统一的中国，却不知他们早已成为老子眼中的风景。在入世和出世的思想境界上来说，无疑是老子技高一筹，因为老子跳出了世俗。另外，老子消极无为的政治态度也决定了老子与世无争的人生态度，他认为人生应该处处不与人争，只有这样，才能在乱世之中保全性命。而出世，无疑是保全生命的有效办法。生命不保，何谈“仁、义、理、智、信”？乱世之中什么最重要？生命最重要。

老子的政治思想虽然消极，但是也有其合理性。我们应该用历史视角去看待历史，用现代视角去审视历史。

30

老子认为自然界和人类社会都是变化运动的。他说：“反者，道之动。”也就是说，一切事物都会向它的反面变化。老子的思想体现了朴素的辩证法因素。

老子同时看到了一些相对立的事物，都是相互依赖的关系。“天下皆知美之为美，斯恶已，皆知善之为善，斯不善已。”相对立的事物在互相依赖的同时还会相互转化。“祸兮福所倚，福兮祸所伏。”事物相对立，相依赖，相转化，这与马克思主义哲学的矛盾观点恰好吻合。黑格尔认为，老子才是东方古代世界的精神代表者，对老子评价极高。

有人称赞就会有人贬低，有人抓住老子思想中的局限性不放，但在我看来，对待前人的思想作为后人的我们就应历史地看待。受历史的局限，前人的思想在后人看来难免落后、迂腐了一些，但我们要明白，有了前人这些看似落后的思想才有如今我们所说的科学先进的哲学。站在巨人肩膀上的我们，要时刻谨记支撑我们前进的动力。

09

不满时政

老子他姓李，我们姑且叫他李老爷爷，他讲那个无为，一千个人眼里有一千个哈姆雷特，很多人都把他的学说弄得太复杂。其实道理很简单。打仗打人海仗，村子里都没有男人了，谁去插秧拔草收割，哎哟哟，我真是受不了了！我们家鸡刚下蛋，猪还有俩崽子等奶，你你你，啊呀呀！气得我胡子都疼，还有读书的，有病哦！读这些个书，你去搞那个什么纵横术，兵家，尤其是你个韩非，你帮着秦国打自己家，还有打铁的，锄头就不知道打，就知道捣蛋，啊呀呀！你们不要读书啦！读书，不要搞科技工艺啦！看看自己的心，黑乎乎，嫌弃死了！

赞美前朝

哎呀！心好痛，老爷爷开始怀念当年，其实他小时候国家就挺乱，道德礼乐就在沦丧了！但是坐在高高的谷堆旁边听妈妈讲那过去的事情，自我感觉还是蛮好的，毕竟人家再不济，也是地主家的。

发乎生活，如此而已

反正再怀念也要回到现实。小老头的眼睛变得无奈："这世界上一定有什么不变的，或者有一个交汇点。"这个倒很抽象，他自己都很难定义。他说：渊兮似万物之宗，他说道好幽深，好多人问他，他琢磨太久，然后说自己想去，太巧，他的学生一想，越想越是那么回事，昨天王二麻子骂了他，他没发火，王二麻子真的对他好多了哎！今天称肉的时候都多给了他二两。还有前天官府取消修官邸，老百姓看房子太破了，自己就来干了。他的学生开始和别人说，我师傅好厉害。道生一，一生二，二生三，三生万物，老子感慨，名声来得好不真实，自己兢兢业业当图书管理员这么多年，啧啧。

学术交流，切身感受

老子的粉丝越来越多，孔子都来向他问礼。老子不喜欢孔子，你知道吗？孔子他长得丑，不是说相貌歧视，孔子他老是喜欢想一些事情，想呀想，什么落水救人拿不拿报酬，两种情况，老子哼一下鼻子眼，救人就救人呗，想拿钱就拿钱呗，不想拿就走呗！还有什么唯女子与小人难养也，孔子他每想一条，额头上眼睛上就多一条皱纹，深深深，"比我还老"，老子觉得。于是，孔子第一次拜访，他不想见，就说不在喽！孔子第二次拜访，睡啊睡，醒了，见到孔子，他说书在那边，你抄吧！其实孔子比他想象中要好多了，老子开口，绝圣弃智，民利百倍；绝仁弃义，民复孝慈；绝巧弃利，盗贼无有。孔子对这些问题也比较重视，老子觉得这个徒弟还有救。于是，留他吃饭，老子年纪大了，口里吃不出咸淡，他说咸就是淡，孔子说食不厌精，脍不厌细，俩人有点矛盾。

孔子离开的时候行了一个大大的礼，他反复咀嚼"五色令人目盲，五音令人耳聋，五味今人口爽"，如果统治者吃熊掌，就要用白玉盘，配上象牙筷子，没错，而这些东西从哪里来？从老百姓那里来。

远走他乡，追求自由

老子看着孔子走的时候，却觉得他多么年轻啊！于是，没过多久，他也走了，楚国的养老金越来越少了！换个地方刨食去喽，老子走路去，路过函谷关的时候，看着毛驴蛮可爱，守官人也爱看老子写的东西，一拍即合，老子一手写《道德经》，小官一手交驴，走，去异域看舞蹈去喽！年轻。

10

“小国寡民，市民有什伯之器而不用，使民重死而不远徙。虽有舟舆，无所乘之；虽有甲兵，无所陈之，使民复结绳而用之。甘其食，美其服，安其居，乐其俗，邻国相望，鸡犬之声相闻，民至老死不相往来。”（《第八十章》）这就是老子理想中的社会和政治，而现今社会越发注重国际交流与合作。文化的交融和国家间的相互促进使世界连成一个整体，我们面对的是一个多元的世界，科技的发展不再是一个国家闭门造车就可以解决的。

放眼我们过去的发展，我们的祖先手握着可以改变一个时代的技术却只拘泥于小小的炼丹与烟花，不懂得在军事上的开发与利用，当真正面对西方人的洋枪短炮之时，只能俯首退让，这是何等的痛心。天朝上国，闭关锁国的封闭思想让我们将自己逼上了绝路，与其说是“小国寡民”的理想社会，不如说是与世隔绝的无知愚昧，这样的与世无争都带给我们什么呢？眼要向前看，复古倒退的消极思想带给我们的只能是更多的无知和与社会的脱节。以此为鉴，让“小国寡民”成为反例，——为了我们更好地生活。

18

孟子被尊为“亚圣”，可见其成就是非常突出的，他继承和发展了儒家的思想，使其在百家诸流中一度成为显学。所谓“前人栽树，后人乘凉”，先圣的思想对我们今人有哪些启发？对我们现实的生活又有怎样的指导意义？这都是值得我们思考的。

孟子：耳目之官不思，而蔽于物。物交物，则引之而已矣。心之官则思，思则得之，不思则不得也。此天之所与我者。（《告子上》）意思是说，耳目感官没有思虑作用，所以它要受到外物的蒙蔽。要了解食物的本性，要用心去思想，否则就得不到，这是天赋予的能力。他突出强调了理性认识的重要性，忽视了感性认识，而我不得不说感性认识和理性认识同样重要。

我们都说当今是一个看脸的社会，我们看到面容姣好的就会就会忍不住两眼放光，他让我们感到赏心悦目，但是光凭外貌是不能衡量一个人的内心世界的，要通过彼此之间的接触才能深入了解，此时单凭目之所视是远远不够的。饿了都要吃饭，当你闻到香喷喷的饭食，你的嗅觉传达给你的信息：这是美味佳肴。它实实在在地透露出这样的信息，感觉在此时发挥了重要的作用，所以在我看来，感性和理性在我们生活里是不可或缺的，二者相辅相成。

感官是告诉你直接的感受，而理性则让你看清事物的本质，二者相互配合，我们的生活才会更完美。

21

“道常无为而无不为”（第三十七章）一句话诠释了老子的智慧。千万不要以为他的无为思想就是无所作为、消极避世。而是不妄为、不作为，顺应客观与自然。他之所以说无为，是基于当时的社会局势。春秋战国时期社会大变革，政局动荡，社会混乱，老子认为社会之所以如此，在于人们过分的欲望与贪婪。所以他希望统治者应该少一点欲望，少一点作为，对人民听其自然。主张朴素节俭，清静寡欲。

老子无为而无不为的思想在汉武帝时期更加体现其智慧。休养生息的政策，轻徭薄赋，宽刑慎罚。减轻赋税和徭役，缓刑轻罚，这些宽松的政策符合西汉的历史发展，使得西汉王朝得到巩固。

无为而无不为，是治国的方略，也是精神的最高境界。

44

在先秦诸子百家的思想中，老子“无为而治”的思想千百年来依旧闪耀着光辉。也许每个人都对“无为而治”有自己的看法，对其有着自己的解读。时至今日，“无为而治”对政治和生活仍有重要意义。

在现代社会，执政者如果无所作为，任由国家衰落，不管时势的变化，仍用一成不变的方法治理国家，这绝非“无为而治”。“无为而治”的真正意义应在于遵循社会发展的规律，立足于当前社会生产力的发展状况，不制定超前或落后的法律和制度。不追求过快的发展速度。不在微观经济领域进行过多的干预，让市场对资源进行优化配置。

在生活中，“无为而治”不应该被理解为没有追求和不为人先。我们应认清自己的实际情况，结合自己的兴趣、特长，找到自己的发展方向。这里的“无为”指的应是不勉强自己去做无法做到没有兴趣做的事，不做类似“赶鸭子上架”和“揠苗助长”的事。在向自己的人生目标前进时不应急功近利，不去强求无法得到的东西。我们要学会控制自己的欲望，不在追逐名利时迷失自己。

19

初学老子，一个上善若水，一个宠辱不惊，一个柔弱处上，一个精神至上，一个小国寡民，一个治大国如烹小鲜就把我惊得一愣一愣的，总是觉得老子深不见底、难以琢磨，可是转念一想便恍然大悟，一下便懂得了很多。

很多时候，我们都无法去评价老子是对是错、有用无用，可我们却无法不去思考他，无法不获益于他。在他的心中他刻画了一个乌托邦：“甘其食，美其服，安其居，乐其俗。邻国相望，鸡犬之声相闻。民至老死不相往来。”他也强调“无为而治”，更是崇尚“精神至上”。也许大多数人会认为他是消极的，悲观的，而我却不这么认为，在我心中，老子的思想，如心灵鸡汤，感化着我们，教育着我们。生活在这个快节奏的社会，我们有这样或那样的压力，比如学习，比如工作，比如家庭，这时的我们就需要老子这碗心灵鸡汤，慢慢放松自己的生活，去享受精神的快乐。我们不必在乎钱有多少，不必在乎职位有多高，为自己而活，过自己想过的生活，做精神上的“老子”，过快乐的生活。

22

评价一种思想，我们不能只局限于当代的角度，而应结合历史的角度来看待。“无为而治”在当代虽然是一种消极的、无所作为的态度，但如果结合历史看，你会有不一样的看法。

春秋时期，社会混乱、兼并战争不断，百姓处于水深火热之中。在那样的时代背景下，老子提出“无为而治”，希望统治者少一点欲望和作为，对人民听其自然，是希望各国能停止兼并战争，让百姓能够过上安定幸福的日子。而且在老子提出“无为而治”的时候，他已经是一个老人了，无为在他心中是一种精神上的最高境界，与世无争，只有圣人才能达到的境界。事实上，老子无为的目的是“有作为”。在西汉初期，经历了王朝更替、经济衰退，统治者提出了“无为而治”，经过几十年的休养生息，才有了西汉的经济繁荣。

因此，从历史的角度看“无为而治”，能够发现其实老子的思想在当时是一种理想的最高境界，自有他的作用。

24

在老子看来，最理想的社会和政治是：“小国寡民，使民有什伯之器而不用，使民重死而不远徙。虽有舟舆，无所乘之；虽有甲兵，无所陈之，使民复结绳而用之。甘其食，美其服，安其居，乐其俗。邻国相望，鸡犬之声相闻，民至老死不相往来。”（《第八十章》）这种消极无为的政治态度在现代看来显然不符合时代发展潮流。因为老子“小国寡民”的政治思想是说国要小，民要少，有了器具、车船、武器都不使用，甚至连文字也不要。使人民看重生命，不到处搬迁，有吃有穿，安居乐业。相邻的国家，鸡狗的叫声都能互相听得到，使人民到老死也不相往来。这种思想完全违背了现代的“全球化”潮流，也影响着人们对人生的看法。然而不可否认的是，老子这种思想在古代是有一定道理的。“无为而治”是老子政治思想的中心内容，是指统治者在表面上应该少一点欲望，少一点作为，对人民听其自然，这样做统治才能巩固，得到更多的好处。正是老子的这种“无为而治”的政治思想对西汉前期社会的稳定和发展起到了重要作用，适应了当时的社会现状。只是随着时间的推移，社会状况发生了许多变化；而政治思想又没有随之变化，这导致老子“无为而治”的政治思想逐渐不符合时代发展潮流，最终被统治者所抛弃。但是“无为而治”政治思想在中国历史上起到的作用也是不容忽视的。

25

“宁愿坐在宝马车里哭，也不愿坐在自行车上笑”，这句话在网上红极一时。简简单单的一句话却也折射出当代社会青年的价值观：贪慕虚荣，欲望过度，为达目的不择手段，有的人甚至忽视了所谓的仁义道德。每隔几天，总能听到贪官落马的消息，让人唏嘘。人们欲望的高度膨胀，让人们忽视了简简单单的生活，不停地奔波，不断地忙碌，让人们忘记了自己追求的真正是什么。这个时候，我想到老子的“无为而治”。老子对当时他所处的社会和社会现实有一套自己的看法，他认为，社会之所以混乱，互相争夺，原因就在于人们欲望的过多，法律的繁多，知识的追求和讲究虚伪的仁义道德等。面对这种社会现实，老子产生了消极无为的政治态度。我觉得当今社会也需要老子的这种“无为而治”来客串一下，当然，我所谓的“无为而治”并不全是老子的那种无为而治，老子认为“无为”是不应过分追求，我们应学习老子的无为，在忙碌的生活中，适当偷偷闲，享受品茶的时光。明白自己所真正需要的，不要被物质的东西冲昏了头脑，人生拼搏之余，也要学会享受！

23

众所周知，老子作为先秦诸子百家中的一个不可忽视的人物，他的思想即使不被当代统治者所用，却依然在历史的长河中散发着自己应有的光芒，老子的思想在封建时期发挥着它应有的作用，但统治者们似乎又不是完全遵循着老子的路线，这又说明什么呢？

老子希望的理想社会是一个“鸡犬之声相闻，民至老死不相往来”的社会，没有战争，听上去很美好，然而我们都知道，无论是在过去或是现在，都是不现实的。因为这种情况的实现有两种方式，一种，社会素质已经达到一种非常高的水准，人们对在生活中的任何矛盾都可以心平气和地去解决，在现在的条件下自然是实现不了的；另一种，就是还未开化的时代，民智还未启蒙，人们对发生的事情无所了解，只需要满足生存需要，这显然又是一个矛盾的命题。通俗地来说，人欲无穷，社会发展的一个重要原因是人的需求。当社会发展时，人对于“想要”的东西又是无穷的。

47

晴天的夜晚下，学生们结伴躺在草坪上，清风轻拂，绿草如茵。沉醉其中，我们抬头仰望，看似很近实则很远的星空，是否感到奥妙无穷！

古今都常言，“诸子百家，群星璀璨”。但对其“道”而言，道家更似头顶的那一片星空，相对其他各“家”，更显得神秘，充满无尽的哲理！

“道”是什么？在老子的眼中，“道”是万事万物的根本，整个世界都是从“道”那里派生出来的，他说的“道冲而用之或不盈，渊兮似万物之宗”肯定了这一点。而且他更进一步说：“道生一，一生二，二生三，三生万物。”指出具体万物形成之前的统一状态。这统一的状态，分化了阴、阳，而阴阳的变化又产生气，万物便由阴、阳和气化合而来的！不仅如此，老子说“道”是“道之为物，惟恍惟忽。忽兮恍兮，其中有象：恍兮忽兮，其中有物。窈兮冥兮，其中有精，其精甚真，其中有信”的，“道”是恍恍惚惚的，即无声、无形、无言。最后为了更好地说明“道”，老子又用了“无”和“名”。他说，“无名，天地之始”和“天下万物生于有，有生无”告诉我们，“道”是无形无体的，没法用名称来表达，它是不具有任何具体物质属性的东西！

诸子各家的哲学体系，儒家的“仁”由君子而讲，墨家的“兼爱”由平民而讲，法家是由君王而说。所讲的哲学体系容易让人理解，感到就在身边。而道家说的“道”也许只有它的创始人能完完全全理解。“天地不仁，以万物为刍狗”（第五章），“道”似是一片星空，即很远又奥妙无穷！

28

老子，姓李，名耳，道家学派的创始人，著有《老子》一书。他看到了人民与统治阶级的矛盾，看到了人民之所以贫困和起来反抗的某些原因，因此他十分注意处理统治者和老百姓的关系。

老子的政治思想的中心内容是要求实现“无为而治”，他所谓的“无为而治”就是，统治者在表面上应该少一点欲望，少一点作为，对人民听其自然。这样看来与我们当今所说的“民主之治”确有雷同之处。多关注百姓的观点，统治才能巩固，得到更多好处。而老子所说的小国寡民无为而治就是，倘若要是天下太平无争，就要取消知识和道德，取消新颖的器具和财货。我个人认为是无稽之谈。一个国家想要生存，就必须顺应时代发展，丰富自身的经济文化等，若是遵循无为之道，在当今竞争如此激烈的新世纪，绝对是坐以待毙，且不说无为之道在如今的新中国无法适用，在当时老子所处的战乱年代，也是过于理想化。“物竞天择”，若一成不变，只会被强者吞噬，被历史抛弃。

因此，我认为老子的小国寡民，老死不相往来虽然体现老子政治上的思想，却无法顺应历史潮流，我们要批判地接受。

34

春秋时期是一个动荡不安的时期，诸侯争霸，社会动荡，民生艰难。也就是这样一个复杂的时代，引发了老子对世界的一系列思考。

老子的主要思想有道法自然、无为而治、反者道之动。老子的思想都包含着深刻的哲学意义。

老子哲学体系的核心是“道”，整个世界万事万物都是从“道”那里派生出来的。老子说：“道生一，一生二，二生三，三生万物。”（《第四十二章》）就是说“道”是形成和产生万事万物的根本原则，也就是马克思主义哲学中的“物质”。

老子自然无为思想是一种朴素的整体观念，强调人与自然的相互依存，密不可分，对当代环保意识的重建具有重大意义。“无为”就是遵循自然，不妄为。跟马克思主义哲学中规律客观性和主观能动性的辩证关系原理有一定的联系。首先，必须尊重客观规律。发挥人的主观能动性必须以承认规律的客观性为前提。其次，在尊重客观规律的基础上，要充分发挥主观能动性。人们通过自觉活动能够认识规律和利用规律。

老子的辩证法思想同样值得考察，黑格尔都对老子的辩证法有一定的借鉴。老子发现一些相对立的事物和概念，都是相互依赖的关系。他说：“有无相生，难易相成，长短相形，声音相和，前后相随。”（《第二章》）

老子的天道观虽然是唯心主义的，却含有朴素的辩证法思想。老子看到客观世界变化无穷，认识到天地万物都存在矛盾对立的两个方面，并相互依存、相互转化。老子的哲学思想在哲学史上的作用还是很大的。

40

老子是道家学说的创始人，他的一系列哲学体系的核心便是“道”。他认为整个世界万物都是从“道”那里派生出来的。他认为“道生一，一生二，二生三，三生万物”。老子的哲学思想比孔子更加高深一层，从精神层面来阐释人生及其价值追求。迄今，老子的思想对现代社会的我们依然具有很大的启发价值。

在老子众多的思想理论中，“无为而治”的思想是我最看重的。“无为”并不是无所作为，而是不乱作为，要有计划有条理的作为。纵观中国历史长河，如汉朝初年高祖刘邦在社会经济发展停滞不前，民生凋敝的现实面前，借鉴老子“无为而治”的政治态度，采取“与民休息”“轻徭薄赋”等一系列恢复生产的措施。经过几年的调整，汉朝的经济渐渐恢复并有所发展。可以说，正是这样的思想精髓，统治者在国土疆域上的欲望稍少，对人民听其自然，让其自由发展、自由生产生活，人民才能安其居，乐其业，社会才能向前发展。

然而在当今的中国，众多官员胡乱作为、挪用公款、欺上瞒下等一系列行为不正是权力欲望的膨胀造成的吗？原本官员的使命是为民服务，造福百姓，但如今，越来越多的贪官污吏，拿着国家的俸禄和百姓的税款却不为百姓考虑，原本“取之于民，用之于民”的观念早已荡然无存。虽然现在的反腐倡廉在大力的提倡，也有许多官员被撤职。但若要从根本上断绝贪污腐败现象，中国还有很长的路要走。倘若官员们都是抱着一种为民服务的心态，少些私欲，少些浮华，遵从“无为而治”的思想，不乱作为，安守本分，做好本职工作，那中国的官吏制度一定会有很大改善，腐败现象也不会再层出不穷了。中国的社会经济也会稳步向前，领先世界。

20

对于社会变化和社会现实，老子是这样认为的——社会之所以混乱，互相争夺，原因就在于人们的欲望的过分，法令的繁多，知识的追求和讲究虚伪的仁义道德，等等。

但是，社会变化之因真的如老子所认为的吗？

至少，我是不敢认同的。一个社会的进步，很大的一个原因就是人们的需求。如果要满足人们的需求，那必须要有知识的不断累积，对自然界的不断探索与认知。但是，在这些过程中，会出现人们欲望过度的现象，这时候，就需要法令的约束和人们的仁义道德的提升。当所有人的仁义道德都提升到一定的境界时，那么它就不是虚伪，而是一个人所必须具备的。当人们的素质提升时，那么，这时候的法令也必将不再繁多，而是出现一种精简的状态。

所以，社会的变化发展需要人们适度的欲望，需要对知识的不断追求与累积，需要仁义道德的提升，再加以精简法令的约束。

36

有人说，老子的思想与当今这个物欲横流、名利熏天的现实世界格格不入，老子的思想早已出局了。俗话说：一千个读者心里有一千个哈姆雷特。我认为，老子的思想对现今社会并非一无是处，我们应当取其思想之精华部分，让古代先贤的精神智慧为当今社会服务，为“我”所用，才不失其历史价值，而不是一味地批判和诋毁。“清静寡欲，无为而治”是老子思想的精华和核心部分。“清静寡欲”是我们现实社会中的每一个人坚持自我，洗涤心灵的一剂良药。其中的“寡”字是少的意思，并非是让我们每个人什么都不干、什么都不想。而是让我们认清自我，坚持一个目标，心无旁骛地去奋斗，不要被外界的不良诱惑和无限膨胀的欲望所控制，什么都想要，什么都去要，心猿意马的结果只能是一事无成。另外，在繁忙的工作中，也能使我们的心灵得到放飞，懂得去欣赏大自然的美好，做到修身养性，回归本真。“无为而治”更是对我们国家制定国策有积极的指导意义。最近两年政府都在推行简政放权，减少政府对经济的宏观调控，主张市场对经济的自我调节，事实证明这种做法使经济的发展得以解脱束缚，也增加了发展活力。所以老子的智慧有无其现实意义，且看你如何运用。

26

老子说：“道常无为而不可为。”这应该理解为道虽然在人们面前以一种无为的形式表现，实际上却是贯穿在万事万物之中，协调万物。

这便是老子所说，虽说牙齿坚硬舌头柔软，但舌头与牙齿的最终命运——牙齿最终脱落，而舌头依旧毫不动摇。现实告诉我们以硬碰硬，大多数时候只能两败俱伤，以柔克刚才可成功。老子在他经历过人世沧桑几十载之后总结了这个人生境界，以无为达到大为，这与儒家的积极入世的思想相比便又高了一个境界了。

或许有人会说，在现在这个社会，你不积极有为怎么可能在社会生存，人类社会怎么会有发展。可是值得大家注意的是，现在人们对发展的定义是什么呢？是以物质作为衡量。出现这个定义是因为人们一味地推崇经济基础决定上层建筑。定义是人确定的，难道大家可以保证当代的发展主流定义就是正确的吗？如果是正确的，那么为什么许多人在花甲之年甚至是步入中年之后，尝尽人生百味之后却开始回归老子的思想，无为平淡。或许是因为人类从骨子里透出的不甘，被欲望蒙蔽心灵，使人类忘了最初的本质，过多追求物质需求，将精神境界抛之脑后了。

38

在老子看来，统治者在管理国家方面应该少点欲望，少点作为。对百姓听其自然，这样才能够巩固统治。这是老子的政治思想：无为而治。另外，老子还总结了一套统治术，认为君主应推行愚民政策。“古之善为道者，非以明民，将以愚之。”（第六十五章）这句话便体现了这一点。只有让百姓成为愚昧无知的劳动者，才便于统治者实行统治。在老子看来，最理想的社会和政治是小国寡民，民至老死不相往来。百姓应该顺应自然地生活，不逐功利。

老子这一种消极无为的态度，在现代看来是有很多不可取之处的，不利于社会的进步与发展，不利于人类文明的传承。但任何一种社会意识都是来自于社会实践。要认识这样一种思想，必须要回归到春秋战国时期那个动荡、战乱不断的社会背景去。战乱时期的国家，最主要的必然是要恢复国家的生产生活，稳定社会秩序。小国寡民的一个社会状态也会是更好管理的，国土小，人口少，人与人之间不相往来，社会矛盾也就会更少，自然更好实施统治，而老子的无为主张自然也是可取的。汉代初期便是采取了老子的无为而治的思想主张，实行“休养生息”的政策，与民休息，经过了七十多年的休养生息，恢复了社会的稳定与生产。再者，在混乱的年代中，百姓要做的自然不是如何追求功名，最基本的是要学会如何在那样的环境中保全自己的生命，保证自己最起码的生活，才能再去考虑其他的事情。所以我们不能单纯地从现代发展的角度去看待老子的无为而治的主张，而要结合它当时的社会背景来看待。

39

小国寡民是老子心中的理想国，他是这样描述的：“使民有什伯之器而不用。使民重死而不远徙。虽有舟舆，无所乘之。虽有甲兵，无所陈之。使民复结绳而用之。甘其食，美其服，安其居，乐其俗。邻国相望，鸡犬之声相闻，民至老死不相往来。”他的意思是说，要把人们的社会关系和交往减少到最低限度，这样才能避免本国人民受到伤害。可是他却忽略了一个最大的问题，那就是文化需要相互交流和相互借鉴，需要取其精华去其糟粕，这样才能使得本国文化得到发展。古希腊也实行过小国寡民——城邦制度，因为多山多港多岛屿，三面环海，而且人民比较少，再加上古希腊广泛的海外贸易殖民扩张和经济文化交往活动，因而古希腊形成了宽松自由的社会环境，所以小国寡民能够得以实现。而中国不一样，中国是泱泱大国，小国寡民不但不能保护人民而且会使得文化越来越落后，人民思想越来越腐化。清朝时候中国闭关锁国，限制和禁止对外交通贸易的政策，和小国寡民没多大差别，闭关锁国是落后的封建自然经济的产物，和小国寡民一样只会对中国的发展起着严重的阻碍作用。这告诉我们，盲目排斥外来文化，没有与外界接触与沟通，不论是经济还是政治文化都会大大落后于世界的潮流。

48

老庄所倡导的无为自然之道，也许在当时诸侯纷争的时代并不为人所接受。它确有违当时争霸割据所需。然而无为之道，在战火连天、百姓流离失所的生活及生存状态下，体现的是对人们生命的终极关怀，是对社会高度发展的憧憬和渴望。“甘其食，美其服，安其居，乐其俗。邻国相望，鸡犬之声相闻，民至老死不相往来。”这是一种多么和谐美好的社会建构啊！在汉武帝时期的休养生息政策下，轻徭薄赋，轻刑轻法使得自纷乱以来的社会逐渐得到恢复与发展，从此汉朝大兴，使得汉朝文化鼎盛延续至今，我们大部分人不就是所谓的汉族吗？而在今日，经济的高度发展，物质生活的丰富，精神需求的缺失导致个人不健康地发展。因此需要无为之下的自我反省与自我感悟，舍弃对一些东西的执着与争斗，以此完成全面人格的建设。另外，面对社会发展导致自然的破坏，此刻我们应该采取无为之道予自然以喘息休养之机，以便可持续发展战略的实施。减少对利益的争夺，减少对利欲的占有欲，无为之下对我们人际相处又是一条黄金法则。那么社会就不会出现争夺，就不会出现战争。那么，和平和谐的终极目标就一定会在无为之道下实现的！

16

“将欲取天下而为之，吾见其不得矣。天下神器，不可为也，不可执也。为者败之，执者失之。”（《道德经》）在老子看来，想要治理好一个国家，却去凭主观意愿施为的人必定失败。无为而治，才能成功。我却不赞成！

相信大家都听过一句话：大丈夫有所为，有所不为。姑且把不为理解为无为吧。不管你为或者不为，有没有添加自己的主观意愿。只要结果有益，即为大丈夫，相反即为祸害社会的小人。同理，假如把老子理想中的天下太平，百姓安居乐业比喻成一座山的山顶，条条大路通罗马，不管你是走南边这条路，无为而治，还是走北边这条路，有为而治，到达山顶，即为成功。

在老子那个社会，我无法确定无为而治能否成功地登上山顶，因为历史就是历史，是不存在设想和假定的。但在当今这个社会，我确定有所为，有好为，一定能成功。要不然我们怎么会从小被教导要充分发挥自己的主观能动性，去解决你所遇到的难题；在这个竞争残酷的社会，必须竭尽所能增加自己的竞争力，才能出人头地。约翰·列侬说过，人不能改变自己，就去改变世界；人不能改变世界，就去改变自己！终究还是要有所为的，不是吗？

我们设想一下，假如这世界无为，就不存在工业革命、资产阶级革命、无产阶级革命，因为我们可能都在自己的小天地里男耕女织，温饱足矣；假如这国家无为，要么就完全进入共产主义社会，不需要国家的干预和指导，要么落后就要挨打，还不去尽力救国救民，就等着国破家亡吧；假如你无为，你连碌碌无为都称不上，因为在这个现实的世界里，你根本活不下去！

我在想，假如老子听到我的言论不小心被气活，来到我们这个社会，会不会因这世界难为而再度气绝身亡呢？或者他生命顽强，重新创造出一套新的理论叫“有为而治”呢！

最后，我希望不管是作为有权势的国家领导人，还是平平凡凡的老百姓，在这短暂的一生里，能够有所为，有好为。充分发挥主观能动性，去尽自己最大努力：为天地立心，为生民立命，为往圣继绝学，为万世开太平！（张载语）

03

两千多年前，周王室衰微，礼崩乐坏，诸侯并起。在这个时代，不同的学派会有不同的选择，也正因为如此形成了百家争鸣的局面。老子选择“无为而治”，但孔子却选择截然不同的道路“有为”——积极入世，即使处处遭人排挤，依然坚持心中的理想，恢复周礼。站在今天的角度，我们也许没有资格去批判他们中的任何一个，毕竟“时势造英雄”。

但我个人更支持孔子的“有为”，即积极的人生态度。还记得为和平仁爱而奋斗的南非前总统曼德拉吗？为了民族解放，他几乎倾其一生，坐牢 27 年那又如何，为民族的自由而奋斗才是最重要的。所以，请不要误解曼德拉。曼德拉就好似春秋时代的孔子，面对国家这样的情况，不是像老子那样失望至极，乘青牛西出函谷关，隐居而不知所终，而是勇于奋斗，权衡各方利益，此种精神值得我们敬佩。在那个诸侯争霸的时代，有选择“无为”的老子，但必会有选择“有为”的孔子，当然在当今社会，亦是如此，我们不能片面地去批判任何人，要学会去尊重他人的选择。

42

“祸兮福所倚，福兮祸所伏。”（《道德经》）早在两千多年前，老子就以其高深的智慧告诉我们祸福人生的境界——祸福相随。相信大家都听过并明白这句话，但是有谁能在生活中加以利用呢？

《淮南子》里“塞翁失马”讲到当马跑到胡地时，人人都认为这是祸，塞翁却说：“这焉知不是福呢？”果然，逃跑的马带回了另一匹马。当逃跑的马带回另一匹马时，人人都认为这是福，塞翁却说：“这焉知不是祸呢？”果然，塞翁的儿子因骑马而摔伤成了跛脚。正因为塞翁看透了祸福转化的本质，没有像其他人那样只是看到单独的祸或福，因此，才有了

“塞翁失马，焉知非福”这个典故。古人尚且如此，更何况作为现代人，我们更应该明白老子的祸福观——灾祸里面蕴含着幸福，幸福里面伏藏着灾祸。万事万物都是相互依存，没有单独产生的，有得到就会有失去，有快乐就会有痛苦，不要因一时之得而忘乎所以，也不要因一时之失而痛苦不已。然而，却很少有人能够做到老子这样，更不要说把老子的祸福思想运用到现实生活中，致使老子的这句本应该更好指导人们生活的至理名言却失去了它应有的光芒。

正所谓祸中有福，福中有祸，祸福相依相生，须臾不离。老子的祸福思想对我们当代社会来说是不可多得的财富。所以，在当代社会生活中面对人生祸福时，我们要向老子学习，看清祸福的本质转化，这样，我们面对灾祸时，就会吸取教训，幸福也就会来临；面对幸福时，就会居安思危，危机也就会避免。我们才能在生活的旋涡中临危不惧，稳固前行。

17

老子有一面镜子，名“玄览”。他说：“涤除玄览，能无疵乎?”（《第十章》）你能把心这面“镜子”打扫得干干净净，没有一点灰尘吗?在老子看来，如果能做到这点，保持内心的最大空虚，不受任何心外之物的影响，这样就可以抓住它们的本来状况去认识它们，也就做到了“致虚极，守静笃，万物并作，吾以观复”（《第十六章》）。

我们常说，世界上不缺少美，只是缺少善于发现美的眼睛。眼睛如果被事物的外表所蒙蔽，或是不断被其他事物所吸引，怎能感受到真正的美呢？同样，如果心灵被欲望、偏见所影响，怎么能看透表象去抓住事物本质？所以老子觉得只有心灵这面镜子擦拭得一尘不染，世间万物的“道”才能了然于心。这些话更像是对君主所说。老子大骂统治者是强盗头子，只管自己享受却让人民受罪。到政权被推翻的那天，战乱、死亡会带来无穷的损失。可是封建社会统治阶级的本质决定了他们必定是剥削者，这种想法不可能被接受。在当时，老子的思想是过于理想和美好了。

在我看来，一心一意做事就是做到了心灵的无纷扰。当我们专注于一件事时，往往能更全面地了解并且拉近心灵和事物的距离。我有过这样的亲身体会。初中有一段时间，我一吃完晚饭就上楼写作业。除了作业本上的题目之外什么都不去想，以至于爸爸在边上看了很长时间电视都完全没注意到。那段时间的作业正确率接近百分之百，并且在一个星期后的月考中取得了班里第一的成绩。别人问是怎么做到的，我告诉他们只是每天写布置的作业和听老师讲课。但是，难在坚持。一旦得到过名次和别人钦佩的目光，就难免会被这些困扰。

心灵这面镜子，需要不断用真诚、信任、善良、勇敢去擦拭，直到能一直看见最真实的自己。

04

老子是道家的集大成者，被称为“道教始祖”的老子在“道”文化方面的成就受到世人赞赏，他的天道观里阐述的“道生一，一生二，二生三，三生万物”充分肯定了“道”的地位。他的朴素的辩证法思想虽然有一定的局限性，但是和孔子的天命论相比，他认识到事物有变化发展的规律，有一定的进步意义。

然而，老子的思想毕竟是当时社会的产物，也有一些不可取之处。

其中“民至老死不相往来”的思想是不适合当今社会的。为了减少纷争就选择逃避并不值得提倡。如今社会的发展就是通过人与人之间的往来与交流而得以实现，产品要通过生产、分配、交换、消费进行流通，而这些环节少了人之间的沟通就难以成功。正如同“闭关锁国”只会导致中国的停滞不前一样，“民至老死不相往来”并不是维护和谐社会的好良方。

05

孔子曾说，他看见老子就如看见龙一样，超然脱俗，让人很难去超越。这是孔子对老子的评价，可见老子是一个自由并且不受世俗羁绊的存在，让人由衷敬佩。时至今日，老子的思想仍具有很大的影响力，著作《道德经》仍在传诵，不可否认老子的伟大与先进性。但“金无足赤，人无完人”，在一些方面，老子也有些不足，特别是他那神秘主义认识论。

老子认为，对事物的认识不应到客观世界中去求，认识不是从实践中来的。他说："不出户，知天下；不窥牖，见天道。其出弥远，其知弥少。"（《道德经》）这是脱离实际去谈认识，显然这是不合理的。如果人都是凭感觉去认识这个世界，那么这个世界是不真实的。这可以看出老子在人生观上表现出来的消极态度，否定了外界物质生活。还有他对知识的否定，他认为知识是人精神上的一种负担，是社会纷争的原因之一。要求统治者采取愚民政策，才能维护社会安定。也许他的初衷是好的，但如果真如他所愿，那么这个社会还有什么进步而言，是否又会回到"原始社会"？他那种与世无争、无所追求的生活态度，是可以保住人的平安，但结果是与社会慢慢脱节。在如今的社会，若你没有追求，不积极进取，那你就会是被淘汰者，失败者。毕竟，知识是成功的指路明灯。

所以，对于老子的思想我们要辩证地看待，不能一味地遵循。虽然人的生命是有限的，但对知识的探索是无限的。老子思想是有些瑕疵，但道出了人们心中最美好的向往，这是值得肯定的！

15

"道可道，非常道；名可名，非常名。"老子这句话简明扼要地说明了世界万物由"道"而生，认为自然界和人类社会是统一的，要顺应自然规律，于是在政治上主张"无为而治"。

在"无为而治"的思想中，认为要使天下太平就要"弃智""弃义""弃利"，丢掉知识、道德和新颖的财货，自然而然地生活。另外，"小国寡民"是其认为的理想社会，像婴儿一样的生活态度，这一思想体现出老子的消极心态。

有人说，我们不应该用现代的眼光去看待老子，毕竟老子当时已五六十岁。虽说老子当时已年老，思想许是老态，但他的思想传播并不局限于他那一年龄阶段，而是当时的社会。"民至老死不相往来"，限制了当时的思想，进一步也限制了社会发展的步伐。

老子的思想中虽有消极的成分，但是大多数还是为当代社会发展提供了相应的指导，我们不应该"绝圣弃智""绝学无忧"。作为有为青年，我们要勇于突破腐朽老化的思想“牢笼”，积极探索，求有意义的“道”，让人生更为丰富。

08

“治大国，若烹小鲜。以道莅天下，其鬼不神；非其鬼不神，其神不伤人；非其神不伤人，圣人亦不伤人。夫两不相伤，故德交归焉。”（《第六十章》）

我们从字面上理解，老子的治大国若烹小鲜意思就是，治理一个庞大的国家就像烹饪一道小菜一样。这句话在一定程度上仍然带有老子无为的政治思想的印记，治国如烹小鲜是无为而治的一种表现。老子认为，作为一个国家的统治者应该无为而治，这也是他政治思想的核心内容。

在今天，我们很多人看这句话都觉得是消极的，不值得提倡和学习，但是我们不可忽略的是存在必有其价值。值得肯定的是，老子认识到了社会动荡混乱的根源在于统治者和下层百姓之间的矛盾和冲突，他试图去解决这个矛盾，所以他提出了解决这个矛盾的办法无为而治。无为而治并不等同于无所作为任其发展，无为而治带有一丝乌托邦的色彩，老子主张统治者实行愚民政策，“古志善为道者，非以明民，将以愚之”（《第六十五章》）。他向往的社会是小国寡民的，“邻国相望，鸡犬之声相闻，民至老死不相往来”（《第八十章》）。无疑在世界全球化的进程中，在科技发展迅速、文化交融、经济交流的现代社会，老子的这种思想是无法实现的。

结合“治大国若烹小鲜”，我们或许可以从另一个方面去思考，这无为而治的思想不就是治国的最高境界吗？当统治者和被统治者之间达到和谐状态，当人类与自然之间达到一种和谐状态，那么治理一个国家不就像烹饪一道小菜一样简单吗？那么统治者不就可以无为而治吗？

尽管当今社会的我们达不到这种境界，但是无疑老子的思想为我们描绘了一幅向往并为之努力的蓝图。他的思想或许并不能改变如今激烈的竞争氛围和残酷的淘汰型社会趋势，但是我们依然可以去翻一翻《老子》，一读一想然后一笑一豁然。

31

第一眼浏览老子的思想，第一感觉是不赞同。不同于孔子，他的思想让人觉得现实多了，毕竟我们都是现实的人。可能用我们所谓现实的眼光去看待老子的思想，的确太理想主义了。

人应该在沉着冷静的环境下去分析一个古人的思想，于是便有几分理解与赞同，不说老子的是正确的，而是应该说他的思想所代表的是他在当时这样一个环境中，他本人或是社会想追求的这样一种“无为”，因为追逐名利，诸侯争霸，争权夺势，天下不安，社会混乱，一个有理想蓝图的人油然而生，这样一种生活的追求是自然的。因此我觉得在对老子的评价之中，不能说赞同不赞同，而是取其精华，去其糟粕。每一种反映社会现实的思想，都有它存在的合理性。我们不能人为地去否定，或许我们能做的是借鉴。

几年前，我站在上海的外滩。在这个快节奏的城市，所有的人都在奔波，我想问个路，都不忍心打断。他们匆匆忙忙，匆匆忙忙，像一台永久的发动机，实在是停不下来。因为利益追求，这个商业城市，无所不充斥着功名利禄，四方的人都拥挤在这里。

前年，我在电视里看到上海的外滩踩踏事件，我只是觉得好笑，只不过是从哪里掉来的几张纸币，为什么都能踩着别人的身体争抢。在他们的眼里人命真的这么贱吗？就该为了钱，活活的踩死一条人命吗？这究竟是什么社会啊！

突然觉得现在的人们应该去学习老子，能不能将钱将功利放下一点，能不能停一停脚步，去享受一下生活？我始终觉得物质文明越来越发达，人也是会越来越发达，境界越来越高的。

29

老子在政治上主张无为，这决定了他对人生的看法也是消极的。他的思想虽然消极，却有着对自由的向往，他主张无为就是希望事物自然发展，自由发展，他觉得圣人应该是一个表面上处处不与人争，不为人先，守柔处下，少私寡欲，绝学弃智，浑浑噩噩，像出生婴儿那样，完全处于自然状态的人。他认为，只有这样才能在这复杂的现实斗争中保全自己的生命，无忧无虑，达到精神上的最高境界。婴儿是有着自己的世界的，我们不能左右他的思想，在思想上他有着绝对的自由，同样的，婴儿在行动上也有着绝对的自由，我们不会去要求他做什么，不能做什么。老子觉得圣人要像出生婴儿一样，处于自然状态的人，不就是在阐释自己对自由的追求吗？

在当时的封建社会下，老子竟然还敢于提出对自由追求的思想，这需要多大的勇气和魄力呀！

11

老子说："五色令人目盲，五音令人耳聋，五味令人口爽。"（《第十二章》）老子认为过多地追求物质生活，会使人眼瞎耳聋，口味败坏，因此他主张"塞其兑，闭其门"（《第五十六章》）。

我觉得老子的这个思想过于偏激，过多的物质追求的确会让人被物质蒙蔽双眼，但是这个前提是"过多"的追求，而老子却直接主张闭目塞听，他没有考虑到适度的追求有利于社会的发展，当然，他主张社会回到小国寡民的时代，自然是不希望社会进步发展的。在那个战乱的年代，想要过安逸的生活无可厚非，然而这种避世态度我认为不可取，即使身处战乱也应当积极面对，当今世界如果还一味地闭目塞听，那么社会经济发展将停滞不前，于家于国都不好，所以我不提倡闭目塞听。

12

老子，是中国古代伟大的思想家和哲学家、道家学派创始人，主要思想有：无为而治、朴素辩证法等。他的政治思想的中心内容是要求实现"无为而治"。在现代，有人推崇，亦有人批判，我觉得对这个思想要因时而议。

老子生活在春秋战国时期，一个战火纷飞的年代，当时的统治者只顾自己享乐，残酷暴虐，老百姓处于水深火热之中，被统治者剥削迫害。基于这样的社会变化和社会现实，老子提出了“无为而治”。我觉得这有两层含义：一、他主张统治者要减少欲望，不能过分压榨百姓。当然这里的“无为”并不是让统治者无所作为，消极怠慢。二、“无为而治”也表示老子面对当时混乱的社会的无可奈何，表现出了他消极待世的态度。统治者的残酷无道，老子所提出的主张不被采纳，面对这样的现实，老子只能理想化的提出“小国寡民，民至老死不相往来”的社会。亦是“无为而治”才能使他在当时那个社会活的不必太压抑、太痛苦。这大概也是他在复杂的现实斗争中保全自己，或是来麻痹自己的方式。

现代社会，我们不能全盘否决老子的“无为而治”思想，要辩证地分析看待，对其中老子消极厌世的思想要批判。我们所处在一个喧嚣浮躁的社会，充斥着太多的欲望、利益，或许怀有老子那颗“无为”的心，不去追求太多的名与利能让我们活得更轻松、更坦荡一点。

18

硝烟四起、战争频仍的年代里，老子构建了小国寡民的理想社会，邻国相望，民至老死不相往来。人民处于相对封闭的状态而谋求生活的安乐。但对于今天的社会来说是不适合的。在经济高速发展、各国竞争日益激烈的今天，如果我们隔绝与外界的交流，那么我们的文明如何发展，如何进步？明末清初统治者采取闭关锁国的政策，以天朝上国自居，而此时的西方却蓬勃发展，彼此之间的差距越来越明显，以至于后来国门被西方的殖民者所打破，沦为了半殖民地半封建社会，百姓处于水深火热之中。以史为鉴可以明得失，闭塞视听在竞争日益激烈的今天显然是无立锥之地的。

回望历史，邓小平以其卓越的眼光实施改革开放，打开国门，外来思潮与当时的思想激荡，人民的思想逐步与国际接轨，外商的经济投资使经济得到快速的发展。我们今天依然秉持着这种理念，加强国际合作，促进经济技术的交流，为振兴中国梦而助力。

45

“无为”乃老子一贯之主张，乃老子哲学中的一个基本概念，乃贯穿老子哲学中一以贯之的基本线索，具有提纲挈领的地位。什么是“无为”？就是老子的“无为”即不妄为，恰到好处而为；无心于为，顺其自然而为。

一直以来很多人把“无为”理解为无所作为，什么都不做的消极作为。然而，老子“无为”并非如此。“是以圣人处无为之事，行不言之教。”（第二章）认为圣人应该是以无为的姿态来处事，以不言的方法来教导。什么叫做无为的姿态？什么叫做不言的方法？就是老子的“无为”。

“无为”的智慧是顺应自然，不违背客观规律。想想现今社会，生态环境的污染与破坏，植被破坏，土壤侵蚀加剧，土壤持水能力下降，湖泊消失，河流含沙量增加，旱涝灾害频繁，空气污染，空气质量下降，有毒气体进入人体……最终危机的将是人类的生存。这是与“无为”相悖的。我们应该尊重自然规律，使人与自然和谐相处。这便是“无为”的智慧。

“塞翁失马”中的老翁的处世态度就可以称作“无为”，面对宝马丢失，并无切肤之痛，而是淡然处之，平和地看待。对世俗之中的利害得失看得很淡，“不以物喜，不以己悲”（范仲淹《岳阳楼记》）。“宠辱不惊，闲看庭前花开花落；去留无意，漫随天外云卷云舒。”（洪应明《菜根谭》）这便是“无为”的境界。

因此，老子的“无为”并非告诉人们无所作为，什么都不做。如果说田不种，那么粮食从哪里来？如果说没有粮食，那么吃什么？如果说不吃饭，那么人怎么活？这显然是荒谬的。老子真正告诉我们的是，田还要种，但是要顺应自然规律，勿拔苗助长。这与人们误解朱熹之言“存天理，灭人欲”类似。“存天理，灭人欲”并非人的欲望都扼杀，“人欲”只指“人心”中为恶的一方面，而不包括“人心”中合理的欲望可以为善的一方面。

掌握“无为”指导人生，不失为明智之举，乃人生之大智慧。顺其自然，顺其本心，活得才不会那么累，为什么要正确理解“无为”？因为，“无为”乃大智慧。

13

老子的哲学思想和他所创立的道家学派，不仅对中国古代中国思想文化做出了重要的贡献，而且对中国思想文化的发展产生了深刻的影响。

无为而治是老子的一种基本思想，对于老子的这种消极的无为而治的政治思想，我们应该用批判的眼光来看待。首先，无为而治在我看来并非什么都不干，而是在遵循自然规律的基础上进行一些有为。其次，我们从老子当时所处的时代来看，这种消极的无为而治是老子对当时战乱的一种无奈和避世，希望人们都回到原始的状态，遵循自然发展的规律，顺应自然。

对于老子的这种消极的无为而治的思想，我觉得并不能很好地适用于现在这个过于激进的社会，也不太适于当今青年人对生活的追求和向往。如果我们都只是顺应自然，而无所作为，那么我们的社会将不会进步，科技将不会发展，我们将永远停滞不前。当然，老子这种无为而治，亦可以用在当今年轻人压力过大的时候，当作心灵鸡汤，适当地缓解压力；亦可以是迈入中年生活后的一种舒适的心灵启迪，从中体味着人生。

老子的思想，从不同的角度品味定会有不同的体会。

32

老子是我国历史上著名的思想家，然“道”是老子思想体系的核心，老子认为一切由“道”生出。老子关于万物起源的思想，见《道德经》四十二章：“道生一，一生二，二生三，三生万物。万物负阴而抱阳，冲气以为和。”这其实就是肯定了万事万物都是由道产生的，万物都统一于道。

老子描述道就是一种看不见，摸不着，无声、无形、无体，总之十分抽象的东西。“道”即是“无”，《老子》第四十章中说：“天下万物生于有，有生于无。无名，天地之始；有名，万物之母。”道是无形无体的，所以“道”即是“无”，它是不具有任何具体物质属性的东西。老子一方面阐述了道与万物的关系，即道是万物存在的根本；另一方面又由之引申出他的政治历史观：以道治国，以自然无为，以返璞归真为最高境界。

14

老子所处的社会时代里，社会混乱，互相争斗。在这样的社会现实中，他提出无为而治，看似消极，其实不然，在我看来却是解决当时社会问题更好的方法。统治者不妄为，不剥削，不腐败，老百姓就会安居乐业，更好地生活。

“我无为，而民自化；我好静，而民自正；我无事，而民自富；我无欲，而民自朴。”（《道德经》）从这里我认为其很好地阐述了“无为而治”，即我不妄为，作为一名领导者我遵纪守法，做好我自己的本分，自然就做好了榜样，树立了标杆；静与动是相对的，我不贪慕虚荣，我踏踏实实地做，老百姓自然就会自我改正；我不给老百姓增添麻烦，不去压迫老百姓，老百姓就富裕起来；我不骄奢淫逸，老百姓就会自然朴素了。由古思今，无为而治仍有借鉴意义，习近平主席提出“苍蝇老虎一起打”的政策，恰恰也反映出当代社会中腐败现象，一名名高官因贪赃枉法而被惩治，难道我们不该好好深思吗？重拾老子无为而治的思想，官员不妄为，不爱慕虚荣，那么我们的国家根基会越来越坚固。

无为而治不只是对社会有着深刻的意蕴，对个人也具有重大影响。快节奏的都市生活，人心浮躁，追求功利和财富，导致人们内心空虚、孤寂。反观老子无为而治，如果我们实实在在，可以少一份欲望，多一份内心宁静，闲暇时光，在自家庭院里种上喜爱的花，午后时光泡一杯茶，捧上爱看的书籍，慵懒地品味生活。

第五章　领悟《孙子兵法》的智慧——战与不战

我们常说“胜败乃兵家常事”。兵家的思想源于春秋时期的孙武，他所著的《孙子兵法》共十三篇，涉及对战争的看法、治军的思路、战略战术的谋划、特殊战法的设计等内容。我们今天来学习兵家智慧，不但可以用来指导我们正确对待战争，指导统治者如何训练军队，还可以用来指导我们如何治理社会、治理企业，进而发展演变成一门旨在提高工作效率的管理学。

《孙子兵法》非常看重战争，认为战争事关一个国家的生死存亡，作为统治者必须高度关注可能爆发的战争。但重视战争并不等于可以轻易发动战争，因为战争毕竟会引发暴力四起，血流成河，所以必须十分慎重，不到万不得已，不要主动发起战争。孙子还提醒统治者，在和平时期时刻不要忘记备战，只有做到有恃才能无恐，做好充分准备才能有效防备可能爆发的战争。天下虽安，忘战必危！

军队必须整治，才能攻无不克，战无不胜。治军的最高境界是不战而胜，不战而屈人之兵。这其中包含“敢战方能取胜、能战方能言和”的军事智慧。孙武指出，要赢得战争的胜利，最重要的是做到知己知彼，始终把握战争的主动权。其次是兵贵神速，速战速决才能赢得胜利。

用兵之道，在于用战争来避免战争进一步扩大，避免造成更大的生灵涂炭。战争年代是用武器的批判来代替批判的武器，这是一种解决不可调和的社会矛盾的迫不得已的方式。但实际上，人类本不需要战争，只需要和平，诗意地栖居在这个地球上。

在一个明媚的日子里，欢乐的课堂上，我享受着和平带来的美好时光。

以辩论赛的方式讨论战争与非战争，作为反方一员，我坚定地反对战争。战争是由超过一个的团体或组织，由于共同关心的权益或利益问题，在正常的非暴力手段不能够达成和解或平衡的状况下而展开的具有一定规模的初期以暴力活动为开端，以一方或几方的主动或被动丧失暴力能力为结束标志的活动。在这一活动中，精神活动以及物质的消耗或生产共同存在。战争会带来人类生命的损失；引起国家间民族的仇恨；破坏生态平衡，造成环境污染；破坏人类文明；破坏环境……故孙膑言之："亡国不可以复存，死者不可以复生。"（《火攻篇》）

我们反对战争不是说被动就要挨打，而是居安思危，处于和平年代，却时刻保持警惕。对方辩友提出战争可以促进科技发展，可以淘汰弱者。他们都片面地看待战争的影响，"一战"和"二战"期间，科技确实得到改善，但发明的都是伤害性武器，核弹的使用能够对地球造成严重危害，那我们发明科技的意义何在？弱肉强食法则更是不可理喻，难道老人和残疾人就不应该生活在地球上？

我们可以去看看那些还深处在战争中的人民，他们是怎样的生活，是否幸福？我们沐浴着和平的阳光，安逸轻松却也谨慎！

27

反对战争是无效的，战争一旦开始，你的目的就只有一个，那就是胜利，唯有胜利才能体面的结束。

战争的根源是利益的不均衡，世界的资源是有限的，唯有强者得之。世界本就是如此现实，弱肉强食，非洲贫穷国家人们生活在水生火热之中，炮火连天，美国对伊拉克等石油国家实施霸权主义，干涉内政，狂轰滥炸。美国为何如此猖狂，究其原因莫过于两点：一是世界政治格局多极化，和平与发展主题没有具体保障措施；二是实力悬殊，试想如果跟美国对抗的是俄罗斯或英国，美国是否还敢如此剑拔弩张。再说中国近代史，抗日战争期间，常德细菌战，南京大屠杀，件件惨案触目惊心，国耻永不敢忘，那么在这个时候，反对战争有用吗？提倡人道主义有用吗？日本还不是置若罔闻。斯大林说过，落后就要挨打，国力不昌盛，军备不足，会给国家造成不可想象的危机，在这个时候，只有全民族团结起来，拧成一股绳，要想不被打，只能变强大，国已破，家何在？

整个历史都是一部战争史、血泪史，秦始皇通过战争一统六国；唐太宗李世民玄武门之变登上皇位，开创贞观之治；清太祖努尔哈赤率兵入关；成吉思汗通过战争成就中国最大版图；希特勒、拿破仑皆通过战争成为千古名将，战争造英雄，战久必和，和久必战，乃是历史之必然趋势，战争是和平之必要手段。

战争促使科技变革与发展，例如“一战”“二战”后电话、电报、核武器、互联网的迅速出现，成为推动世界进步与发展的巨大力量。

战争，反对无效！

01

现在的时代不适合战争，可是我们仍然还是有战争。和平得不到自己想要的，想要保护的！只能从一些军事方面采取行动，维护自己的利益，保卫自己的财产。战争的影响力，是很大的。可是我们也可选择避免战争，和平共处！

战争不是一味地索取，也不是掠夺。每个人心里都有自己的净土，每个人也渴望和平！但是有时却因仁慈而失去重要的东西，这时候，你是看着你最重要的人或物失去，还是奋力反抗？我想大多数人还是会为了自己想要去反抗，去争取吧！有时会失败，有时弱肉强食，有时会被淘汰。可我们为了自己想要的去争取了，我们就不会后悔。战争并不是去树立敌人，俗话说：“多一个朋友，多一条路！”可见互惠互利的条件下是可以实行的。支持战争，不是去盲目地给自己增加伤害，而是学会如何解决问题，善战慎战！

40

战争是一种特殊的社会历史现象，是一定的社会政治经济集团为了自身的利益而进行的活动。战争自出现之时，便给社会生产、人民生活、城市建设带来了沉重灾难。特别是非正义战争的爆发，强国对弱国的欺凌和压榨，给弱国的社会以及人民带来了无法磨灭的伤害，造成弱国长期贫困无法发展的局面，使之逐渐落后于世界潮流。

纵观世界战争史可以知道，第一次世界大战超过 4 年时间。第二次世界大战则历时 6 年之久，先后有 60 多个国家参与战争，人口波及 20 多亿，军民死亡人数高达 7000 多万人。越南战争则历时 14 年，是继第二次世界大战以后持续时间最长、战争程度最激烈的大规模局部战争。还有海湾战争、科索沃战争等数不胜数的战争，若要一一列出，将不胜枚举。这些战争不仅造成了经济财产的损失，更重要的是在战乱中的那些百姓，他们饱受战争的摧残，整日过着提心吊胆的生活，朝不保夕，人心惶惶。战争还使他们流离失所、露宿街头。这些非正义战争的发动是统治阶级对国土、资源等欲望的膨胀，正是由于这一利益的驱使，才使得百姓生活于水深火热之中，造成不可抹去的伤害。

非洲地区长期贫困落后，我认为很大原因是历史上欧洲殖民所造成的。新航路的开辟，不光是让世界连成了一个整体，推动了世界历史向前发展，还形成了一条长期的贩卖黑奴路线，欧洲殖民者在非洲掠夺财富，欺压当地居民，控制着当地的发展，长此以往，非洲的发展停滞不前，远远落后于时代的潮流。甚至于到了 21 世纪的当今，非洲依然战乱不断，难民众多，很多非洲人甚至无法解决温饱问题。

弱肉强食、物竞天择是动物界的生存法则，但作为有思想、有感情的我们，为什么一定要以战争的手段来获取利益？和平相处、友好谈判、互惠共赢就行不通吗？简单粗暴的手段可以快速获利，但是它所造成的破坏是无法估量的，每个人都有生存的权利，不能一味地依照自己的想法随意发动战争，战争一旦开始，将会造成无法挽回的损失。

35

什么是战争？战争的含义是什么？战争是两个个体或整体因利益纠纷产生武力冲突的军事行为。但是有矛盾非得靠暴力解决吗？

有战争就会有流血，有流血也就会有人员的伤亡。所以我坚决反对战争的爆发。孙子也曾说过："亡国不可以复存，死者不可以复生。"（《火攻篇》）从此也可以看出孙子对于战争的态度。

战争会给人们带来很多的伤害，比如造成人员的伤亡和财产上的损失，更为严重的是会给人们的心灵带来创伤。虽然战争也会带来某些有益的方面，我也并不否定战争会推动科技的发展。可是事物都具有双面性，我们要看清楚哪个是主要方面哪个是次要方面，哪个方面决定事物的性质。纵观古今中外大大小小的战争，不管是战胜方还是战败方，他们的结果也都是两败俱伤的。所以战争的弊大于利。

我虽然反对战争，但是我并非反对所有的战争，我反对的是非正义性的战争。但如果我们的民族正遭受其他民族的威胁和挑衅的话，我们也就不可避免地会为了维护自身的权利而进行战斗。正所谓人不犯我我不犯人，人若犯我我必犯人！孙子也在《孙子兵法》中主张："非利不动，非得不用，非危不战。"（《火攻篇》）

战争往往带着血腥、残酷、暴力。它往往使一个国家民不聊生，使无数个家庭支离破碎。它带来了无尽的悲痛，带走的仅仅是胜利者们的那份荣耀，满足了他们的那份虚荣心。说到底战争就是为了争夺一份利益而发动的战斗。难道如果没有那一份利益就会国破家亡，人们就会流离失所吗？可是仅仅是为了那一份利益却造成了多少国家国破家亡，造成多少国家的人们妻离子散呢？那些侵略者是否有想过呢？

所以我们要反对战争，反对流血。更何况当今时代的主题就是和平与发展，我们要顺应时代发展的潮流。

02

哲学课上战争支持与否的辩题，我选择站在支持一方。支持战争，乍一看，是有点吓人，因为支持战争的这个说法太笼统。你觉得我是支持战争的残酷破坏、无情毁灭，无疑会想不通我的立场，甚至会为此感到愤怒；但一旦你清晰地将战争分开来看，很快会承认它给人类社会带来的作用。

任何事物都有两面性，战争亦是如此，没有战争，人类社会不会发展到今天，恐怕早已消亡。我不是鼓吹战争，我不是好战分子，我也同样认同和平与发展的潮流；我明白战争被当作手段，不能成为目的；我也并不是高举战争，觉得应该用它来操控人类社会进步的步伐。我只是不想虚伪，更想客观地评述战争的贡献。毕竟对于战争而言，我们讨厌它却不能够否定它。

孙子强调重战慎战，直言战争的破坏性、不可逆性，战争是关于生存或利益矛盾不可调和的产物，我不提倡主动发动战争，而是支持能担负起生存与利益、能担负起一个大国或者一个群体团队在大格局中的义务与责任、能维护尊严的战争。想必孙子的战争观里也包含着这些东西的思考，才算得上是慎重有备、不枉此战！

42

战争，一听到这个词就让人觉得讨厌、愤怒，因为它代表着杀戮、流血、牺牲。什么是战争？拆开来看它是“战”，是“争”，它代表着骨气、追求、精神。而我也恰恰喜欢上了战争。

人类文明的发展史是一部战争史。纵观中国发展，从秦始皇发动战争，建立秦朝，到楚汉相争刘邦问鼎中原，建立大汉王朝；从孙中山掀起辛亥革命，成立中华民国；到共产党领导抗日战争、解放战争，诞生中华人民共和国……再放眼世界各国，有英国发动光荣革命，建立大不列颠及北爱尔兰王国，造就后来的“日不落”帝国；有美国爆发南北战争，建立美利坚合众国，称霸全球经济……没有哪一个王朝、国家不是靠战争建立起来的。

或许有人认为，在以和平与发展为主题的当代社会下，要拒绝战争。虽然现在战争存在的意义并不像以前那么明显，但并不意味着战争不重要了，人类还没有达到可以拒绝战争的时代，战争是现阶解决冲突最有效、最直接的方案。想和平，就要做好战争的准备，不然，要军队做什么？古语云：“养兵千日，用兵一时。”军队就是为战争而诞生的，它只有两种状态，一是打仗，二是为打仗准备着。

《孙子兵法》，好一部煌煌巨作，它是军事领域的“佼佼者”。孙武他也是“重战”的，他的军事理论思想也早已引起世界各国的军事家的重视。正所谓“乱世出英雄”，也唯有在乱世才能造就惊世骇俗之人。战争对于个人来说也许是家破人亡，但对于国家来说却是获得独立、解放的最重要的手段。所以，战争，是必要的。

47

五霸乱春秋，七雄纷战于战国，社会动荡，百姓流亡天涯。人们都渴望统一，结束战争。可是却没有看到诸子齐出、百家争鸣带来的进步，更没有想到正是秦始皇用战争统一天下，使中国重新统一。纵观古今中外，战争始终存在，存在即合理。

哲学上讲，“生产力决定生产关系，经济基础决定上层建筑”。生产力的发展，使人民物质生产得以提高。物质开始了剩余，利益的冲突为阶级的出现提供了必要的条件。不久国家便有了，国家为了维护利益便要发动战争。由此可看，为我们所讨厌的“一战”“二战”不是由于生产力的发展而出现的吗？生产力的发展是战争出现的主要原因，而战争也有利于生产力的发展。因此，战争的存在是合理的。

战争会不会消失？我的回答是不会的。就中国来说，自春秋以来，道家、儒家都反对战争，论证战争是多么的不对，可是结果怎么样？孔子周游列国失败最后回去教书，战争依然更激烈地进行着。还不如兵家来提出各种战争学说，并结束它们反对的战争。再看如今，各国都说和平和发展是时代的主题，可哪个国家不是时刻加强国防实力和军队战斗力，时刻为未来的战争准备着！

战争的出现是由生产力决定的，而历史中的战争时不时出现着，现在的战争在部分亚非地区进行着，未来的战争更是不可避免。战争存在，就合理！所以，我支持战争！

06

记得前几天看了一则新闻，一个四岁的叙利亚女童误把记者的长焦镜头照相机当成武器，眼神里充满了恐惧，她举起双手投降。记者说一般情况下，孩子见到相机要么跑开，要么捂住脸，要么微笑。可是难民营的孩子流露的是悲伤的情感，那个投降的孩子眼神里充满了恐惧。似乎从人类的诞生开始，战争就一直在持续着，从远古到现代，从冷兵器到热兵器，威力也越来越强。

为什么会有战争，战争的两者都是在为了利益而战斗，不正义的那方是为了抢夺，而正义的那方则是为了守护，这利益归根结蒂是希望加速国家的发展，提升国家的地位。可是这利益仅仅只是为了“国家”这个单纯的字眼吗？只是为了这一空壳吗？其实还包括国家里面的个人的幸福，为了能生活得更好。但战争已经破坏了人们的幸福。战争的过程和目的是互相矛盾的，战争使人们流离失所，痛苦不堪，战争可谓世界上最毒的毒药。

《孙子兵法》第一句话是：“兵者，国之大事也，死生之地，存亡之道，不可不察也。”《孙子兵法》是一部兵书，但它第一句话还是告诉我们要谨慎，战争不是小儿科。第二次世界大战后，美苏冷战，双方已经有了很大的矛盾，为什么不激烈地打一仗呢？因为要避免如“一战”“二战”的情况出现，和平是那时人们的强烈愿望，人们强烈地抵制战争再次出现。设想一下，如果支持战争的观点居多，战争会有多么频繁，而且如今的战争武器随着科技也越来越可怕，战争一旦打响，后果将不堪设想……

23

战争，这个带给人类伤害与悲伤的词汇，在如今也是时常被提起。然而，无论在什么情况下，它都不是一个令人感到开心的词汇。当看到战后的满目疮痍，看到人们被迫远离故土，流离失所，家破人亡，又有谁能够想到战争是否会推动人类的发展。所谓战争的好处，不过是一些没有遭到伤害的人的谈资罢了，真正遭受过伤害的人是不会有那样的心情与精力去对战争侃侃而谈的。战争的伤害不仅表现在肉体的伤害，精神上的伤害也是不可忽视的。战争后遗症是战士们的噩梦，他们无法忘记战争的残酷。科技的发展可以通过其他手段实现，而不必要通过战争来实现，我们说，当一切都无可避免地发生前，我们希望能够采取其他手段来阻止。

革命先辈的牺牲是值得祭奠的，否则不会在每逢清明都有人去祭奠烈士，但我们衷心希望烈士碑不再增加，因为每刻上一个名字，就代表一个家庭的破碎。

16

战争是什么？《辞海》中解释：战争是为政治目的而进行的武装斗争，战争的根源是秩序的严重失衡。是的，人类社会充满矛盾、利益的纠纷让战争无处不在。人类历史几乎就是一部战争史，但和平主义者往往只看到了战争的不利，他们认为战争让我们的世界满目疮痍，必须坚决反对战争才能换来和平！

毛泽东说过，战争转化为和平，和平转化为战争，和平是战争的反面，没有打仗哪来的“和平”二字，战争只是特殊形式的政治，但政治也是一种战争！所以，只有通过战争，和平才能到来。

法国巴斯卡说：“正义没有武力是无能，武力没有正义是暴政。”是的，落后就要挨打，假如没有战争，我们或许还处在半殖民半封建社会，不然，凭几个丧权辱国的条约就能换来中国永世和平了吗？假如侵华时，我们没有奋起反抗，那死伤的人远远不止几千万，损失的财产不仅仅是几千亿，而是一个国家啊！

战争的确带来了无法避免的伤害，但是利益也不少，不是吗？比如，科技的发展、医学的进步、文化的交流等等好处，战争带来的益处或许还远远不止这些。或许有人会说，没有战争，这些我们同样能做到。但是他们却忽略了人类的惰性，假如过习惯了那种安逸自然的生活，必然会变得不思进取。优胜劣汰、适者生存，存的不仅仅是强者，还有那颗一直向上一直跳动的心。

孙子说：“兵者，国之大事，死生之地，存亡之道，不可不察也。”是的 ，战争是如此重要，所以，请想要和平的我们，支持战争吧！

41

战争是人类的万恶之源，给人类带来了太多的悲剧：无数人员伤亡，广大人民流离失所，无家可归，生产遭到破坏，社会停滞……在春秋战国时期，墨子就提出了“非攻”的思想，告诉了我们战争的伤害。孙武也说：“亡国不可以复存，死者不可以复生。故明君慎之，良将警之，此安国全军之道。”尽管战争有正义与非正义之分，但战争带来的伤害是不可避免的，而且战争的最终目的是消灭战争。当今世界的主题是和平与发展，面对这样的趋势，战争已经背离潮流，它非但不能凝聚人心，反而遭到世界广大人民的唾弃。

从另外一个方面来说，战争只是一种手段，为了维护社会和平稳定，我们还可以寻求更温和的方式达到目的，如：协商，而不是暴力解决。“不战而屈人之兵，善之善者也。”（《谋攻篇》）也就是说，不用发动战争而采取谋略赢得胜利，才是全胜。所以我反对战争，但我们不怕战争。因为人民不需要战争，他们需要和平。而当我们面对外敌的侵略，我们会勇敢地接受战争，捍卫国家的和平。

07

《孙子兵法》是我国古代一部光辉的军事著作，并且受到国际上的重视和赞扬。这本书的作者孙武是一个很看重战争的人，他那些富国强兵思想和对战争的看法，是完全符合当时新兴地主阶级的要求的，在当时具有一定的进步意义。

然而现在的社会是个讲文明的社会，“战争”已经是个野蛮落后的代名词。战争会带来很大的危害，比如毁坏家园，生灵涂炭，给人民心理毁灭性的打击；战争也会使人口减少，造成人口比例严重失调。日本对中国投降时，它的国内男子已所剩无几。还有战争对经济的破坏是最大的。“二战”后，除了美国，世界其他国家的经济直接倒退几十年。战争会使资源浪费，环境破坏，从而打破大自然的生态平衡。

从战争的危害性来看，战争是不可取的。所以我们要反对战争，争取用和平的方式解决问题，才能创造美好的社会。

10

战争对于我们来说并不是一个可以随意挂在嘴边的名词。它的每次到来带给我们的总是无尽的悲伤与无奈，生命诚可贵，一场战争的进行不可避免就会带来伤害。

在我看来，它只不过就是一种手段，即使用再冠冕堂皇的话语来解释，也无法掩盖它暴力凶残的本质。我们不得不承认这种手段很直接，很有威慑力，但这背后所带来的伤害不仅仅是物质上的，精神上的伤害有时比肉体更让人痛苦。

《孙子兵法》虽然在战争方面给予了我们很多指导，但孙子并不能区分正义与非正义战争，他不懂得暴力的双重作用，更不懂得革命暴力的深刻意义，人民是战争的主体，但也是作为战争主体的人民受到了伤害。战争可以推动经济、科技的发展，但在以和平发展为主题的当今时代，我们同样也可以通过自己的努力，凭借聪明才智来实现这些。手段之所以被称为手段，就说明它不只是有一种选择。我们要全面地看待问题，不激进、不冒险，以平和有力的手段来接解决问题，暴力并不是最理想的，我并不支持战争，因其暴力的本质所带来的破坏性是不可忽视的。

31

为何要战争？是有什么理由，是有什么资本，是有什么权力，让你说你赞同战争。我总觉得我们是接受过和平教育，我们是过了幸福安定日子的人。我们的前辈用他们的血肉，用他们的不屈，换来我们今天的和平。面对这块他们所牺牲创造的土地，我们没有资格去发动战争。

对，战争是唤醒了沉睡的中国人，残忍的西方猛兽用他们的炮眼血淋淋地轰醒中国人，即使我们落后，即使我们不思进取，可是，他们就该侵略吗？落后就要挨打，可是不是战争就能促发展，那么一落后就要发展，那世界还有那么多落后的国家，我们就该对他们发动战争，就该去侵略，以促使他们发展吗？台湾长久不能统一，那么打！可是你考虑过底下群众的感受吗？你活够了，别人的生命才刚刚开始，有什么资格去侵犯别人的生命，你说着大话打打打，打了就回来了，那是不需要你出手，上前线的是那些年轻的士兵，不是你，你有想过他们的亲人吗？你有想过也许里面正有你的朋友呢？

当今世界已经成为以科技为核心的综合国力的竞争时代，科技的力量已经融入国家发展的方方面面，别人或许不用战争就能将你打败。不要再口口声声喊着要战争，不要在战争还没发动就已经被打败了，而且是没有损耗敌人一点力气。

30

战争是一种特殊的社会历史现象，是人类社会集团之间为了一定的政治、经济目的而进行的武装斗争。战争自从出现以来就给人类带来了深重的灾难，给人民的生命和财产造成了重大损失。20 世纪以后，随着技术的发展，战争所需要的人力越来越少，但它带来的危害却越来越严重。

有人支持战争，因为美国是靠战争富强起来的，它成为发达国家，而中国还只是个发展中国家。用这个论据来支持自己的论点，觉得战争是应该的，这真是十分的滑稽。

首先，美国虽然是靠两次世界大战发展起来的，但重视科技的发展所起到的作用也是不容小觑的。同时两次世界大战并没有发生在美国本土上。

如果你支持战争，你能确保战争不会发生在你的祖国上吗？如果你支持战争，你能为那些经历战乱的无辜的人承担痛苦吗？如果你支持战争，日本侵华犯下的种种罪行在千千万万中国人心中至今无法释怀。

其次，评价发达国家与发展中国家的标准看的是人均 GDP 与社会发展水平。我十分欣赏一个回答，发达国家与发展中国家对中国来说只是一个时间问题。要达到发达国家这一目标，手段断然不是战争。

当今社会，和平与发展是世界两大主题，早在两千多年前，孙子就告诉世人对待战争要慎重。战争永远是残酷的。再完美的战争也有它致命的缺陷。诸多的战争带来诸多的噩梦，所以我坚定我的立场，反对战争，爱好和平。

49

“义武奋勇，跳梁者，虽强必戮。”战士手中的锋刃，不是用来杀戮，而是为了保护生命中最为宝贵的东西。自古而来，人类的文明进程之中，战争不可避免，作为一种手段，我们需要，然而却不应滥用。相持千年，历史一次又一次地告诉我们，那些以侵略，以欺凌弱小为目的，视生命如草芥而发动的战争必定会失败，被世人永远唾弃。因为正义与公平或许会迟到，却绝不会旷课！

然而总会有人不懂，不懂得生命的平等与和平的宝贵；不懂得微小的并不是没有力量；不懂得低微的同样拥有尊严。因为不懂，七十多年前的现在，日本发动了侵华战争；因为不懂，六十年前的现在，他们输掉了一切。

战士手中的锋刃不是用来杀戮，而是为了寻找幸福和平。中华五千年的历史告诉我们，我们厌恶战争，却绝不惧怕，我们不愿有战争，却绝不逃避战争。正是因为我们懂得战争只是手段，懂得战士的锋刃不是用来杀戮，是为了保护生命中最珍贵的东西。所以我们得以长存。确实所谓的四大古国文明之中，只有饱经沧桑却历久弥新的中国做到了。虽然有过变化，虽然有过抵触，但我们的文明和民族主体一直在延续。几千年来，无论历经什么样的困难，深陷什么样的绝境，遇见什么样的强敌，从来没有什么能真正征服我们，真正征服我们这个有着无数劣根性却同样有着无数先进性的民族。历时千年，从来如此！因为我们懂得，懂得什么是战争，何时要用战争！

握紧我们手中的锋刃，明白何时应该挥出，明白挥出的意义；亦应知晓收回，知道收回的分寸！张弛有度，方可永立世间！

18

我们无法预见第三次世界大战带来的后果，但我们无法忘记我们从书中了解到的第一次和第二次世界大战带来的后果和付出的惨痛代价。奥斯维辛集中营、南京大屠杀，无辜的平民，他们手无寸铁，就这样被剥夺了生存的权利，他们宣扬人生而平等，满嘴的仁爱，可是却充当了刽子手，视人命如草芥，我们还有什么理由不去反对战争。美苏争霸，也就是所谓的冷战时期，为什么双方谁也不敢轻易发动战争，只是展开军备竞赛，经济上的互相封锁，因为他们都知道战争会带来怎样的后果。

和平与发展是当今时代的主题，我们倡导走和平发展的道路来实现伟大的中国梦。尽管国际环境相对稳定，我们是爱好和平的国家，是不会挑起地区的争端和矛盾的，但是一些大国别有用心怂恿周边的国家来挑起与我们的领土争端，我们秉承着人不犯我、我不犯人，人若犯我、我必犯人的原则，坚守国家利益，加强我们的军队建设，使我们的部队成为一支能打仗、打胜仗的钢铁劲旅。

爱好和平是我们的优良传统，但是在危急关头，我们也会毫不犹豫地捍卫我们的民族尊严，和平年代里，我们更要居安思危，不能忘记战争带来的惨痛教训，守护来之不易的幸福生活。

48

人类需要战争，战争带来发展，没有战争就不会有发展。就拿美国来说，无论在“一战”还是“二战”中，都是凭借发战争财而不断壮大，以致今日问鼎世界。期间，由于战争需求，许多人们投入生产，就业机会得以提升，科学得到发展，特别是应官方需要，现代战争科技以及其他科技迅速发展。所谓支持不战求和妥协的人们，就如晚清封建统治那样，只会让侵略方更加嚣张。正如孙武所言：“兵者，国之大事，死生之地，存亡之道。”如果敌人已经威胁到我们国家和民族的危亡，你还能不战吗？还有的人说支持正义的战争而不支持非正义的战争，然而我想说的是，从来就是胜利方才是正义的，历史将由胜利方书写，假若“二战”败了，那么我们将被告知日本发动战争是正义的。战争还包括有硝烟和无硝烟的战争，如科技主动权之战和宇宙探索开发之战，你能甘居人后，受制于人？

再看如今，世界范围内的局部战争依旧在持续，它们有的是为了民族独立而战，有的是为了发展利益而战，有的则是为了宗教以及其他而战。就全球趋势而言，我们能不用战争树立我们的威严，难道还让豆粒之国对我等虎视眈眈，甚至还要他们拿出实际行动，我们还是柔弱地坚持非战？我想说，要战便战，战出属于自己发展的一片天空！

21

在一次课堂上，我们班就是否支持战争这个问题展开了激烈的辩论。作为正方的我们坚决拥护自己的立场，我们是支持正义的战争的。

首先，战争是什么？去百度里查了对于战争这个词的解释：战争是政治集团之间、民族（部落）之间、国家（联盟）之间的矛盾最高的斗争表现形式，是解决纠纷的一种最高、最暴力的手段，通常也是最快捷最有效果的解决办法，也可以解释为使用暴力手段对秩序的破坏与维护、崩溃与重建。是的，假如没有战争秦朝何来六国统一？孙中山领导的辛亥革命何以推翻统治中国两千多年的封建社会？何来“乱世出英雄”这句话？此外，战争还推动科学技术的发展。核技术的发展，原子弹、核电站，甚至中国的四大发明中火药、指南针的发明，也是战争所推动的。

最后不得不说，人类着实没有强大到可以不需要通过战争而真正拒绝战争的境界。

19

关于战争，不同的人有不同的观点，有人说它促进科技发展使人类更加文明，也有人却说它破坏了经济给人类带来了灾难。

我是支持后者的，老子曾说：“师之所处，荆棘生焉。大军之处，必有凶年。”富兰克林也说：“从来就不存在好的战争，也不存在坏的和平。”而海塞也说：“不为战争和毁灭效劳，而为和平与谅解服务。”

的确，战争可能会促进人类的文明与进步使得科技更加发达，可是我们是否想过又有多少科技人员死于战争，又有多少文明毁于战争。作为“原子弹之父”的奥本海默在得知原子弹用于战争时他是有多么的懊悔。战争给我们带来的灾难是我们无法想象的，它给社会环境、生态环境带来了致命的打击，如果继续战争，总有一天人类会因为战争而无立足之地。

作为高等动物的我们，与人相处时应该学会妥协，让步，理解别人，约束自己，相互包容，要相信战争不是解决争端的唯一手段和途径。

29

孙武曾说：“兵者，国之大事，死生之地，存亡之道，不可不察也。”（《计篇》）“亡国不可以复存，死者不可以复生。”（《火攻篇》）很明显，孙武是不主张战争的，但是并不是说一味地躲避。战争是能够带动科技的发展，但是难道没有战争就不会发展了吗？再者，科技在进步，同时战争手段就丰富了，那么带来的破坏就越大了。战争是一种集体和有组织地互相使用暴力的行为，是敌对双方为了达到一定的政治、经济、领土的完整性等目的而进行的武装战斗。由于触发战争的往往是政治家而非军人，因此战争亦被视为政治和外交的极端手段。战争是一种手段而不是目的。俗话说，弱肉强食，凭什么！弱者就一定会被强者挤掉吗？如果真是这样，那现在的生物系统还能正常运转吗？弱者一点点地减少，最后只剩下所谓的强者，请问这些强者怎么存活！什么丛林法则，这都是借口。有人说战争是为了稳定社会，是为了让世界更加和平，比如秦始皇统一六国。那么为什么秦朝只经历了两代就灭亡了呢？所以，战争是不被支持的！

22

在当今以和平和发展为主题的新时代，人们都渴望和平、幸福的日子，所以我反对战争。

战争是什么？战争是用文明来消灭文明。历史已经告诉我们，一旦发动战争，后果不堪设想。首先，战争使百姓流离失所、无家可归，承受失去亲人的痛苦；其次，战争会毁灭文明，如八国联军侵华战争，圆明园被烧，一些伟大的文物被毁，从此销声匿迹；再次，战争会导致经济落后，如“二战”给世界一些国家造成巨大的损失；最后，战争会给后人留下心理阴影，不利于青少年的身心健康。近几十年，我国没有战争，经济迅速发展，过上了总体小康的生活。

我反对战争，并不是对挑起战争者一味懦弱、退让，而是认同孙武对战争的态度“非利不动，非得不用，非危不战”。战争不是我愿意看到的，但如果有的国家蓄意挑起战争，危害我国利益，我还是支持迎战。

当代社会要避免战争，提高国家的实力很重要，如果国家军事实力够强，那就没有哪个国家敢轻易挑起战争事端，世界自然和平。当然最重要的是各国要相互尊重，为了世界和平与发展，让世间远离硝烟。

20

战争，是集体、有组织地互相使用暴力。在我眼中，它是残酷的代名词。每一场战争，必定有一方是非正义的，这也决定了战争必有其非正义性。

“主不可以怒而兴师，将不可以愠而致战。”（《孙子兵法》）希特勒推行其种族歧视，多少血流成河。日本为满足其侵略野心，创造了多少起类似南京大屠杀的惨案。诸如此类，还有很多很多。每一场战争背后是多少妻离子散，是多少家破人亡。

我不否认战争带来了科技的进步，但是，没有战争，社会发展步伐就停滞不前了吗？如果每一场战争的结果都是毁灭性的灾害，都是眼睁睁地看着亲人、同胞慢慢地离我们而去，那我宁愿选择脚踏实地的发展。发展不是以毁灭为代价的，也不该是以毁灭为代价的。不维护人权，你又怎能希望人民来维护主权，又怎能希望他们发展？

当今时代的主题是和平与发展，为了生存，我们必须遵循时代潮流。放飞和平鸽，让心中的橄榄枝常绿，让地球上的每一个角落不再有硝烟的弥漫。

24

战争是一种特殊的社会历史现象，是人类社会政治、经济发展不平衡的产物。战争自出现以来就给人类带来了深重的灾难，使人民的生命和财产造成重大损失。特别是随着现代科学技术的进步，战争手段不断丰富，战争对人类造成的破坏愈加巨大。尤其是给环境造成威胁，给名胜古迹造成破坏。那些导弹、原子弹、氢弹都会发出放射性元素，破坏环境，导弹爆炸后的气体还会污染大气，进而威胁到人类的身体健康。战争的最后受伤害者的始终是人类自己，因此我向大家呼吁：世界不要战争，世界需要和平！

战争的起因不管是正义的还是不正义的，其结果对人类都是无益的。劳民伤财不说，对人类的长远发展也是不利的。况且随着经济全球化、政治一体化进程的加快，一国的不稳定可能引发一国甚至多国的战争，最后殃及全世界。这样的局面任何人都不想看到。总而言之，战争于人类的总体发展无益。

孙子曰："兵者，国之大事。死生之地，存亡之所，不可不察也。"战争意味着毁灭，战争的惨状人所共知，不到万不得已不可轻易发动战争。只有和平才有安宁快乐的生活，才有社会的繁荣发展，才有文明的进步，和平是永恒的主题。

25

孙武是一位站在新兴地主阶级立场上的军事家，主张富国强兵，看重战争，但反对轻率用兵，同时也主张在战争前充分考察和估计用兵的利害，这也可以理解为孙武的"战与不战"：看重战争，但不盲目战争，权衡利弊，按照当时实际情况来决定。

孙武这些富国强兵思想和对战争的看法，是完全符合当时新兴地主阶级实行兼并战争、称霸诸侯的要求的，在当时具有一定的进步意义。而在现在这个追求和平与发展的时代，我们应尽量避免战争，究竟是战，还是不战，我们都得经过深思熟虑再做决定，这也就是孙武思想中所谓的"慎战"。毕竟是文明的时代，暴力不是解决问题的唯一途径。在可以和平解决的前提下，可以大事化小，小事化了，这何乐而不为呢？但追求和平并不意味着忍让，人有底线，国家的尊严和利益不容侵犯。人不犯我，我不犯人，人若犯我，我必犯人，这时候战争是必要的。

战与不战，依情况而定，但在不得已的情况下发动战争，也希望将伤害降到最低，毕竟世界上的人们还是希望和平安宁的生活。

44

在人类的历史进程中，战争的阴影一直挥之不去，有人认为人类的历史就是一部战争史。而20世纪的两次世界大战更是对人类社会产生了巨大的影响。“二战”结束至今，世界地区冲突不断，小规模的战争仍时有发生。一提起战争许多人立刻会想到废墟、疾病、炮火、尸体，甚至屠杀。但战争其实也有它的好处。

战争将消灭掉腐朽、落后的文明。拥有先进文明的国家和拥有落后文明的国家发生战争，先进的文明必将冲击落后的文明，战争将会使两者之间的差距呈现出来，迫使落后的国家做出改变。比如近代西方国家对亚洲各国的压迫，亚洲各国屈服于西方国家的坚船利炮，渐渐吸收了西方的先进文明。

战争促进人类科技的发展。几乎每次的科技革命都和战争有关。“二战”时，科学家在国家的支持下研制武器，帮助国家掌握战争的主动权。战后，闲置的技术被进一步开发，用于各个方面。计算机、火箭航天技术、核技术都是战争的产物。

战争有时可以快速解决国际争端。一些国际争端往往拖上几十年都不能解决，比如国家间的领土争端。这些争端会在一定程度上影响两国的发展，还可能引发军备竞赛。而战争可以一次性解决问题，虽然代价大，但比起长时间的冲突、消耗，可能更好。

17

兵家孙子认为，不战而屈人之兵才是上策。战争，从来都是杀伤力最强的政治手段。没有人愿意生活在战火连天的环境中，没有人愿意流离失所，没有人想和家人在天堂团聚。战争的起因是直接或间接的掠夺。如果生存发展的权利只能用武力解决，那么人类文明很有可能会走向灭亡。到这时，才去考虑战争或许是不必要的，已经来不及了。

1688年，英国议会请来威廉迫使詹姆士二世下台，英王的权力随之被架空，资产阶级也得到了他们想要的利益。这是一场没有流血的宫廷政变，所以被称为“光荣革命”。实行资本主义制度是历史的必然，在国家命运的转折点上，双方妥协是最好的过渡方式。法国大革命从开始的双方血流成河，到最后的宪法修订，是民主派和保皇派的妥协，最终法国共和政体被确立下来。妥协不是屈服，而是双方为了进一步的发展相互留出空间。有空隙，才有生存的可能。

矛盾激化容易让人失去理智，退一步，会看到更多更远。稳妥地协商，才能更彻底地解决问题。毕竟润物细无声。

26

只要有战争，就会有伤亡。人的生命只有一次，对于战争这种视人命如蝼蚁的运动，本身就带有违背人性的特征，作为人类的我们应该坚决反对。

有人一味地以丛林法则来替战争辩护，殊不知人类作为一种高级动物发挥自己的主观能动性可以改变好多丛林规则，要想改变丛林法则，又不是不可为之。在我国社会主义社会中，就是以改革代替阶级斗争来调节社会不同层次间的关系，在邓小平时期实行改革开放促进中国飞速发展。这不都证明了战争不是解决所谓的社会矛盾、促进社会发展的唯一途径吗?换言之，我们战争是为了什么，就是利益吧，既然别的途径可以满足，那战争也就可以搁置一边了，不是吗? 为了所谓的整体利益或者国家利益，人们将战争分为正义与非正义。那么何为正义呢? 正义，不过是因为一些国家发动的侵略战争，导致被侵略国家奋起反抗，发起战争，从被侵略国家局部来看人们将其定义为正义战争，可是所谓的正义之源又是什么? 还是那邪恶的战争，试想如果一开始就杜绝源起战争的产生，那怎么会出现战争的正义与否呢? 战争其实就是某个团体为了自己的利益制造某些理由对另一个团体发动的侵略他人利益导致人民大量伤亡的活动，说到底就是贪婪的产物。

战争注定是伤亡，愿和平永存。

28

众所周知，古往今来每个朝代更替都免不了战争杀戮。可以说我们中国历史的发展伴随着战争，比如赤壁之战、金田村起义、鸦片战争、抗日战争等 。

其中，对我们影响最深的是抗日战争。日本侵略者踏进我们的领土，烧杀抢掠，无恶不作。“九·一八”事变后，不甘做亡国奴的各阶层爱国人民以各种形式同侵略者展开了不屈不挠的斗争。从1937年7月日本发动全面侵华战争以后，随着北平、天津、上海、南京、武汉、广州等大城市的相继沦陷，中国关内的主要工业中心和农业发达地区均被日军占领。日本帝国主义八年侵略战争，导致中国930余座城市被占领，直接经济损失达620亿美元，间接损失5000亿美元。这让中国人民的生命和财产遭受严重损失，而且也让中国的工业化道路、现代化进程被大大地延误。所以，我们应该主张和平交往，互利共存，珍爱生命，远离战争。

32

战争，是为了信仰或主权而战，是为了争夺领土，是为了我方的经济、政治等的完整性。总之，笼统一点来说，战争就是统治者为了捍卫自己一方的利益而发动的具有组织性的暴力行为。没有人天生就是喜欢暴力的，就是喜欢战争的。我们都向往和平，向往美好。当然，当和平需要战争来维持，当美好只有暴力能体现，我本人也是不反对暴力手段的。

其实，我还是十分赞成孙子所说的：“不战而屈人之兵，善之善者也。”不费一兵一卒就能让敌方拜服。战争也是一把双刃剑，它既保卫了国家不被侵略，又维持着一段和平。在古代，战争就是强者与强者之间的对决，赢了也就是强者的天下；然而，战争消耗国家巨大的人力、物力、财力，若一个国家由于战争而伤了根基，那受苦的只是人民。所以，我希望维护和平，但不惧怕战争。

34

说到战争，人们往往都很反感，都十分痛恨战争。的确，这不是一个好词语，战争带给人类的痛苦是无法想象的。

战争是由超过一个团体或组织，由于共同关心的权利或利益问题，在正常的非暴力手段不能够达成和解或平衡的状况下，而展开的具有一定规模的以一方或几方的主动或被动丧失暴力能力为结束标志的活动。在这一活动中精神活动以及物质的消耗或生产共同存在（科学释义）。中国就是在无数次丧失暴力能力后，外国列强把中国的土地瓜分殆尽。中国近代那一段时间是中国屈辱的历史。由于战争使中国动荡不安，人民流离失所，人们反对战争，渴望和平的呼声越来越大。

孙武认为，战争是关系到国家存亡和人民生死的大事："兵者，国之大事，生死之地，存亡之道，不可不察也。"（《计篇》）而"亡国不可以复存，死者不可以复生"（《火攻篇》）。所以就算要战争也该重视，而不是随便应付。中国就是太高看了自己的实力，才被列强轻易打败。

所以我们要反对战争，高举和平的旗帜。让世界处在和谐的状态。

09

没用的人撒泼，没钱的人抢劫。

这是社会的共识，可是，现在的有的知识分子居然都在说战争如何如何好。

日本动漫《萤火》小女孩和哥哥受战争影响相依为命，他们幼小身体变成尸体的故事给人印象难道不够深？战争的尸横遍野人心扭曲人人皆知，只是有些人被阴谋家蒙蔽叫嚣战争，认为可以用别人的生命做代价去获取利益。

有人说战争是资源的优化整合，难道除了战争就没有别的方式吗？历时80多年的法国大革命，打得真是跌宕起伏，痛痛快快，究竟有什么好处呢？最后还不是选择雅尔塔体系，协商解决问题。

但是本人提倡在被侵略时，应当机立断，快刀斩乱麻，绝不给对方先机。我和毛主席一样提倡用枪杆子牢牢把握住话语权。

元朝战斗力再强，抢来的东西还是要还给人家的，这不？百年溃亡！

36

众所周知，近代许多西方大国的崛起，除了伴随着工业革命，还夹杂着许多鲜血和奴役。为了实现强国梦，他们通过战争使别国沦为他们的殖民地、原料产地和商品市场。将别国的人民当作他们的奴隶并且残忍杀害。不得不说这是罪恶的行为。

强国不是发动战争的借口，我们要撕毁那些伪善者的面具。

一个真正为国家、为百姓着想的领导人，他是不会轻易发动破坏和平的战争的。因为他深知战争对人民的伤害有多大。战争中，百姓流离失所，居无所安，还要面对亲人离去的痛苦，这对过去的中国人来说感同身受。“山河破碎风飘絮，身世浮沉雨打萍”也不过如此呀。再来，就拿近代中国的抗日战争来说，不管是作为战胜国还是作为战败国，都是两败俱伤。可以说，如果一个国家发动一次重大的战争，那么它的国力至少倒退五十年。由此可见，战争的危害有多大！

古今中外，大多数战争都是非正义的，大多成为统治者满足自己权势和欲望的工具。打着共荣的旗号，实际上是为了统治和奴役他国。

今天的中国，唯有在和平的国内外环境下，才能更好地走向世界、发展自己，实现伟大中国梦，造福世界人民。

和平与发展是当今时代的主题，我们每个人都应该以实现和平为最终目的。连《孙子兵法》也有云：是故百战百胜，非善之善也；不战而屈人之兵，善之善者也。这是兵法的最高境界。使我最为感动的，是电视剧《雪豹》中主人公说的一句话：“我们之所以投笔从戎，不是为了要成为军人，而是为了和平。”

38

战争与和平是一个永恒的话题。这个话题紧紧维系着人类的生存和发展。那么，到底是要战争，还是选择和平呢？这个就要根据时代发展的实际需要来回答。当年中国被沦为半殖民地半封建社会，丧权辱国时，我们大呼和平是绝对没有用的。这个时候只有举国团结，奋勇战斗，才能为国家争取解放。敢战方能言和，落后就要挨打。面对强者的欺凌，唯有比他更加强大，用实力对抗，才能够换来和平的相处。战争必然是残酷的、血腥的。但人类的进步，有时就是需要暴力的对抗手段才能够推动！不符合社会历史发展规律的封建王朝统治的旧社会不正是通过辛亥革命的暴力革命推翻的吗？有人说过，世界战争史就是一部人类社会发展史。

但是，战争是残酷的。血流成河的场面，家破人亡、流离失所的惨相必然不是我们愿意看到的，战争带来了改变，但也会令人类文明遭到沉重的打击。爱因斯坦曾预言：“我不知道第三次世界大战如何打，但是我却知道第四次将如何打：用棍棒和石头。”这句话已然说明战争对人类文明带来的毁灭性打击。所以，要慎战。“非利不动，非得不用，非危不战。”（《孙子兵法》）我们现在要选择和平，捍卫和平，在能够和平解决问题时决不动用武力。但和平的维护需要绝对的实力。在维护和平的同时，要使国家富强，令强者忌惮，才不会轻易发生战争，才能够维持长久的和平。和平也是战争的最终目的，所以，人类要生存和发展，就要走和平的发展道路。

39

上课时候进行了一场辩论赛，主题是“是否支持战争”，我思考了很久，选择了支持战争，即使我有个国防生哥哥，但我仍然不反对战争。我认为战争是推动人类文明进步的最有效的方法，几乎每一次的科技革命都和战争有关系。战争推动了人类科技文明的发展，计算机、核技术、火箭航天技术这些现在人类最伟大的科技都是第二次世界大战的产物。战争是一种手段，而和平是目的，目前只有通过战争才能达到和平的目的。清朝时期，为了和平，不采取战争，所以我们与外来侵略者签订了各种丧权辱国的不平等条约，也正是因为鸦片战争给中国人敲响了警钟，必须剔除当时的落后腐朽的文化，战争促进了思想的进步。不支持战争就是支持暴政和奴隶制，正是因为美国发动了独立战争，所以美国现在成为超级大国，不然奴隶制会一直伴随着美国。

正是因为哥伦布发现了新大陆，所以美洲的文化经济政治逐步发展。正是因为有抗日战争、辛亥革命等战争才有了现在中国人的觉醒以及中国现在的发达。弱肉强食，丛林法则，优胜劣汰，这个世界只有强者才能生存下去，大鱼吃小鱼小鱼吃虾米这个道理谁都懂。钓鱼岛事件难道还不够警醒众人吗？中国一味地退让的结果是什么？只得到了日本的得寸进尺步步紧逼。对于日本这种不讲道理的国家，只有以暴制暴，只有通过暴力的手段，也就是战争才能使得他们心服口服。俗话说得好：“乱世出英雄。”

若没有战争，又怎么会出现孙中山、毛泽东等英雄人物呢？邓小平曾经说过："主权问题是不能够进行谈判的。"那该怎么办呢，只能通过战争这个手段，通过战争来捍卫我国的领土主权。别人反对战争的原因无非就是觉得牺牲太多，甚至说若是发生在我们身上，我们还会不会依旧如此支持战争？可是舍不得孩子套不着狼，做什么事情都是会有牺牲的，若是发生在我们身上我一定会选择舍小家为大家。所以我支持战争，因为我知道战争的最终目的就是和平，若想和平一定要通过战争这个手段！

03

战争看似充满杀戮，但其永远生存在一个"温室"里，人类就永远无法进步，弱者需要被同情，但不能永远被同情，一个国家要想壮大，不一定要靠战争，但改革是必要的。在改革的过程中，弱者必定要被遗忘，妥协也必定存在。

当我们面对日本法西斯侵略时，我们放下手中的武器，在他们面前呼吁所谓的和平有用吗？在那样的局势下，没有战争，我们也就只有投降了，真的要放弃自己的国家吗？我只想说："我们不好战，可是同样也不惧战。"有时候正义的战争也是必要的。

不可否认，战争的确给人类带来了血腥杀戮，但是战争却促进了人类的改革与进步，两次世界大战不仅完全改变了世界格局，而且关键是世界殖民体系得以瓦解。这是人类历史上极其巨大的进步，也是20世纪最伟大的变化。这些难道不是战争带来的进步吗？不要永远在自己建造的安逸小屋里待着，偶尔也要出来看看外面突变的世界。无愧于战争，无愧于历史。

15

白鸽，宁静而美好，和平的象征。当今时代的主题是和平与发展，但是，世界和平，还是没有如我们所愿啊！

孙子兵法，顾名思义，都是关于战争的。众所周知，维护统治不单单需要条条律令，所谓的最后的手段，就是强制性的军事力量。就关于支持战争与否，同学们都各抒己见：战争是淘汰落后文明的手段，促进科技的发展；战争是强大的证明……诸如此类的说法。战争的爆发无疑是百害利少，发动战争就是对生命的不珍惜，科技可以通过别的方式来促进，文明需要融合而不是通过战争来全盘否定。

我反对战争，但并不是说等着挨揍。习总书记在一次会议中说道："中国是沉睡的雄狮，现在，这头狮子已经醒来了，但是，它是一头爱好和平的狮子。"这句话言外之意就是：人不犯我，我不犯人。正当的防卫战争是正义的。我们呼吁和平，不要战争！

04

"战争"这个词语对于现在的我们来说太过遥远，我们过惯了幸福安逸的生活，如果忽然被通知要参与到战争中去，所有人肯定都会觉得难以置信。因为现在社会发展的主题是和平与发展，战争不再属于这个和平与发展的时代。以前的人们不知道战争的危害性，所以都通过武力来达到自己的目的。

但是现在人们认清了战争，它虽然会促进一些国家积极改进自己的国家武器，以应对他国的侵略，但是战争给人们带来的伤害终究是弊大于利。纵观历史，"一战""二战"是世界性战争，虽然美国在"二战"中通过向参战国出售军备武器发了一笔横财，但是全世界人民都遭受苦难；美国独立战争是国内战争，但给美国南北人民带来的灾难却不容忽视，其毁灭性打击可以从《飘》一书中体会到……这一系列类似的战争数不胜数。在看完这一系列的战争带来的危害后，你还会提倡战争吗？

战争是粗暴野蛮的行为，与这个和谐文明的社会不相符，我们所需要的是和平，我相信这也是全世界人民所期望的。

05

什么是战争？我觉得它代表着血腥和屠杀；代表着家破人亡，民不聊生；代表着双方为达到自身目的而采取的一种非常手段。它本身就带有侵略性和掠夺性。当然，我不否认它有促进技术革新、推动社会进步的一面，但其带给人类更多的是伤害和残忍。

那么，战争都有哪些危害呢？我就随便说几个吧，战争会给人民的生命和财产造成巨大损失；战争会影响生态环境；战争会破坏人类家园和文明，给人的心灵造成巨大的损伤。其实危害远不于此。而我印象中最深刻的一场战争是南京大屠杀。那一个个鲜活的生命被他人给残忍的杀害，那痛苦的哀号无人问津，那平静的城市变成了血流成河的战场。这样的战争数不胜数，当你看到这些因战争而流离失所，因战争而失去生命，因战争而凌乱不堪的场景时，还会主张战争，还会希望战争吗？不会。正是因为这共同的心声，才会让和平与发展成为时代的主题。

孙子说过：不战而屈人之兵，善之善者也。这说明战争只是矛盾双方无法调和而采用的一个手段，是下下策，而和平才是最终的目的。然而，现在世界上战争的硝烟还没有停息，实现和平仍需要每个人的努力！

08

“铸剑为犁”是自1960年来竖立在联合国大厦至今的一尊青铜雕塑，一个健壮的青年人右手拿锤，左手握一把正要改铸成犁的剑，这尊雕塑代表了世界人民渴望远离战争，得到和平的愿望。这难道不是我们反对战争的表现吗？

最近一张巴勒斯坦记者拍摄的照片在网络上引起了广泛关注，照片中的女孩把摄像师手中的相机当做了武器，当摄像师将镜头对准她时，她立刻举起了自己的双手。这难道还不能表明战争给我们带来的毁灭性的伤害吗?!

我们反对战争，我们坚决反对战争。正如以兵法流芳百世的孙武所说：“非利不动，非得不用，非危不战”，战争只是在无计可施的极端情况下采取的“杀敌一千，自伤八百”的极端手段。当可以采用其他和平方式去解决争端矛盾时，我们为什么还要战争呢？

的确，世界上还是有战争存在，但是我们要看到，那只是局部的战乱，就大局而言，当今世界是和平稳定的，符合了我们时代发展的两大主题——和平与发展。

有人说战争推动了科技的进步，我并不否认在战争期间出现了许许多多的科技发明，但是这只是在研究杀伤力更为强大的武器时衍生而来的。他们并不是为社会进步、科技发展而研究，而是为杀伤力强大、战争胜利而研究。正如一个矛盾，有其主要方面和次要方面，我们不能只看到那个次要方面而忽略了主要方面。所谓捡了芝麻丢了西瓜。

甚至有人支持战争，认为当今社会就是丛林法则，优胜劣汰。对于这种弱者淘汰论，我表示很难理解。人与动物最大的区别就是人有人性，而现在有些企业宣传的“狼性”令人很无语。人与人之间不仅仅有利益关系，还有情感的牵绊。当我们失去为他人着想、和谐相处的思想时还与靠本能行动的动物又有何区别呢？对于美洲，有人认为是外来的殖民者给他们带来了先进的西方技术和先进的文明。我想说，确实，当年中国被外国强行开放的通商口岸比其他地方的发展都快了一步，这难道就代表我们要感谢那些年侵略中国的列强吗?！这难道就代表我们遗忘了战争给我们的伤痛吗?！我想答案是否定的，我们经历过战争，所以我们才懂得如今和平的可贵。

孙武看重战争，但他却反对轻率的用兵，主张“非危不战”；我们如今关注战争，加强国防，但是我们依然反对战争，主张和平。

总有一天，剑会被铸造成犁，枪口会插上鲜花，这是我们的美好心愿。

11

关于战争，生于和平年代的我们无法体会其中的痛苦，最直观的感受就是从新闻中获取。那些硝烟，那些倒塌的房屋还有当地人民绝望的眼神，总是在脑海中挥之不去。战争给人民带来的痛苦不言而喻。

但是，很多人认为当今世界亦是需要用战争来解决争端，但我却持反对态度。战争是一种手段，是一种建立在百姓的痛苦之上的手段，即使达到了预期的目的，解决了争端，人民受到的伤害是无法计量的！

《孙子兵法》中有“慎战”的主张：“主不可怒而兴师，将不可愠而致战。合与利而动，不合于利而止。怒可以复喜，愠可以复悦。亡国不可以复存，死者不可以复生。故明君慎之，良将警之。此安国全军之道也。”孙子认为，领导者的个人素质是很重要的，不能过于情绪化，情绪是可控的，面对外敌时冷静思考、沉着应对，才能使国家不亡、生者不死。百姓安居乐业是所有国家领导人的追求，而战争只会让百姓处于无限的恐惧和痛苦之中！和平与发展是当今社会的两大主题，我也坚信硝烟会散去，和平会永驻！

45

战争是一种集体和组织互相使用暴力、虐袭的行为，是敌对双方为了达到一定的政治、经济、领土的完整性等目的而进行的武装战斗。战争之危害小到死人，大到灭国，甚至灭族；战争之范围小到敌对的两个集团或组织，某个区域，大到世界大战。战争引起暴力四起，血流成河，生灵涂炭。难道我们应该支持战争吗？

孙武说：“‘不战而屈人之兵’，‘兵不顿而利可全’。”孙子《谋攻篇》即以谋智巧取敌人的战乱思想，达到战而不战，从根本的出发点来看，孙武是反对战争的。

战争是人民的灾难，我们应该牢记历史，不忘过去，珍惜和平，避免大的冲突与流血的出现，同战争分手，与和平结缘。还记得南京大屠杀吗？那些手无寸铁的老百姓在机枪的扫射下成片倒下；那些妇女强行被日本军士所蹂躏，所糟蹋；那些天真烂漫的小孩被抛尸活埋。他们本应该有和谐安定的生活，这些妇女本应该陪在丈夫身边养儿教子，这些孩子本应该在学校里接受良好的教育；本应该在温馨的家里，本应该在父母温暖的怀抱里。然而，这场战争摧毁了无数人的梦想与希望，破灭了，一切都破灭了。当你面对向井敏明和野田毅两个杀人狂时，你的心能不寒吗？当你面对两个杀人狂举起沾满中华儿女鲜血的长刀时，你的心能不恐惧吗？当你面对两个杀人狂正要杀你时，你的心能镇定吗？战争的发动必然会导致人的死亡。生命只有一次，请珍爱生命，视生命如草芥者，禽兽不如！

看到1970年联邦德国总理勃兰特访问波兰，跪倒在华沙犹太人殉难者纪念碑前，为在纳粹德国侵略期间被杀害的死难者默哀的场景；看到在奥斯威辛集中营，上百万犹太人被德国法西斯杀害横尸遍野；看到南京大屠杀那30多万同胞被杀害，你的心不颤动吗？你还要发动战争吗？还要支持战争吗？你还有人性吗？

战争的日子是炮火连天的，丧失人命，丧失亲人，丧失家园。历史上的战争：第一次世界大战、第二次世界大战、越南战争、海湾战争、两伊战争……你还嫌不够吗？

真不知道你支持战争是怎么想的，现在人普遍都倡导和平，你竟说要支持战争，你这是违背潮流，逆天而行，是要遭到报应的。

战火和死亡践踏着公理和正义，和平是发展的前提和基础，只有在和平的环境里才能获得发展。中国需要发展，需要复兴，需要实现中国梦，那么就需要和平。放飞心中的白鸽，同战争分手，与和平结缘！

12

战争，自人类出现以来就一直没有停止过。无论是正义的抑或是非正义的战争，它给我们带来的是无穷无尽的灾难与痛苦。当那些冷兵器或热兵器相交时，剩下的就只有废墟与尸体了。所以我反对战争，正如孙子所言：“非利不动，非得不用，非危不战。”

有人说战争的目的是为了维护和平，那么难道只有这种方式能维护和平吗？况且，它带来和平的同时也带给了我们无尽的苦难与悲痛。其过程又是那么的残酷，伴随着淋漓的鲜血与苦涩的泪水。有人说战争能促进科技的发展，民族的融合，文化的交流，试问我们难道一定要靠战争促进科技的发展吗？我们不能拿着放大镜去看战争带来的微利。英法联军侵华，在硝烟与烽火中，圆明园被破坏殆尽，战争破坏了灿烂的文明。自鸦片战争后，中国开始沦为半殖民地半封建社会，丧失了主权独立。日本侵华战争，数不尽的中华同胞死在他们的尖刀和枪炮之下，中国被称为“东亚病夫”，难道这就是所谓的民族融合吗？有人说战争带来了重生，那么经历了五次中东战争、两伊战争、科索沃战争等战争后的中东为什么还是没能崛起呢？有些大国为了自身的利益而发动战争，造成中东地区长期的动荡与落后，带给当地居民无尽的痛苦，他们无家可归，流离失所，骨肉分离，生活在水生火热之中，战争使该地区经济严重滞后。

当今社会虽然和平是主流，但是局部地区还是战乱不断，让我们把枪口插满鲜花，让和平鸽衔着橄榄枝自由自在地翱翔于天空吧！

13

战争是一种集体和组织互相使用暴力、虐袭的行为，是敌对双方为了达到一定的政治、经济、领土的完整性等目的而进行的武装战斗。

我是反对战争的，战争有时候并不能解决一些实际上的问题，反而会激化一些矛盾，造成没有必要的牺牲，牺牲的是我们平时赖以生存的家园，一个个鲜活的生命，这些都是无辜的。《孙子兵法》里面也蕴含了一些道理，其中就有包括面对战争我们要理性，不能过于情绪化，不能因为小事或者君主当时的冲动而发动战争。因为情绪是可以恢复的，而亡国和失去的生命是再也不能恢复的。所以战争在我看来是不得已的行径，不要以任何不正当的借口发动战争，因为战争带来的弊端远远大于它所带来的利益。战争的爆发可能会对我们的赖以生存的地球造成致命的伤害，那么战争有何意义，为何还要战争？

因而我反对战争，战争并不利于社会的发展。并不是所有的社会弊端都要通过战争来解决，总有更好的办法，为何要选择那么极端带有破坏力的方式呢？远离战争，热爱和平。

第六章　领悟墨家思想的智慧与侠义精神

自称“贱人”的墨子长期生活在社会底层，曾学“儒者之业，受孔子之术”，但反对儒家礼乐之教，痛恨当时的兼并战争。他聚徒讲学，创立自己的思想体系，提出尚贤、尚同、兼爱、非攻、薄葬、节用等十大主张。这些主张横空出世，充满理想主义的人性光辉，犹如一道道彩虹划过历史长空，耀眼一时，却始终难以照亮人类社会的漫漫长夜，抵挡不住人类文明进程中的血雨腥风。个中原因，值得深思。

墨家贵义尚利，主张兴天下之利，实现义利合一，这与近代西方功利主义者主张的实现“最大多数人的最大的幸福”观念相似。站在下层劳动者的立场上，墨子希望天下所有人都能在平等的基础上相亲相爱，没有尔虞我诈的欺骗，也没有你死我活的战争，统治者通过尚贤任能的方式治理社会，一统天下。这是一种单纯从道德动机出发来理解现实政治，解决社会问题的致思方向。

对社会历史的认识基于经验主义的基础之上，墨子创立了著名的“三表法”，第一次提出了检验认识的标准问题。虽然他提出的标准是“圣人之事”与“百姓耳目之实”，还不能脱离经验本身，但他已经关注做事情的动机是公还是私，也看重做事情的效果是好还是坏。事实上，圣人治天下的经验与百姓耳目之实本身的真实性与可靠性，尚有待于接受检验。理论不能脱离实际，必须与时俱进，在实践、认识、再实践的不断反复中接近真理。

墨子建立了一个具有侠士精神的民间组织，培训出一大批具有侠肝义胆的草根英雄。即使如墨家思想的反对者孟子也不得不感叹墨家的侠义精神：“摩顶放踵，利天下为之。”重承诺、讲义气、轻生死的侠士精神，由此出现在中华民族的传统文化里，扎根在每一个中国人的精神世界中。金庸先生的长篇小说之所以能感动许多人，就是因为小说中刻画了一个又一个具有侠骨柔情的英雄。但从法律的角度说，惩恶扬善须按法令行止。任侠往往只注重实体正义，不遵循程序正义，容易造成私权力侵害公权力的危害。当今社会如何在法律范围内弘扬见义勇为的精神？值得反思。

02

追古溯今，侠客行为总能惩恶扬善。尽管这样的势单力薄多多少少带着悲怆、凄凉，但不用怀疑的是，侠的存在为充斥着矛盾却表面平静的社会撕开一道大口子，释放的除了鲜血般惨痛的代价还有愤怒得以发泄的痛快。

传统意义上的“侠”难免带着小家子气，体现意气之争，小事上便可窥探出内在风骨：喜争强好胜、好勇斗狠；而“侠之至上”是不怎么外露的为“公”之心，能体察他人的痛苦，是用心思量后的大作为，不莽撞、顾大局。

我就欣赏金庸笔下乔峰这样的侠客。天龙八部里的“乔峰”，可谓“侠之大者”。侠气万丈、武功高强、面容俊朗，这自然不用我多言，难得的是他心里装得下大局。我为什么会欣赏他，乔峰面对时局，一边是汉人一边又是契丹人，不去说他是哪个民族，一个制止了血腥战争的人难道不该得到他人的尊敬吗？在血雨腥风的江湖，像他这样忠心、能赢得众人尊敬、拥有把一方和平装在心中的人实在难得。谁说乔峰的死不值得，他这一死愣是让他跃出书本、电视，留在我们心间。我想着这大概就是“侠之大者”的魅力，能泛出历史的大洪流，闪亮亮地悬挂在人心中。

11

墨家与“侠”有着很密切的联系，墨家最先提出了完整的“任”侠观念和理论主张：重承诺，讲义气，轻生死。墨家极力倡导“义”，墨家的弟子也都以“为义”为他们自己的毕生使命，由此可见，墨家的侠骨并不单单停留在理论上，而是付诸实践，他们用“侠”的骨气来展示自己的思想主张。

而我要说的不仅仅是墨家的侠骨，更是其中的柔情，“止楚攻宋”体现的是墨子的侠骨，虽有危险但依旧前去劝阻，这其中其实也反映了墨子的柔情。他主张“非攻”，就是他柔情的体现，不愿意看见国家出现战乱是不愿意处于社会底层的农民小生产者承担繁重的徭役赋税，是不愿意底层人民被无辜杀害，是不愿意统治者肆意妄为，是不愿意社会动乱！侠骨下的柔情是更令人钦佩的。

在当今社会，依然需要我们推崇这样的侠骨柔情！

47

春秋时期，百家共争鸣。自称“贱人”的墨翟以“兼爱”为中心思想创立了独特的墨家思想理论体系，由“兼爱”而发，论“非攻”“尚贤”“尚同”“节用”“节葬”“非命”“非乐”“天志”“明鬼”。以上墨家的知识是以前自己所知道的，而自从在大学重新学墨家以来，认识到墨家还有一个影响深远的方面是值得探讨那便是“墨侠”。

中国自制的动画片《秦时明月》，自小跟随豪侠剑客盖聂的主人公荆天明，如杂草般顽强生存于时代变革的乱世之中，面对强暴的政权、险恶的敌人，勇敢地与侠士们进行反抗，经历了一段不俗的遭遇，经历磨难，最终成为一位影响天下的侠者，于动荡乱世间绽放光华的江湖儿女的侠骨柔情充分地解释了“墨侠”的含义。“摩顶放踵，利天下为之”，“其言必信，其行必果，已诺必诚，不爱其躯，赴士之厄困”。身为侠者，应兼怀天下，重承诺、讲义气、轻生死，其侠义精神流传后世，影响至深。金庸先生的长篇小说之所以能感动许多人，就是因为小说中刻画了一个又一个具有侠骨柔情的英雄，这就是其最好的例子。

但是，在讲法治的当今社会中，我们却面临着“墨侠”是否还需要的问题？从法律的角度来看，惩恶扬善需按法令行止。任侠往往只注重实体正义，不遵循程序正义，容易造成私权力侵害公权力的危害。由这点来看，我们也许会觉得应该抛弃侠义精神，可如果人们渐渐没有了侠义情怀，生活在道德本很缺失的社会中的我们，在听到“小悦悦事件”与“跌倒老人不敢扶”时，是否还会有感觉？是否还会站在道德角度给以批评？

儒家有言曰，“内圣外王”。说圣人既能在内心致力于心灵的修养，又能在社会中好似君王。为了解决墨家的侠义精神与如今法律的冲突，我认为可以借鉴儒家的“内圣外王”来对墨家侠义精神批判继承，强调“内侠外法”，用一颗“侠”的心，来运用法律。这样可以做到法律与墨家的侠义精神互相补充，互相促进，由此，我想我们的社会会更好！

23

郭靖是金庸笔下唯一一个天分平平却取得世人敬仰的角色，其他角色如杨过等，无一不是天赋卓绝，“侠”之大者。杨过、陈家洛、黄蓉、小龙女，这一个个角色，在其人物性格中，均具有其“邪”的一面，他们离经叛道，充满了对世俗伦理道德的反叛。然而郭靖其人，生性单纯，重孝义，在“射雕三部曲”中均有重要的作用，他是一个所谓的模范性的人物，最后因死守襄阳城而死。他的一生够得上“鞠躬尽瘁，死而后已”这八个字，在他的身上，你找到的只是优点。

郭靖师从江南七怪，妻黄蓉，子郭破虏，女郭芙、郭襄。其中除了郭襄，一家均在抗击金人的战争中死去。郭襄为峨嵋派开山祖师，他的家庭，一生都献给了祖国，他的一生足以书写出一段荡气回肠的故事。他年少成名，又有佳人相伴，最后慷慨赴死，他的一生在金庸笔下跌宕起伏，最后却是一个悲剧的结尾，这强烈的反差足以使我们震动。为什么呢？我们很容易想到当时的背景——金人大举入侵，似乎在这样的背景下，无论有多少豪杰横空出世，君不见杨过归隐古墓，郭靖战死沙场，纵使个个天纵奇才，也都无力回天？

06

春秋战国时期出现墨家学派，他们被后人称为“墨侠”，“兴天下之利，除天下之害”是他们处事的价值标准，春秋时期有墨侠，那如今的社会应该有怎样的侠呢？

这时的侠更加要有一颗义气的心，在快节奏的社会里人们难免会有

“事不关己高高挂起”的想法，如果是个侠就应该有“路见不平一声吼”的勇气；这时的侠应该也是理智的，“义气”不是“意气”，行义时也要有一杆秤在心中，考虑要做的这件事是否在自己的能力范围之内，也要考虑它是否在法律允许的范围之内，在这个时代，在法治国家中，超过了它，就是对社会有害的。

现代社会的侠不仅仅是人物，也可以代表一种精神，激励社会的精神。社会还是热情的，脸庞虽然冰冷，但掩藏在底下是一颗热情的心。而我们社会也应该在法律内支持“侠”。如今社会里有多少人是因为法律的缺失而不敢去成“侠”，害怕扶了老人会被讹上、害怕举报违法事物会被报复，或许这社会冷淡，缺少侠的原因不只从个人身上去找，还要从社会这个大方面去寻找，而我们也要多多支持正义的行为。

27

“天子杀殉，众者数百，寡者数十，将军大夫杀殉，众者数十，寡者数人，处丧之法，将奈何哉！”（《节葬下》）这是对当时存在的杀殉的残酷行为进行的最直接的揭露和控诉。墨子从功利主义出发，主张“节葬”，他认为当时流行的厚葬久丧，使已生产出来的财富被埋葬，使本能够从事生产的人长期不能参加生产活动，这对国家和人民十分不利。“圣人为一国，一国可倍也，大令为政天下，天下可倍也。”（《节用》）墨子认为，为政者应该增加生产，使物质财富成倍增长，并不需要扩张领土，只要尽量开发本国的资源，又厉行节约，去掉不必要的开支，就可以国强民富。

在土地资源匮乏的今天，全国各线城市不仅有炒房热，墓地的价格也是居高不下，墨子的节葬节用制度也有适用的一面。环保人士更是提出海葬这一做法，将骨灰撒在江海之中，此举值得推崇，想必未来也会越来越普遍。

对于墨子“节用”的主张我是不赞同的，此举削弱了百姓的消费能力，降低了当时的生活水平，影响再生产。经济繁荣的今天，将投资、消费、出口视为拉动经济的“三驾马车”，若是断了一条腿又能跑多远呢？

43

墨子提倡兼爱。兼即仁矣，义矣。墨子所说的仁、义是利人的。他觉得人与人之间应该是相互爱护，要做到兼爱，做有利于人的事。这就跟我们现在提倡的八荣八耻中的以损人利己为耻、以见利忘义为耻相同。墨子的兼爱是无等差的，有民本思想。

墨子讲究非攻，但不是笼统的反对一切战争。他说的是反对侵略战争，反暴乱，但正义的起义是可以的。中国提倡和谐世界，主张维护世界和平。反对霸权主义，强权政治。同时我们中国也支持联合国出兵去打击地区的恐怖主义分子。

墨子还尚贤，提倡“官无常贵，而民无终贱，有能则举之，无能则下之”。也跟我们现在提倡任人唯贤一样。人人平等。能者上，庸者下。

墨子思想对当代仍然有借鉴意义，我们应该多读史书。

30

孔子与墨子都是古代著名的思想家，教育家。他们所创立的儒家学派和墨家学派对后世都产生了重要的影响。对于两个人，后人也是褒贬不一。还有许多人会对两者的思想进行一番比较，例如：

对于义利观，孔子主张重义轻利，墨子则主张贵义尚利，义利统一。墨子还主张“兼相爱，交相利”。墨子的爱是无差别的，是一视同仁的，它要求你爱父母亲人和爱陌生人是一样的。而孔子的爱是有差别的。墨子将兼爱也称为仁义。孔子虽然也说仁是爱人，却不承认“小人”具有仁的德性。墨子在实质上是与孔子克己复礼为仁的思想针锋相对的。

墨子的思想中还有“尚贤”这一观点，认为应该完全根据是否贤德来选择统治人才，直接反对孔子所维护的贵族等级制度中的世袭统治特权。

墨子崇尚节俭，主张“节葬”，“节用”，“非乐”。虽然这些观点是从功利主义的角度出发，实际上也是墨子与孔子在政治上的斗争。

两人的观点还有许多有差异甚至针锋相对的地方。有人支持孔子，有人认同墨子。其实哪有什么绝对的对与错、好与坏，只不过是代表的利益阶级不同罢了。

07

墨子是墨家的创始人，是中国历史上唯一一个农民出身的哲学家。在春秋战国时期，墨家有“非儒即墨”之称，在先秦时墨家也被称为“显学”，由此可以看出墨家的影响。儒家的主要思想是“仁爱”，与墨家的思想核心“兼相爱”有异曲同工之处。但是相比于儒家提倡的有差别的仁爱，我更欣赏墨家的兼爱。

所谓兼爱，包含平等与博爱的意思。墨子要求君臣、父子、兄弟都要在平等的基础上相互友爱，这种爱是以人格平等为前提的无差别的爱，是有原则、有目的的爱，而不是乱爱。儒家的仁爱是分三六九等的，体现了儒家是为统治阶级服务的，并且维护奴隶制制度。然而墨家的兼爱是从小生产者的角度出发，切实为了农民的利益。

我认为，当今社会上，官员应该继承墨家的“兼相爱”思想，多为人民着想，踏踏实实地为人民服务，更好地建设社会。

10

墨家贵利尚义，主张义利统一。墨家侠义思想更是提出了“重承诺，讲义气，轻生死”的理论主张。墨家极力倡导“义”，墨家弟子更是以担负道义为自己毕生的使命，所行之事必先“利天下”。

金庸笔下的郭靖更是墨家贵利尚义的典范。不论是其蒙古避难之时的一颗赤子之心蒙可汗赏识，还是历经磨难成长为一代大侠的天下为先，都彰显着墨家的侠义之风。固守襄阳到最后一刻，为民族大义舍己为人，“言必行，行必果”，舍小家为大家，战死沙场，马革裹尸。这侠义之行的背后是满腔的爱国热血，我们为其民族大义的英勇之行而落泪，他们终其一生坚持“兴天下之利，除天下之害”，可歌可叹……

墨家一代巨子，以兴天下之利为毕生追求，培养无数墨家侠义之子。他们行侠仗义，游走于各国之中，为天下黎民百姓谋求平等与安定，连孟子都不得不感叹："摩顶放踵，利天下为之。"

21

每每提起金庸小说，一大群小说里的侠义之士便涌入脑海。有人喜欢痴情种杨过；有人爱慕志气少年令狐冲；有人钟情于俊秀霸气的乔峰；而我偏爱人们口中优柔寡断的无为少年张无忌。

喜欢张无忌这个人物，不是他那不现实的俊朗外表；不是他温柔似水的暖男形象；也不是他难以匹敌的武功；而是他刚中带柔的侠义精神与性格。人们评论张无忌时总爱说他优柔寡断，没有男人该有的果断，总是在困难面前踯躅，行事犹豫。我却不这么认为，他并不是不够果断，他需要考虑各个方面的利与弊，三思而后行。这恰是许多侠义之士所缺少的。那些所谓果断坚定的大侠，所谓替天行道，在他们那个时代，或许是难能可贵的品质，而在这个法律至上的现代社会，杀人便是犯罪。张无忌身负杀父之仇，但是他没有用杀戮的方式报仇，而是给予宽容。是的，冤冤相报何时了。

当今时代，我们所提倡的侠义精神，就该是建立在法律的基础之上，在不违反法律的情况下行侠仗义。

32

墨翟即墨子，是春秋战国时期著名的思想家、教育家、军事家以及科学家，墨子的思想主要有：兼爱、非攻、尚贤、尚同、节用、节葬等。然而，在众多的思想中，"兼爱"才是墨子的思想核心。"兼爱"也被称为仁、义。在墨子看来，"兼爱"是以"交相利"为基础的，也是以"交相利"为具体内容的。因为只有"有力者疾以助人，有财者勉以分人，有道者劝以教人"（《尚贤下》），才能真正实现兼爱的原则。

所谓"兼爱"就是不分贵贱、不分等级的大爱，是一种爱人如爱己的博爱 。这与儒家的"亲亲有术，尊贤有等"相反，即孔子认为爱人有亲疏厚薄之分。春秋战国时期，诸侯争战，时代动荡，在政治混乱中，墨子认为最大的弊病就是战争，从而从“兼爱”的思想中引申出“非攻”。兼爱是一种古老的博爱思想，符合当今的和平发展的主题。

22

墨子曰：“爱人者，人必从而爱之，利人者，人必从而利之。”（《兼爱中》）墨子的兼爱思想代表小生产者的利益，具有进步意义。所谓“兼爱”是以人格平等为前提的无等差的爱，是有原则、目的的爱，而不是乱爱。兼爱思想发展到西方就是“博爱”，兼爱在当代依然存在现实意义。

在与人交往中，如果能做到兼爱，那么生活中一定能够与人融洽相处，社会定能和谐。如果能做到兼爱，还会出现小悦悦事件吗？如果有爱，那个撞人的司机一定能够停下车来救救受伤的小悦悦，就不会导致其抢救无效死亡了，一条活生生的生命就这样与世界无缘了。如果能做到兼爱，就不会出现老人跌倒无人敢扶了……

只有社会总体的素质提高了，才会有更多的人能够理性地帮助他人，形成和谐的社会。社会的法律法规也有待完善，让社会有更多的人敢伸出双手帮助他人。让我们把兼爱的合理性传承下去，共创和谐中国。

29

我个人是比较喜欢墨子的，他的思想虽然比较理想化，但是每一个思想都是贴近现实，都是很好的做人准则，比如“节葬”。节葬，顾名思义，就是葬礼要节约。墨子生活的那个年代，家中有人去世，他的葬礼一定办得很隆重，在墨子眼中这是铺张浪费。“孔某盛荣修饰以蛊世，弦歌鼓舞以聚徒，繁登降之礼以示仪，务趋翔之节以观众。”（《非儒》）说孔子提倡礼乐，是为了讲究排场，宣扬周礼。人去世后，后人会在其棺木中放入陪葬品，放的东西越是珍贵就说明这人身份越高贵。除了陪葬品还要守孝，守孝期间不能参加生产活动，这减少了社会财富的生产。这对整个社会都是不利的。除了这些，皇帝去世了还需要人陪葬，这种杀殉行为是非常没有人道的，是非常残酷的。所以，节葬是好的思想。但不是说节葬就是不让办酒席、不让守孝，酒席可以办，只是不要浪费；守孝可以守，只是不要太墨守成规。说不让干什么就不干什么，该办的事还是要办，不能活活饿死吧。节葬在现代其实还没有完全实施，现在办丧礼还是比较铺张的，就是买块墓地都买不起，希望在不久的将来海葬会成为主流。

31

学习完孔子再学习墨子，我始终还是这样的想法，我没有不赞同墨子的某一种思想，也没有极力想去倡导他的某一种思想，每一种思想都有它存在的时代合理性，所以，我们能做的是按照这个时代的情况去借鉴前人的思想。

“兼爱非攻”可以说超越了孔子一直强调的具有等级差别的爱，同时也表达了对百姓的怜悯。统治者为争夺利益满足个人私欲而随意发动战争，无论胜负，总有战败的一方，胜利就罢了，输了那么承担后果的就是这些无知顺从的百姓。当代，仍有处在水深火热的战争的人民，我真的想说，各国真的要慎战！

墨子一再主张选举贤者为官吏，选举贤者为天子国君，视尚贤为政事之本，反对天子用骨肉之亲，期望用贤者要不拘出身，这“官无常贵，民无终贱”的主张，我十分为之动容。因为这是社会一直存在的问题，即使历朝历代会有所改变，比如隋朝的科举很大程度上为身份地位卑微但德才兼备的贤者开辟了一条道路。但是放眼于现今，“官二代，富二代”的现象层出不穷。社会各种的机会总是不能彻底摆脱一些背景，但是社会也从来不会否认努力。我们要创造自己的生活，要靠自己。

时代应该用一种正确的意识形态去改造一个社会，我们一直在追随马克思那样高尚的思想，力图去追求社会的最高目标——共产主义。然而社会在发展的时候，人们的传统美德应该相辅相成，“节用节葬”应该让我们反思我们的行为。在不断发展前进的时候，我们应当适当停下来思考，我们是不是正在走一条错路。走错了，那么就重新再走。

40

墨子是我国古代著名的思想家，其学派称之为墨家，其思想有“兼爱、非攻、尚贤”等。其中“兼爱”是墨家思想的核心内容之一，《兼爱中》说道：“视人之国若视其国，视人之家若视其家，视人之身若视其身。”只有把别人的国家当作自己的，把别人的家庭当作自己的，把别人的身体也当作自己的，方可真正实现“兼相爱”。墨家主张兼爱平等，所以墨家锄强扶弱，趋人之急，为弱者打抱不平。从一段历史便可看出：当时，国力强盛的楚国想要攻打弱小的宋国之时，墨子不辞辛劳，救人于危难之中，马不停蹄、日夜兼程地赶到楚国劝说楚王放弃攻打宋国的念头。因而，墨子被世人称为“侠义之士”，其思想观念对后世的侠客、侠者产生了深远影响。

在众多武侠小说人物中可以看出，侠肝义胆的义士们都拥有着和墨子主张相同的“兼爱”思想。救人于危难之中、劫贫济富、除暴安良等一系列行为无一不彰显着侠客们的“义”之豪情。金庸笔下塑造的郭靖、杨过、张无忌等人物形象，为后人所敬仰敬佩，其原因在于人物的真性情、真豪爽的人格魅力。在武林中主张正义，主持着整个武林大局，正气凛然、傲立于世。所以，十几岁的男生看过武侠小说后，便无法自拔，痴迷于此。如阿里巴巴的马云，儿时酷爱金庸小说，总希望着成为小说中的人物，成为一个劫富济贫、锄强扶弱的大侠。以至于马云成立阿里巴巴时，便把武侠文化融入企业文化中，公司里每个人都有一个武侠人物称呼，同时，在马云办公室里，也挂有一幅金庸提笔的字画。马云在商业经营中最看重的便是“信”，他认为商人最可贵的是诚信、信用，只有诚信经营，才称得上对得起消费者，企业也才能长存于商界。他的这种理念，是深受墨家思想影响的。

墨家重义，尊重自己的人生理想和思想学说，不求外在的物质利益，他们永远追求着“兼相爱、交相利”的理念，给后世留下了深刻的影响。

09

我渴望的英雄是箪衣陋食于清贫间慷慨陈词，真正为百姓说话的人物。我认为这是侠客。

如今物质生活充盈，更加需要这样的人物。前段时间，几个穷书生去南昌，高昂的物价令人侧目，城市仿佛不属于我们。置于熙熙攘攘之间，最让我们印象深刻的是人潮里抽搐的乞讨者，拥挤如逃难的公交车；更让人失望的是城市温情的不再，到处是显少交谈的都市过客：或夹公文包，或持果品，卖萌拍照，我突然有一种疯子般的想法：都市越来越缺少心与心的温情，而最可怕的是那礼貌，城市难道多是礼貌的方程式唤醒我们善良的存在。我渴望那一种温情，是那种黄沙中的墨者粗衣放踵于他国城民困顿之时不顾个人安危，溺战于侵略者，终于力挽狂澜。

是的，我喜欢墨家，短短兼相爱三个字实在让人醉之甚矣，如果家庭兼相爱，则家庭和睦，共同生产，不止经济会变好，孩子在这种环境中心智也能够发育良好。现代社会，有一种商场如现场的怪异局面，企业之间你争我夺，打价格战，导致全部都有不同程度的亏损。

墨家提倡“非攻”，这一点常人初看来颇为有意思，首先，墨家是个带有军事色彩的组织，但是后来我才知道它虽然打造军事工程以及训练军事人才但是它参与的战争正义性毋庸置疑，可是在那个时代，兼并是主流啊！国家不侵略他人如何壮大自己，墨家给我们的指示简直是和今日处理台湾问题非常相像，他主张给小国以恩惠，也许他主观上只是立足于收复民心，但是客观上还可以构建依附关系，这也是两岸统一的关键。

墨家是真正的人民公仆，道家避世自保，连高高庙堂的儒家还说穷则独善其身，只有墨家以天下为己任，名著《墨家的智慧》里说墨家的教育是一种为天下大义的活动。他主张非攻、节葬、兼爱。这些东西到现代又焕发出新的生机。

48

曾在诸侯纷争、百家争鸣乃至今日为人称颂的两大显学之一的墨家，主要有如下的基本思想。

兼爱。提倡完全平等的爱，与儒家的亲亲相反，希望将父慈子孝、兄友弟恭等接人待物方式，拓展至其他陌生人。这与西方倡导博爱相似，也是美好的理想，却难以在当今社会实现。毕竟，我们不可能将历史倒退，回归原始的生产生活状态。

非攻。反对侵略战争。只要是战争，就会伤人伤财，它只是一种破坏社会的行为。

尚贤。主张贤君治国，不分贵贱，唯才是举。这对我们当今提高行政效率有积极作用，还是精英治国的必要发展之路。

尚同。上下一心为人民服务，为社会兴利除弊。百姓听从并响应中央的号召，为此集中力量搞建设。

天志。掌握与尊重自然规律。当然不只是君主要做的，应该所有人都坚持这一信条，才不会受到自然的惩罚。

明鬼。尊重前人的智慧和经验。希望人们做好事。

非命。主张通过自己的奋斗来掌控命运，所以人们要去奋斗，去改变或走上自己的命运之路。

非乐。摆脱等级的礼乐束缚，反对形式化音乐的浪费。当然音乐现在只是人们自娱自乐的一种方式而已。

节用。节约的价值理念是可以减少不必要的资源浪费，可以用来从事社会生产。

节葬。不要把资源浪费在死者身上。像土地与财富等。

墨者还分为三种：墨侠、墨客、墨匠。墨侠为武者，有日，月，星三种。一为以攻代守，二为以守代攻，三为攻守兼资。墨客就是写手，善于写鬼怪玄幻，墨者与儒家为敌。墨匠则是科技的集大成者，最早的科学家。

41

子墨子曰："万事莫贵于义。"他也曾说，利即"国家之富，人民之众，行政之治"（《尚贤上》）。那到底是义更重要呢？还是利更重要呢？

古往今来，有的人见利忘义，也有的人舍利取义。见利忘义者没有一个真正的朋友，有的只是酒肉朋友。而舍利取义者，众人爱之，家人以他为荣。当然，我们也不能排除舍利取义给我们带来的不好的一面。在残酷的社会现实面前，我们无法无利而活。更严重的是，没有利，社会缺失了竞争力（即活力），人们没有了高昂的奋斗力，从而也就没有了进步的前景。面对义与利，我们到底该如何选择呢？

墨家的义利观告诉我们：贵义尚利，义利统一。摩顶放踵利天下而为之。追名逐利本没有错，它终究要的是一个度。过分的追名逐利带来的弊大于利。无论何时，作为一个公民，我们都要记得：仁人之事也，必务求兴天下之利，除天下之害（《兼爱中》）。千万不要因利失义，也不要因过分的抛弃利而出现义和利都没有的困境。我们要在以义为贵的同时崇尚利益。

24

墨子是墨家学派的创始人，该学派和儒家在战国时期被称为“世之显学”。他提出的“兼爱”“非攻”“尚贤”“尚同”“节用”“节葬”“非命”“非乐”“天志”“明鬼”十大思想主张中，“兼爱”是其核心思想，其他九项主张都是以“兼爱”思想为基础的深化和拓展。“兼爱”的基本含义是视人如己，不分亲疏远近，贫贱富贵，同等程度地爱一切人；所以“兼爱”便是相互无等差的一种普遍的爱。正如《墨子》中所说的“譬之日月，见照天下之无私也”。这种普遍的爱要求人们相互地、平等地去爱。

墨子认为“兼相爱，交相利”是治理国家、稳定天下的良方。只有这种无等差的博爱，全然无私的爱，才能实现理想的和谐世界，改变社会混乱和动荡的现象。但是，由于历史原因，墨子的“兼爱”思想并没有被当时的统治者所接纳。然而在当今世界，墨子的“兼相爱，交相利”的思想在市场经济日益完善的今天，对人际关系的和谐、家庭的和睦、国家的安定有序、社会的繁荣昌盛都有一定的积极意义，对构建今天的和谐社会仍具有一定的现实意义。与此同时，在日益全球化的今天，各国优秀文化的融合不可避免的出现各种冲突，而墨子的“兼爱”思想在调和各国文化之间相互学习、相互借鉴起到了不可忽视的作用，使得充满爱的

“和谐世界”的构建有了实现的可能。

25

何者为侠？侠之大者，为国为民；侠之小者，为友为邻。重承诺，讲义气，为侠的诠释。何者为法？当基本道德已经失效时，法是用来规范人们行为，或者说在一定范围内让人们的情感富有理智。侠是情感，是道德的表现；法是理智，是公平。当情感碰上理智，两者应如何相处呢？

“扶不扶”问题也考验两者的关系。老人摔倒在地，出于道德，人们都会伸出援助之手，而当老人摔倒在地的行为变质了，只为敲诈欺骗，利用人们的道德心、同情心而做出如此道德败坏的事情，人们的“侠”又该何去何从呢？出于道德，人们会给予帮助，但又担心这是一个骗局。这时法就应该出来主持公道了。法律够强，执行力度够强，法律意识够强，或许就不会出现所谓的“骗局”。法与“侠”两者相互作用时，当用德无法解决时，法就应该及时出来主持，这是法与侠的相处之道。

42

“侠”，在武侠小说里经常出现，其实，在现实生活中，与孔孟的“仁”、老庄的“道”一样，墨家的“侠”对现世也具有重要的指导意义。

在泯乱现实与祈求和平的意愿中，有一种精神诉求，那就是墨家的“侠”。侠是一种情怀，它不像儒家、道家那样躲起来参仁悟道，墨家的侠是逍遥的。古代，多少侠义之士为社会正义仗剑走天涯，在金庸的小说里，就反映了当时社会对侠客行侠仗义的怀想。这些侠客都是“胸中存正义，腹内有乾坤”，他们重情义，轻生死，为了维护正义，路见不平，拔刀相助。

正所谓“侠之大者，为国为民”。行侠仗义，在古代，有多少人去义无反顾地追求；放眼当代社会，又有多少人能够做到？又有多少人是为了一己私利去行侠仗义？我们的社会需要侠义，需要把侠文化融入传统文化中去，让社会充满正义。

28

墨子，名翟，鲁国人，墨家学派创始人。墨子认为，人民不但要求生存和温饱，而且要求子女的繁庶和幸福。他从小生产者的利益出发，以“兴天下之利，除天下之害”作为衡量一切思想和行为的价值标准。他所谓的“利”就是“国家之富，人民之众，行政之治”，也就是国家的富足，人民的繁庶，政治的清明。

墨子提倡“兼相爱，交相利”。他认为人人相爱相利，社会上相互残杀争夺的现象就自然消灭，也就达到了天下太平的大治局面。他的这种思想对于我们今天构建和谐社会也具有一定的积极意义，反对战争，倡导像爱自己一样爱其他的人，这有利于社会稳定，人民和睦。但当时，墨子的思想代表小生产者的要求，虽有进步作用，但所谓的兼爱也是主张所谓“人类之爱”的一种抽象形态。墨子在实质上是针锋相对的反对孔子的克己复礼为仁的思想的。

墨子的兼爱思想，在当时大动乱的时代，又起着调和阶级矛盾的作用。总之，墨子是一个理想主义模式的人物，他提出了一种在那个年代来说理想主义模式的道德标准，又用实用主义的态度以身践行。

49

“铁马照山河，寒衣伴楚歌。书香涤月影，墨韵荡秋思。葬剑悲声切，拈花恨意迟。君侯何所寄？柳絮在怎堪拾。”（《儒侠》）曾在金庸的《神雕侠侣》中见到这样一句话：“侠之大者，为国为民。”至今回想，仍百感交集。

是呀！什么才是真正的侠客呢？十步杀一人，千里不留行，为家仇而苦练，最终快意恩仇，报仇雪恨？还是像墨家那样，为“国家之富，人民之众，刑法之治”而赴火蹈刃，死不旋踵呢？答案是明显的。

真正的侠士，以天下为己任，他的一举一动都践行着“侠之大者，为国为民”的准则；真正的侠士，拥有着历经磨难、矢志不移的信念，具备着不畏强权、虽死无惧的勇气！正如战国的荆轲，明朝的于谦，他们敢为人之所不敢为，敢当人之所不敢当。面对理想与死亡的较量，他们也曾畏惧，也曾害怕。然而他们却从未选择逃避 ，他们并不是不懂得畏惧，并不是不明白畏惧的可怕，恰恰相反，正是因为他们懂得畏惧的可怕，并最终超越他，征服他，最终成为畏惧的主人，才最终成为真正的侠客！我们的民族也正是因为有着他们的存在，才得以如此的辉煌灿烂。

侠客，也许是一个没有结局的故事……

侠之所在，民族脊梁！

20

春秋战国时期，除儒家之外，能与之相提并论的应该只有墨家了。而从个人情感上来说，我更欣赏墨家，认为墨家的思想更具现实意义。

儒家和墨家的思想有一个共同点——爱。但是，相比于孔子有等级之分的爱，墨家的“兼爱”更应该是我们社会主义国家所要追求的。

当今社会，利益至上越来越被人们所奉行，“爱”夹杂了许多纯粹之外的东西。

先说现下的教育吧，城镇受教育程度远比农村高，各大高校在本省市的招生人数远比外省多。而教育的不平衡，也将带来科技和经济发展的参差不齐，从而造成地区差异。

再说，福利院对于我们而言，应该也不至于一无所知。利用周末的时间去了那一趟，当看到之前见到的孩子有了成长的变化，我的胸口越发的闷。他们本是那么可爱，虽然他们有些缺陷。存在即合理，他们也该有被爱的权利啊。可是，父母抛弃了他们，让他们连享受本最该享受的父爱和母爱的机会都没有了。天生的缺陷不是他们所能选择的，或许追根究底，那还可能是父母的失误造成的。可是，他们还是被抛弃在了一个陌生的环境中……

推行墨家的“兼爱”吧，让社会多一点阳光。

18

金庸作为武侠小说写作的巅峰式人物，在他的笔下塑造了无数的英雄豪杰，或侠骨柔情，或侠肝义胆，或武艺超群……行云流水的文字令我们对这些人物产生了无比的憧憬之情，从陈家洛到韦小宝，他们身上糅合了侠士的特质，鲜活的人物在我们的脑海里挥之不去，这也许就是金庸小说的魅力所在。

小时候看《天龙八部》，被乔峰散发的英雄豪情所吸引，豪气干云，义薄云天，而且性情直率。他身为丐帮帮主，同一二袋弟子同食肉，共饮酒，不因自己是帮主而高高在上，主动拉近与他们之间的距离，从而丐帮上下对他钦佩不已，树立了他的威望。这种魅力仿佛是与生俱来的，让人一见倾心，这是他特有的人格特质。乔峰看似外表粗犷，却是一个胆大心细的人，遇事不冲动，能理智分析，能够预见事情的利弊，作出合理的判断，这对于平常人来说也不是一件易事。他能有这样的魄力也实属不易。此外，他也是重情的人，阿朱是他的红颜知己，当得知她遇险的时候，单枪匹马独闯龙潭虎穴，勇气可嘉，也使他的形象更加高大。

他一直纠结于自己是汉人还是契丹人的问题之中，宋朝和辽之间的战争使他内心挣扎着，对于养育他的大宋来说，他是重情的，而对生育他的契丹来说，他是有那份民族情义在里面，他不知道该怎么办？深深地陷在这个泥淖里无法抽身，直到最后他选择了自杀，这是他的悲情结局。我们惋惜这样的英雄豪杰，如此的重情重义却是这般如此落魄的结局，这是他身处的时局所迫，如果可以重新来过，也许是不一样的境地。

他是侠者，注定他不是为自己而活。为朋友，两肋插刀；为民族，舍生成仁；为红颜，情深似海，这就是乔峰，一个可歌可泣的豪杰。

34

墨家的义利观是贵义尚利，义利统一。墨家把义看的比利更重要，与其他思想不同。这也是值得我们借鉴的。墨子认为，利的实现共有五个层次，下面我分别阐释这五个层次。

第五层是不去制造“害”，即“避害”。就是自己不去做伤害别人的事，不做损害他人利益的事。我认为这是每个人最基本的道德素养。

第四层是阻止害的产生，即“除害”。就是说，除了自己不去损害他人的利之处，在看到其他人在损害别人利益时阻止他去损害别人的利益。这比“避害”上升了一个层次。

第三层是积极的“兴利”。是说自己积极主动地去维护自己的、他人的利益。这样当然会使我们生存的社会更加和谐，不过这样还不够，这就要说到第二层了。

第二层是兴天下之利，除天下之害。顾名思义，就是不仅要维护他人的利益，还要阻止他人危害别人的利益。就等于是把第四层和第三层结合了。

第一层是终其一生坚持“兴天下之利，除天下之害”。这就是致“贵义”，是最高的境界，是圣人达到的境界。

墨家的义利观，把人的道义放在重要的位置，说出了人应该有的道德。

36

墨子主张“兼爱”就是要以“兴天下之利，除天下之害”为己任，我们要平等博爱地对待每个人。而这就是侠客的根本，侠客因为有了这一品质，才有了人们说的侠骨柔情，才会得到人们的敬重。

在金庸的小说中，我最喜欢的武侠人物是杨过。除了见义勇为、路见不平、拔刀相助的侠气，我更佩服的是他身上的叛逆与不羁。他是一个具有真性情的人，敢于对正统说“不”。对于道貌岸然的全真教道士，他敢于批判；对于喜欢的“姑姑”，他敢于抛弃世俗传统，追求真爱。他有一颗博爱仁义之心，敢于帮助那些正义但遭名门正派所不齿的人物，冲破年龄门阀的限制，只为真心。最让我敬佩的地方，他是个爱憎分明、具有民族大义的人。因而，他放弃了为父报仇之念，只为郭靖是一个正义、爱国的人，最后共同守卫了襄阳城百姓的安全。这其中就充分展示了墨家兼爱、非攻、尚贤、追求义利统一的重要思想，这就是所谓的墨侠。

38

说到墨家，大家都会想到兼爱天下、利他无己的思想和义利观。确实，墨家学说是将“兴天下之利，除天下之害”作为衡量一切思想和行为的价值的标准。这里的利，并非指个人的私利，而是天下之利，国家百姓之利。这样大爱天下的心胸，令人不得不佩服墨家弟子。他们终其一生都在用实际行动坚持“兴天下之利，除天下之害”的理想信念，墨家最高的境界莫过于此。除此之外，墨家的侠义精神也是值得一提的。墨家重义，这就与侠义有莫大的关联了。侠指什么呢？侠旧多指武艺高强讲义气的人，或是能够急人所难，言出必行，锄强扶弱，伸张正义的豪侠之士。他们不惧生死，敢于反抗。同样墨家也是主张重承诺，讲义气，轻生死，这体现了浓厚的侠义精神。墨家弟子主张“赴火蹈刀，死不旋踵”，兼爱天下，利我无他。这样的大义大爱之士，是黎民百姓之福。正是墨家明显的侠义精神令很多墨学研究者都认为“墨即侠也”，“侠出于墨”。鲁迅也这样评价道：孔子以徒为儒，墨子以徒为侠。墨家学说诞生于乱世，兴盛于乱世，于强劫弱、贵傲贱，在社会动乱之时施行兼爱，伸张正义，帮助弱小，不就是一个侠者形象吗？墨侠二字当之无愧。

只可惜，在一个安定统一的年代，墨家学说却渐渐的凋谢了。秦朝的焚书，西汉的独尊儒术、罢黜百家，对墨家打压，让墨学及墨侠都淡出了历史的舞台，沉寂在历史中，鲜为人知。不过我相信，在社会再次陷入动乱，民不聊生时，墨侠一定还会出现。毕竟施行兼爱，伸张正义，扶持弱小是他们的使命和毕生追求的信仰。

03

“如果你有一杯水，你可以独饮；如果你有一桶水，应与家人共饮；如果你有一条河，你可以与大家共享。”他就是拥有现代侠义之心的陈光标。也许常人无法接受这样高调的慈善方式，但这种方式在我看来也许是最有效、最直接的。试想如果没有这般侠义精神，中国社会也许就少了许多的感动与奉献。当今许许多多的慈善组织，打着慈善的幌子，在社会上做着他们所谓的慈善，但真正有几个组织能够像陈光标这样直接、透明。可能人们会提倡做好事不留名，陈光标过于高调，可有时在人们低调的背后曝出来的是一桩桩丑闻。所以我认为，在现今社会，拥有侠义之心，做好事不需要低调，高调做事，低调做人，在功利社会里更能帮助人们树立正确的世界观、人生观。

墨家思想是“侠”的根源，所谓“侠之至大，在于其公”。墨家侠义精神有一种“先天下之忧而忧，后天下之乐而乐”的公天下的意味。在古代无数侠客以天下为己任，以拯救百姓脱离疾苦为己任。像我们熟知的荆轲，明知道自己很有可能无法全身而退，却毅然决然选择赌上一把，赌成功了便拯救了国家，失败了也就牺牲他一人。这种视死如归的精神不得不令人佩服。当然金庸笔下的侠客亦是无数，像郭靖、韦小宝、乔峰、段誉等，这些侠客形象早已深深地映入我们的脑海，芳草萋萋，侠骨常埋空谷，笑傲江湖。

35

“义”与“利”的关系自古以来都是诸子百家比较重视的问题，典型的义利观就是儒家的重义轻利，舍生取义。他们把义放在第一位，正所谓“君子欲于义，小人欲于利”。但现如今又有多少人可以做到重义轻利呢?如果可以做到也就不会出现这么多食品安全问题了，不会有那么多黑心商家了！正是因为现在大部分人都是重利轻义，才会为了自己一点小利而间接“谋财害命”。

也许重义轻利的人还是不少的，但只是因为那一部分利欲熏心的人的影响才会使社会变成了现在这个样子。老人摔倒为什么没人去扶？我开始理解了，钱是其次，最重要的是心伤了。那些人根本就没做到“贵义尚利，义利统一”。中国虽说人口众多，但终究是有限的，这是一种欺骗一人能够使一群人心伤的错误义利观。我们的优秀文化在现在已经到了岌岌可危的时候，信仰缺失，道德缺失。墨子的义利观最高层次为“兴天下之利，除天下之害”，最低层次为不制造害。

当有些人在欺骗他人时，违背道德时，想一想墨子告诫我们的话，我们求利要合情合理，但千万不要忘记义的存在，应当做到义利统一，不要片面重利轻义。

04

墨家认为，人们应当有忧患意识和救世精神，所以大力倡导义，并且提出了“万事莫贵于义”的观点。侠的本质是利他性，能称之为侠的人本身就带有一定的使命感，把义作为立身处世之本，秉承以义为利的精神。这就与墨家“贵义尚利，义利统一”的思想有一定的相通之处了。

有很多与侠有关的成语，比如：行侠仗义，侠肝义胆……义融入侠后不仅仅是一种行为方式，更是一种思想观念和价值准则。这能从金庸武侠小说中充分体现出来。

《鹿鼎记》中的韦小宝是个讲“义气”的人。他作为妓女的儿子，受周围环境的影响养成了坑蒙拐骗，为达到目的不择手段的坏习惯，但是很多观众还是很喜欢他，为什么呢？因为他很讲义气，他既不会遵从康熙之命去捉拿天地会群雄，也不遵从天地会之命去刺杀康熙，保持了一条道义底线。

05

“侠”，指的是通过自身力量去帮助陷于危险中的人，而不求回报；侠士是拥有满腔热血在社会中有一定作为的人。在我们的意识中，“侠”代表着一种正义的形象，他们会言而有信、言行一致，他们会路见不平、拔刀相助，他们会讲义气、轻生死。在金庸的武侠作品中，将“侠”阐述的淋漓尽致，有墨侠乔峰，有浪侠令狐冲，有道侠杨过，有佛侠虚竹等，他们都道出了侠的伟大与自由！

可当这些“自由”违背了法的要求，还会值得去推崇吗？如果为了行侠仗义而扰乱社会秩序，违反法律，那么这一切也只是徒劳！韩非子在《五蠹》中说：“儒以文乱法，侠以武乱禁。”韩非子是法家的集大成者，他这样说也不无道理，毕竟他道出了社会秩序是高于一切的，暴力行事是不值得提倡的。如今已是法治社会，一切都要以法为主，就算是“侠者”也不例外。当遇上不平之事时，我们可以换种思维和方式来解决，而不是冲动的去采取暴力。这样既可以帮助他人，也可以遵守法律，达到社会稳定的效果。

自由是相对的，是有限制的自由。所以我认为，作为“侠者”，不在于“侠”所采取的形式，而在于“侠”本身所蕴含的精神。做一个守法的“侠”远比做一个违法的“侠”更让人值得敬佩！

08

“仁之事者，必务求兴天下之利，除天下之害，将以为法乎天下。利人乎，即为；不利人乎，即止。”（《非乐》）墨家这种谋求最大多数的人的最大幸福，以天下为己任，兴利除害的思想在后世的侠义精神中得到了很好的体现。所谓侠义精神，就是富有使命感，重承诺，讲义气，锄强扶弱，伸张正义的精神。

在古代乱世中总有一批侠士担任着维护秩序的角色，正如金庸笔下的当之无愧的“侠”——郭靖。在第二次华山论剑时，几大高手评出了“东邪西狂，南僧北侠，中顽童”，其中的北侠就是指郭靖。他与夫人黄蓉镇守襄阳城，抵御蒙古大军入侵，得到了襄阳百姓的爱戴，可是他并不是朝廷派来镇守襄阳的官员。而作为安抚使的吕文德却在大军压境时全身铁甲挂披，带着两名心爱的小妾躲在小堡中求观世音菩萨保佑。不能否认的是，在“法”不能作用的环境下，“侠”的确在一定程度上起到了“法”的作用。

然而在如今依法治国的社会，当侠遇上法时，又会发生怎样的碰撞呢？

某高校老师由于偷看女学生洗澡，被发现后遭到一群义愤填膺的男同学的殴打以致重伤进医院。这引起了广泛的争议，就出发点而言，那群男同学也是为了正义；但就结果而言，殴打致重伤入院未免太过了。这种杀敌一千，自损八百的行为在如今并不是值得提倡的侠义行为，我们的一举一动都应该符合法律的底线，法律为我们构建了一个框架。

不是说在现代社会，侠已经没有存在的意义，也不是说，法就是完美无缺的存在，而是我们更应该找到侠与法的平衡点，以法为主，以侠为辅。同时，我们应当看到的是法与侠都存在各自的不足之处，并且努力去解决这些问题。对法来说，法律应当不断完善补充，提高执行力度，得到人民的真心信服；对侠来说，广大人民应当加强教育，提高文化素质，遇事沉着冷静，不能光凭一腔热血鲁莽行事。

我相信，当侠遇上法，我们的社会将会越来越美好。

45

提奥格尼斯说："谦逊是美德的色彩。"而我认为兼爱是美德的色彩。春秋战国时期，诸侯争霸，群雄割据。墨子创建墨家，探究"乱源"。最终，他认为乱源起不相爱，人与人之间的不相爱乃天下大乱之根源所在，并提出了"兼相爱"的主张。墨子认为，"兼爱"的原则是："视人之国若视其国，视人之家若视其家，视人之身若视其身。"（《兼爱中》）即对待别国、别家、别人应如同对待己国、己家、己身。只有这样天下才能和平，才能实现大治。

我认为，墨家的"兼爱"思想产生的根源在于"平民圣人"的墨子看到了平民阶层的诉求与呼声，代表了千千万万平民对战争的厌恶和对和平的渴望。

墨家"兼爱"之思想所倡导的乃博爱之精神，此精神应得到现今我们、社会、国家的肯定和发扬。红十字会的宗旨："人道、博爱、奉献"不也是体现了墨子的"兼爱"思想吗？社会主义核心价值观：富强、民主、文明、和谐，自由、平等、公正、法治、爱国、敬业、诚信、友善不也体现了兼爱吗？公民基本道德规范中爱国守法、明礼诚信、团结友善、勤俭自强、敬业奉献不也体现了兼爱吗？

时至今日，社会上频频出现虐待父母、妻儿、子女之事，人与人之间的冷漠，老人摔倒不敢扶，道德的滑坡，因为他们缺乏爱，因为社会缺乏爱。如果说人与人之间没有了关爱，那么人与人之间就会冷漠，那么社会就会有很多矛盾，那么人性就会变得丑恶；那么社会就不稳定。当下，对倡导建设社会主义和谐社会，对社会伦理道德建设和完善，对社会稳定、民族凝聚力有着重要的借鉴意义。同时我们人与人之间的交往也应如此。

尊重、谅解、宽容、友爱这难道不是我们所需要的吗？难道不是我们所需要提倡的？难道不是我们所需要弘扬的？

原谅别人是勇敢的行为，我们把谅解他人当做谅解自己，便是“兼爱”的境界。

46

乱世纷争，战火连天的时代往往是希望与毁灭并存的时代。希望是各种救世治国思想所带来的，毁灭是战乱带来的。可以说，春秋战国就是这样一片“土壤”，各种思想生根发芽。儒家和墨家也在这片土地开出了自己的思想花朵，其中墨子和孔子都提出了“尚贤”的重要性，孔子提出“举贤才而治天下 ”，墨子提出“尚贤为政之本”。

墨子认为，国家治理的好与不好不是国君所能完全决定的，不是国君不想治理好国家而是国家不得贤才。墨子与孔子的尚贤思想可以说是完全符合当时和现代的国家治理方法，尚贤思想充分肯定了读书人的社会作用，尊重社会人才，倡导精英治国，只有这样才能国之不衰。另外，尚贤思想的提出更是推动着政治文明的发展，是对当时贵族专政的挑战，墨子提出“虽在农与工肆之人，又能则举之”、“官无常贵，而民无终贱”，充分肯定了下层阶级的人民。

古往今来，有多少像管仲那样的贤士出自下层阶级，只要是贤才就应该得到重用。精英治国是一个定律，不管是察举制、九品中正制还是科举制，它们的最初目的都是为了国家寻找贤才，这也必然是社会发展的方向。

44

侠义精神是普通老百姓的一种道德信仰，墨子为“侠”提供了理论基础。墨子的“兼爱”思想主张爱人应“远施周遍”，爱是无差别的。古往今来，无数侠客践行着墨子的主张，传播着侠义精神，他们或是“路见不平，拔刀相助”，或是“有福同享，有难同当”，或是“义薄云天，锄强扶弱”。

金庸先生是当代武侠小说的代表作家。他的作品引领了当代武侠小说的创作潮流。走进金庸的武侠世界，除了有跌宕起伏、扣人心弦的故事情节，更可随处发现“侠义精神”。在他塑造的郭靖、乔峰、令狐冲等人身上，我们都可以看到惩恶扬善和舍己为人的侠义精神。

《射雕英雄传》中的主人公郭靖是一位为国为民奉献一切的大侠。郭靖从小颠沛流离，小时候与母亲在蒙古生活过，在蒙古大漠中曾持弓一箭射中双雕。年幼时他为救一个素不相识的人坚守诺言，面对敌人的威逼利诱始终不肯屈服。他知道要坚守道义。年少后初遇黄蓉时即出手相助。他伸张了正义。面对仇人欧阳锋，他本有多次机会杀他，但他信守承诺，三次放过欧阳锋。最令人钦佩的是他率领军民死守襄阳与蒙古大军对抗。在大敌当前时，他勇于承担责任，为国为民鞠躬尽瘁。郭靖的一生都在践行侠义精神。

26

墨子在《兼爱上》谈道：“天下兼相爱则治，交相恶则乱。”墨子所说的兼爱，是一种无差别的爱，以人格平等为前提，是互利互助的爱，是人类完整普遍的爱。即爱人无亲疏之别，爱别人就像爱自己一样，爱陌生人就像爱自己的父母手足一样。

对于墨子给我们构造的这一美好蓝图，我只能将其作为理想来看待，就像是夜空中璀璨的星星，可望而不可即啊！在那遥远的奴隶制、封建时期便是以血缘亲疏来进行社会分工的，即便是今天裙带关系，提携同宗也是家常便饭般存在着。人与人之间的感情需要培养，而世界上的人是分布在不同角落的，在不同的地方所遇到的人都不同，熟悉程度也大有不同，因而亲疏是必然存在的客观现象，而作为人，即便是理性也不能做到像蛇那样的冷血，毕竟会夹杂私人情感的。

所以对于兼爱说，更多的是一种理想状态，我们向往但是想做到是特别难的，我们能做的也就是尽量对他人友爱。相反，从可行性来说，儒家所说的亲疏之别才更加适合我们这个社会的吧。

51

自古以来，凡是侠客都与墨家息息相关，从墨子创立墨家以来，就注定了墨家是一个侠客的形象。墨者主张“非攻”“兼爱”“非命”。这就阐释了墨者的无私，不求回报。墨者可以因信义而放弃生死，因守诺而忽视利益。墨者明理，深明大义，宣扬广大老百姓心中的愿望。在这漫长的中国历史长河之中，墨者思想深入人心，侠者形象永垂不朽。刘德华主演的电影《墨攻》中的革离体现了墨者的无私与大义。金庸，一代名家，在他的每部作品之中都加入了墨侠的形象，我最欣赏的是《天龙八部》中的乔峰，他用他自己的一生阐释了墨侠的信义。

乔峰，生于契丹，因父亲入中原被害，后被少林寺俗家弟子乔老汉收养，由少林高僧传授武艺，自己勤学苦练，最终当上了丐帮的帮主，成为显赫一时的大人物。“南慕容，北乔峰”是武林对乔峰的高评。后在丐帮之中因被人陷害而受伤离开中原，于关外偶遇耶律阿保机，为他立下汗马功劳，被封为南院大王。但乔峰一直想知道自己的身世，回到中原，结识了虚竹和段誉。三人豪侠仗义结为兄弟，义薄云天，与兄弟共患难。最终查出自己的身世，帮助了其他兄弟解决困难。面对这世间的种种困难，他们迎难而上，战胜困难。侠客，本是独来独往，云游四海，后听到契丹与宋交战，他们兄弟三人积极阻挠，挡住了强势一方的攻击，最后达到言和，但乔峰却献出了自己的生命，用自己的生命来阐释墨家的无私，墨家的“兼爱”。

墨者，虽出生卑微，但无私付出，侠者虽云游四海，但见义勇为。墨侠虽少，但已永存。

17

真正强大的人，不会去伤害别人来显示自己的能力，而是生出一种体恤式的关怀。墨家的“兼爱、非攻”思想正体现于此。

国家的组成必须具备人民、领土、政府和主权四个要素，其中最重要的是人民。在小国寡民的古希腊，城邦中的公民都公平地享有治理国家的权利。因此每个公民都十分珍惜自己的城邦，愿意为了本邦的生存发展献出自己的一切，这样的国家才是有尊严的。而在春秋战国时期，诸侯为了自己争霸的欲望，频繁发动战争，不顾人民死活。往往一开战，百姓就只顾自己逃亡，反正对他们来说到哪都一样要交税，只不过换了个交的对象而已。（原句出自《墨攻》）这样的国家，迟早会亡，而且会不战而亡。

墨家的兼爱思想是无等级的爱，上级对下级的爱如同下级对上级的爱，社会中人人平等。可能是因为这种思想，墨家弟子才不去追求统治阶级的利益，而更注重与自己切实相关的生产发展。他们过着艰苦奋斗、简单朴素的苦行僧式生活，却对国家、他人有着炽热的关怀之心。正是由于这种情怀，在对战中他们十分善于防守，并且尽量选择对人民伤亡最小的方式。春秋战国时期墨家正是以守城闻名天下。每到一个国家，墨家弟子就会很快受到人民的欢迎和爱戴，因为他们激发了人民与国家共存亡的斗志，人们找到了自己的存在感和归属感。这极大地提高了人民的战斗力，使原本被动的防守变成了主动的抗战。如果没有统治者的暴力手段，人们肯定会选择墨家弟子为自己国家的领导者。但是墨家的迂腐在于他们不按照实际情况，一味遵循自己的原则。如果在不合时宜的环境中，墨守成规只能处于劣势。如果真的关爱百姓，大可凭借墨家的战略，领导人民推翻无道的昏君，用自己的兼爱思想治理天下。

墨家弟子用以守为攻的方式告诉诸侯，战争不能解决问题，人民才是国家的命脉。但是这种思想在当时太过前卫，还没来得及好好实施，就湮没在历史的长河中。两千多年后，墨家思想终于再次闪光，使中华人民共和国这个新兴国家以惊人的速度和平崛起。真正强大的国家，一定是爱好和平的国家。因为只有和平相处，互利共赢，才能深得人心，长久发展。

15

墨子，劳动小生产者利益的代表，亦是墨家的创始人。

在墨子的思想中，经济方面主张“节葬”，“天子杀殉，众者数百，将军大夫杀殉，众者数十，寡者数人，处丧之法，将奈何哉!”虽然这从一方面来说，是对当时的杀殉残酷行为进行最直接的揭露和控诉。但是，从另一方面来说，这个思想主张对国家和人民都是不利的，限制人口的增长，那社会还有何劳动力?

墨子还提出“非乐”，认为音乐妨碍了男耕女织，“以此亏夺民衣食之财”，在这里，墨子对孔子提倡的周礼进行了批判。有人认为，“非乐”是合理的，衣食堪忧，音乐能当饭吃?这纯属小人之见。人要物质与精神共存才能提升自身的修养，精神上的“食物”是支撑人的精神信念的动力。

墨“言”中的“兼爱”也是一种空想，这就如，你要把对父母亲人的爱等同于对陌生人的爱?如此没有主次之分，我们何来这么宽阔的“大爱”?但也提醒我们，要善待他人。

12

金庸笔下诞生了许多个性鲜明、各具特色的侠士，如萧峰、陈家洛、郭靖、韦小宝……我最欣赏的则是令狐冲。他是一个孤儿，自幼被收养在华山门下，曾暗恋其小师妹，在成长路上经历了一系列的波折，最终他携手任盈盈，退隐江湖。

大腕们演绎过不同版本的令狐冲，各具特色，但殊途同归的是令狐冲其性格：开朗、不拘小节、豪爽、侠义、率真……令狐冲他是潇洒豁达的，他虽痴恋其小师妹，但当岳灵珊选择林平之时，他坦荡放手。这正从侧面体现出令狐冲个性的洒脱。墨子主张：“无言而不信，不德而报，投我以桃，报之以李。”他虽被逐出师门，被人嘲笑为华山弃徒，但令狐冲对其师父仍然很尊敬，并没有仇恨心理，在他心里师父是抚养教育他成人的大恩人，一日为师，终身为父。这大概就是一个侠士该有的胸怀!令狐冲身上最鲜明的个性就是“放荡不羁爱自由”吧。“生命诚可贵，爱情价更高，若为自由故，两者皆可抛。”这句话用来形容令狐冲再贴切不过。他是一个“浪子”，前半生纠缠于江湖恩怨纷争中，门派的“清规戒律”不能束缚住他，他追求自由自在、无拘无束的生活。当一切都平息后，他过上了“执剑走天涯”的生活。

这就是金庸笔下的令狐冲，不被世俗牵绊，潇潇洒洒“走自己的路”。一个真正的浪侠。

13

墨子在春秋时代代表的是小生产者的利益，以“兴天下之利，除天下之害”，作为衡量一切思想和行为的价值的标准。总的来说就是，国家的富足，人民的繁庶，政治的清明。以当时的视角来看这一思想，未免有些过于理想化。这也就造成了后来墨子思想的沦陷。

在墨子的思想中，我比较喜欢的是他的非攻和尚贤。他的非攻并非反对一切战争，他反对的是那些非正义的战争，带有侵略性的战争。他认为战争的危害是非常大的，却不容易为人们所认识，他还研究了相关制止侵略性战争的策略。对于墨子这个思想我是赞同的，战争的危害非常的大，不单单是对人，对整个我们赖以生存的地球都存在着巨大的危害。因而墨子的这种思想对当今社会国际问题具有重大的借鉴意义，并非一切的纠纷都要通过战争来解决，总有比战争更好的方式。

墨子尚贤的思想，在当时等级社会中似乎很难实现，但在当今的社会中，非常值得我们学习。在企业或国家行政人员中，任用贤能都是非常重要的，选举有才的人进入管理层更有利于企业和国家、社会的发展。这也在一定的意义上告诉我们要不断地提高自身素质和才能，才能更好地立足于社会之中。

墨子的思想我们应该用辩证眼光来看待，有利也有弊，我们应取其精华，去其糟粕。

14

墨家学派在春秋战国时期诸子百家中曾显赫一时，与儒家学派齐肩并进，但发展到后来，与儒家学派相差悬殊，乃至后来竟消失殆尽了，其引人深思。

墨子把“以兴天下之利，除天下之害”作为衡量一切思想和行为的价值标准，认为人民之所以穷困、天下之所以混乱，是因为“国与国之间相攻，家与家之间相篡，人与人之间相贼，君臣不惠忠，父子不慈孝，兄弟不和调”（《兼爱中》）。这些“兼爱”思想都代表着小生产者的要求，在当时虽有进步作用，却从观念出发，只是墨子的幻想主义。墨子作为一名小生产者，其思想大多也是从小生产者的利益出发，但秦统一天下以后，贵族阶级作为统治阶级，农民作为受压迫的对象，代表其阶级思想自然会受到抑制，阶级局限性使墨子思想无法紧跟时代潮流，其思想所表现的软弱性和幻想性也给予了重重一击，这无疑是消殒的一个重要原因。

从墨子一些具体思想也可以看出其后期下落的原因。墨子主张“尚贤”，任用贤能，反对世袭等级制度，与秦统一以后的两千年的等级制度相悖；墨子主张“非乐”，他认为“乐逾繁者，其治逾寡，自此观之，乐非所以治天下也”（《三辩》）。由此可见，随着时代的发展，国家的繁盛，历史上就有唐朝的贞观之治，物质条件的改善，人们精神方面也需要得到满足，这就与“非乐”相冲突。墨子思想后来没有像儒家思想一样得到改造和创新，没有紧跟时代潮流与时俱进，最后被保留在历史一隅里。当然墨家思想的精华也值得我们借鉴，但其发展过程更值得我们深思！

19

墨子，一个农民出身的哲学家，在春秋战国这样混乱的时代登上了历史舞台，也正是面对春秋战国这样混乱的时代，墨子提出了“兼爱”思想。

墨子的“兼爱”是平等无差别的爱，是博爱，他希望通过这种“兼爱”使得百姓安居幸福、国家安定太平。也许我们无法赞同这种无差别的博爱，也无法真正做到爱我们身边的每一个人，它太过理想，可是我们可以从中学会如何去“爱人”。

墨子曾说：“爱人者，人必从而爱之，利人者，人必从而利之。”生活中的我们，无法做到墨子那样的博爱，可是我们可以对人友善真诚，我们要一直相信所有的善良与真诚都可以换来快乐和幸福。生活在这个时代，我们看惯了那些冷漠无情，心也慢慢地变硬，不管别人曾给你带来多少不快，但总是相信只要你“爱他人”，他人也会“爱你”。从此做一个明媚的人，以真诚友善待人。

第七章　领悟法家思想的智慧

法家思想源远流长，《汉书·艺文志》认为：“法家者流，盖出于理官，信赏必罚，以辅礼制。”法家真正的创始人可以追溯到春秋时期在魏国变法的李悝与在楚国变法的吴起。此后比较突出的有慎到重势，申不害重术，商鞅重法。战国时期的韩非子则集三家之大成，使先秦时期法、术、势相结合的法家思想体系得以形成。

韩非子认为，“法者，宪令著于官府，刑罚必于民心”，主张政策法令的制定属于统治者的特权，必须在政策法令中把统治者的意志贯穿到每个老百姓心中，所以“法莫如显”，赏罚应当分明。“势者，胜重之资。”统治者拥有的高贵地位需要依靠绝对权势来维护巩固，所以“势莫若重”。“术者，因任而授官，循名而责实，操杀生之柄，课群臣之能者也。”政治权谋之术注重“刑德”二柄运用得当，使名实相符，臣民敬畏，所以“术不欲见”。总之，“君主无势无术则弊于上，臣民无法无天则乱于下”。

治国理政，从本质上来看是对社会各阶级或各阶层利益进行协调，使之各得其宜，相得益彰。利益不同，则主张各异。儒家德治有人治嫌疑，难免“人存政举，人亡政息”的命运。道德毕竟只是柔性约束，只能有限保障统治者在行使政治权力时为公不为私。法令则是刚性约束，可以最大限度地保障政治权力顺利实施，但其本身的正当性与合理性必须经过各方利益的相互博弈，得到各方意志的相互尊重与妥协。只有良法善政才是值得全体社会成员共同遵循，实现社会长治久安的目的。先秦法家思想强调刑法的权力性而忽略道德性，强调统治者意志与国家权力，轻视臣民意志与个人自由，所以难免出现暴君暴政。《汉书·艺文志》指出：“及刻者为之则无教化，去仁爱，专任刑法而欲以致治，至于残害至亲，伤恩薄厚。”法家思想走向极端便会刻薄寡恩，引起报复性反抗。吴起遭到车裂肢解，商鞅被五马分尸，韩非子遭到鸠杀，李斯被腰斩。法家一个个都成了自己所制定严刑酷法的牺牲品，这并非偶然。

先秦法家思想与今天法治思想不可同日而语，有着本质区别，我们需用心加以辨析。但无论如何，法家对于今天社会主义法制建设仍然具有重要的借鉴意义。

11

都说韩非子所说的统治术是为极端的君主集权设计的。很多人就极端君主集权展开了对韩非子法家思想的强烈抨击，然而我却认为韩非子的法、术、势是国家稳定的必要统治术，是值得推崇的。

在春秋战国时期，社会动荡不安，政治经济文化都得不到有利发展，百姓生活疾苦，统一是解决当时局面的最好方法。而法、术、势就是统一政治的最好途径。

法、术、势强调统治者具有制定法律、惩戒官吏等的权力，有人说绝对的权力会导致绝对的腐败，但是，腐败只能说明一个统治者的个人素质不高，这并不能就说是统治方法的问题。我觉得统治者的个人素质是一回事，国家的统治方法是另外一回事。当然，统治者的个人素质在很大程度上影响着国家各类政策的实施，但是，我们难道要因为一个昏庸的统治者而去指责政治统治方法的不好吗?

近期我国国家领导班子致力于反腐倡廉，利用领导班子的权力制定相关法律法规，对各个层次的官员进行访问调查并惩处，使国家呈现出一片欣欣向荣的景象，这是法、术、势的合理利用，所以说法、术、势的合理利用依旧对国家的统治有着积极的作用!

41

春秋战国时期，百家争鸣。同样，各家的治国理念也不尽相同。儒家站在统治者的角度看问题，他们认为只要君王实行仁政，那么人民自然得利。而墨家是以低层平民的利益为出发点，墨家的治国理论大多强调平民的人权和利益。道家则是小国寡民的思想，讲究大家少点贪欲，自然这个社会就会安定。而法家则主张通过严刑、重罚来治国，即依法治国。总的来说，治国理念有德治与法治两类。儒家、道家、墨家及法家他们的治国理念都是单向的，要么偏向于德治，要么偏向于法治。但当今社会，仅仅依靠道德或法律治国是不够的，它需要二者相结合。

虽然法律制度在不断完善，但我国社会主义社会发展过程中仍旧存在着冤假错案。这就表明仅仅依靠法治是不够的。在执法过程中，执法人员需提高道德素质和个人修养。当然，仅仅以德治国也是不行的，这会导致社会秩序混乱。

德治与法治缺一不可，二者相辅相成。我国在依法治国的同时要注重加强德治，构建和谐、文明的社会主义社会。

01

韩非继承了战国时期的法家的思想并加以实践，提出了君主专制中央集权的理论。韩非认为国家的大权应该掌握在君主手里，君主必须有权有势。韩非主张改革和实行法治，他还强调有了法就要严格执行，任何人都不可以例外，王子犯法与庶民同罪。他认为，犯了法就要严格的处置，人民才会顺从，社会才能稳定，封建统治才能巩固，而现今的法律法治是维护民主的手段，没有任何人可以凌驾于法律之上。法律确定后相当于社会共同的契约，参与者必须遵守。

有了法律最直接的好处就是大家做事有一定规则了。保证了社会的安全发展，避免了一些不必要的麻烦，使得社会安定，效率提高。依法治国，它反映了人从一种散漫的生活方式到了一个严律严惩的规矩生活圈，是发展社会主义经济的需要，是社会进步的标志，是国家长治久安的保障。

在人生的道路中你会学到很多的经验。这些经验可以成就你，也可以误导你。当你把它有利的利用时它会帮你，但是如果不利你也会因此挫败。任何事情要三思而后行，不可因一时的冲动留下无限的后悔！

02

法是什么？法是规则，强调的是对人的行为规范。但如果完全依法治国，首先面临的便是个体或群体无法做到所有行为规范的问题，法治由此出现漏洞，而我认为德治则能有效地填补法治的漏洞。德法相济利于治！德法相济当被推举。

法治的法不能变成缺德的东西，一旦法律变成缺德的东西，就会令人类理想的东西受到压制，这样的法律怎么能被人接纳？法治的终极目标不正是利用规则实现理想社会吗？人们的道德思想得不到尊重，势必会为终极目标的实现带来障碍，故法治必然该有道德性。需要注意的是，法治具有道德性并不是把道德放在至高的位置上，什么都得服从道德，而是在德与法之间谋得一种平衡，分的清法不可丢弃德，德同样需要法来维护。道德是怎样参与到治国过程中的？依个人见，德是通过对人的塑造来参与治理国家的，更多的是无实质条规、意识上的界限。

德治、法治孰轻孰重？无法论断，也不该将二者分开相较，二者是一种很好的互补关系，道德以柔的方式参与治国，法则稍加强硬，二者合理地对社会工作进行分工，对立又统一。德法相济，这样对社会发展才有好处。

43

韩非根据古今之法，得出结论："世异则事异，事异则备变，故事因于世而备适于事"。时代变了，我们做事的方法也要变。正如说：穷则变，变则通。我们的法律也是如此，社会变了，法也要变，也要创新。创新是一个民族进步的灵魂，是一个国家兴旺发达的不竭动力。

韩非还提倡变法可以不效古，不要因循守旧。变法就是要敢于创新，做到法与时移，与时俱进，与社会时代相一致。同时要敢于打破传统，打破常规，过去的东西不一定就有用。这样的变革必然触动守旧势力的利益，当然这需要极大的政治勇气去变革。韩非的这种观点对现在的全面推进依法治国有一定的借鉴意义。现在的依法治国也需要对法进行改革。随着经济和社会的发展，总有些法律落后于时代的发展。这些东西就是我们要下大力气去整改的。我们就要改，就要变，就要创新。这就是法与时移。

面对现在中国日益突出的各种矛盾，归根结底是我们法律制度的不完善，法律体系的不健全。为此，法制创新，法律变革迫不及待，根据以往的法制传统结合中国具体的国情进行创新。

51

法家，虽没有儒家之显赫，但没有墨家之隐藏，法家从产生起就注定了与国家相关，与统治者相连。法家的集大成者韩非子曾经说过，“法者，宪令著于官府，刑罚必于民心，赏存于慎法，而罚加乎奸令者也”。（《定法》）可想而知，法家作为君王的统治之术。从春秋战国一直沿用至今。封建统治者大多数采用“外儒内法”的统治之术。

法家，兴起于战国初期，成型于战国晚期。就是这几十年之间，法家独成特色，成为当时统治者所追求之术。魏国李悝制定《法经》，吴国吴起变法图强，秦国商鞅变法使秦国终成霸主。正值中国统一之际，韩非子应世提出完善的法家思想。

首先，我赞成韩非子的认识论思想，他用一种辩证法的思想去看待历史问题，说出了商鞅的不足，批评了孟子“仁政”的虚伪，坚持认识来源于实践，来源于直接理论。同时他主张从人的“利”出发，正确地看到了人们的那种追名逐利，世界一切发展的推动都是人们利益的驱使。但他过于绝对化，忽视了人们基本的伦理道德。现在想想，用当时的世界形势来形容，只有无情和柔情才能更好地管理世界。

现代中国是一个法治社会，至今都没有处理好道德与法律的关系。法律与道德不可分割。人是社会的主体，道德离不开人，需要人去传承；法律离不开人，需要人去执行。道德与法律相辅相成。我们要坚持依法治国与以德治国的和谐统一。同时树立正确的义利观，才能成就美好人生。法家学说，源远流长，博大精深，是当今之需也。

06

韩非子继承了荀子的“性恶论”，反对孟子的天赋“性善论”。在我看来，我是很不同意这个观点的，人一出生都是纯洁的，至于到后面的好人坏人的区别，是由于生长环境的不同、素养不同而造成的，外界环境对人的影响极大，不然为什么从古至今都有“学习”的存在？男子学习知识，还有骑马射箭；女子学习琴棋书画。学习这些，还有陶冶情操的功能。假如人性本恶，不管怎样学都是没多大用处，怎样陶冶还是让人讨厌。

韩非子认为人性本恶，还体现在他认为君臣、父子之间存在的关系是因为“利”，他从这里就否认了大义及亲情，他把人看得太现实，把人看成一个个独立的个体，这些个体之间毫无关系，除非某人想从另一人身上获取什么，韩非子主张重罚也不难有疑问了，估计也是从性恶出发的，他希望通过严格的法律手段起到震慑“恶”民的作用。

在现代社会，我们还是要相信“性善论”，如果每个人都坚信“性恶”，社会也就更加冷漠，坏人也会增多。反正大家性子本来就是恶的，我只是表现出来而已，多我一个也不多。这是十分可怕的！像“感动中国”这一类的节目十分有必要，通过这里面的事迹可以感化一些人心中的寒冰，让他们感受到温暖。

42

法的精神在于与时俱进。

法有它的适用阶段，如何让法的生命力延续下去，“法与时移”的这种思想就显得尤为重要了。个人看来，韩非子的“法”“术”“势”的思想之所以没有被当代社会所重用，在于它没有与时俱进，这种思想突出了统治者的手段过于残酷。虽然，目的总是证明手段是正确的，但为达目的不择手段却是可耻的。在当代以人为本的社会里，韩非子的“法”“术”“势”思想就显得格格不入了。

正所谓“世异则事异，事异则备变”。法也要因时而变，因事而变。

在倡导以依法治国为治国理念的当代社会里，法能否与时俱进，直接影响到我们法治国家的建设。

31

“法者，宪令著于官府，刑罚必于民心，赏存于慎法，而罚加乎奸令者也。”韩非子眼中的法已经与当代的法律有一定性质的区别了。他的法出自官府，受命于君主，代表的是新兴地主阶级的利益。今非昔比，现今法律是出自人民，代表和维护的是人民群众的利益。但不可辩驳的是，法与时出，它都维护了它所处的那个时代的秩序，它的最终目的也是调节社会矛盾。

法家强调“不别亲疏，不殊贵贱，一断于法”，体现的正是我们如今所倡导的法律的公平公正。“刑过不避大臣，赏善不遗匹夫”，也很形象地道出了现如今的社会法律，党中央不断强调法律建设，习近平主席“打虎拍蝇”的反腐行动很有力地向社会宣告了法律的权威与尊严，任何人只要一触犯法律，就要依法受到法律的制裁。

法家忠诚地维护着法的尊严，然而法家的“尚法不尚贤”可谓是极端主义，他把人们之间的关系全部归结到一点，也就是利益，他把所有的社会矛盾都引到利益这个集合点上，甚至把子孝母慈这类亲情也划为利益交换。我不赞同他以他自己的看法而否决了亲情等一些情感的忠诚与不悔。真实的感情是存在的，不是所有的感情都是以利益交换为基础的，不然怎会涌出一批批舍己救人的英雄。法是治理社会的准绳，但是没有情的法，是令人恐惧的魔鬼。

49

“君生我未生，我生君已老！”

——题记

大爱无疆，于最深处叩问心扉；父爱无言，在内心中质问灵魂！

两千多年前的法家集大成者韩非企图从经济关系中来说明人与人之间的各种关系，把人与人之间的各种关系看成一种赤裸裸的自私自利的关系。韩非认为，人人都有一种为自己打算的“自为心”，人的一切道德、感情、行为都决定于对自己有没有利，根本无所谓天赋的忠、孝、仁、义等道德观念。正是这位两千多年前的大思想家的名言，却被我一辈子朴实无言的老父亲所击败，因为父爱无言！

父亲给了母亲一个肩膀，给了儿女一个榜样，给了自己一句“再累也要扛”。你不伟岸，却如此伟大！你是唯一一个不用说爱我，我都会去爱一辈子的人。你，我的好父亲，给我一生幸福的人！

两千多年前的韩非也许并未真正体会过父爱的滋味吧！所以他会认为父子之间的关系并不是抽象的“孝”，而是父养子，子供父，相互算计的关系。他不懂，他也永远不会明白，在这个世界上，金钱、利益并不能取代一切。在这个虽然充满利益、邪恶、尔虞我诈的世界上仍然存在着另一种更为高贵和纯洁的东西，那就是父爱！

父爱无言，却直抵我的心扉！

二十年来，自我呱呱落地，坠入人间，父亲便用一生来照顾我，呵护我。父亲在我面前从不多说，却不断地为我付出！二十年过去了，七千三百个日日夜夜，六亿三千多万次分分秒秒，父亲无时无刻不在为我而付出，为我而劳累。然而，父亲却从未在我面前抱怨过一句，更从未想过要向我索取任何的回报。

我仍然记得那一天，父亲喝醉了，我扶醉醺醺的父亲躺下，第一次给他脱去鞋袜，第一次为他洗脚，他一边说着“起来，我的脚臭”，一边呵呵地笑着。那一刻我所有的坚强都再也无法阻止，阻止曾经想拼命忍住、最终冒出的泪水。

“爸，如果有一天，你的小棉袄被穿走了，你会不会和我一样被湿润的眼睛出卖了坚强！”

时光，时光，慢些吧！不要再让你变老了，我愿用我一生换你岁月长流！

32

在春秋战国时期，社会动荡，诸侯争霸，百家争鸣，然法家思想却比儒家思想更得君王的青睐。

儒家思想以“仁”“礼”为主，主张天子以德服人，人人都应该做个贤人，可以说这实在是太理想主义了，因此儒家思想更适合于个人修养。相比于儒家思想来说，法家思想更适合于管理国家，法家主张以法为本，除君王外，一律受法律的约束，法不阿贵。集大成者韩非综合出一套以“法”为主，“法”“术”“势”相结合的君主集权制的统治术，主张用严刑峻法来稳定社会秩序，加强中央集权，从而使国家富强。所以说，儒家面对的是理想社会，那法家面对的就是一个现实社会，只有外儒内法，才能更好地治理国家。

在今天更有“依法治国”被推出，虽然现在的“法”与法家的“法”有着联系，都是依法办事，但也有着本质区别，法家的“法”与专制相连，依法治国的“法”与民主相连。不同的时期都有不同的法，也就是所谓的“法与时移”。

48

韩非作为法家的集大成者，主张以法治国，利用法、术、势来治理国家。当今社会倡导依法治国，强调有法可依、有法必依、执法必严。

韩非的思想是在封建时代时提出的，所以也必然逃脱不出为统治阶层服务的圈子。实际还是为了加强人治，也就是中央集权。但他也有先进的一面，那就是用法这种东西维护社会秩序，为社会发展提供发展规则，定纷止争，强调所有权的确定即反对对所有制进行否定的实际行为，减少因社会的争夺而不利于社会稳定的因素。他从“人性本恶”出发，根据人们对于利的追求，用法律铭文规定了奖惩制度，对社会行为规范有积极作用。对好人好事进行表彰，对坏人坏事进行惩罚，进行社会教育和警示，对美好社会建设塑型。当然法家也主张人定胜天，通过奋斗来改变现状。强调人的作用，对人的能力的肯定，每个人都不能消极对待生活。同时，法家也强调遵守自然规律，不可逆天而行，破坏自然的规则。

如今的依法治国，也应当遵循“不法古，不循今，法与时移”。依法治国，首先制定符合时势与地缘的法律，使得有法可依。其次，有法必依，人们知法守法不犯法，不仅需要人们自律，也需法律的强制实行，有奖有惩。执法必严，则需要人们的监督和执法者的个人素质。

最后，韩非重视法治，忽视德治。这一点我认为在特殊情况下是可行的，如社会动荡分裂。这时候人们的生存问题才是首要的，而道德在这时已没有作用。而如今，恰是随着时代发展、法治深入的情况下，却更加凸显德治的作用。如今许多优良传统已经丢失，德治要求人们自我素养的提高和道德的规范。

07

“法”的发展历史源远流长。在原始社会时期，“法”的基本形式是习惯，由氏族成员共同遵守。“法”在历史长河里流淌，逐渐地成形了。而在中国古代的春秋战国，“法”处于巅峰时期。

春秋战国诸侯争霸，致力于改革图强，因而“法”便应运而生，涌现出一大批杰出的法家人物。其中法家主要代表人物就是韩非，韩非子主张严刑峻法，提倡法、术、势相结合，为秦统一全国奠定了理论基础。这就是法的力量。其实纵观古今，“法”都占据着重要地位。比如封建社会有律法来维护统治；新中国成立时期，颁布了《共同纲领》，后来也陆续完善宪法；西欧国家进行资产阶级革命也需要法律来巩固。

从这里可以看出法的重要性。没有法，社会就不能够安定和谐，违法犯罪行为将会越来越猖獗，贪污受贿也越来越盛行。长此以往，国家将会越来越弱，与世界离得更远。所以，没有法是不可以的，必须要用法来约束，社会才能安定和谐。

10

韩非子受时代局限性影响，将人与人之间的关系看成赤裸裸的利益关系，认为人人都有一种为自己打算的心理。人们的一切情感、道德、行为都取决于“利”所带来的好处。忠、孝、礼、义的道德观念都被其蒙上了一层利欲的阴影。君臣、父子都在其利益观下沦为了笑话。

现实生活中人们确实注重一些行为所能带给自己多少利益，但这些都是以道德为前提的。羊有跪乳之恩，鸦有反哺之义，孝敬父母，乃为人之本分，这并不存在利益上的牵扯。岳飞的“精忠报国”是民族大义，文天祥的“留取丹心”也感人肺腑。彩衣娱亲，卧冰求鲤这些耳熟能详的故事无不是向我们展现着人性的温暖，血缘的羁绊。这些真的是韩非子所说的“利”能换来的吗?

忠义之心不是财宝权势可以笼络来的，血缘的羁绊也不是金钱利益可以改变的。我们不能忽视这点，把利益当作衡量一切关系的准则，我们要看到爱的本质是人性美好一面的发散，而不是在金钱等利益驱使下的相互算计。利益能给我们带来一时的无限风光，却不能填补我们内心所需要的那份温暖。

47

《礼记》称：“礼不下庶人，刑不上大夫。”西周封建社会的正常运转，所依靠的两项权力原则便是礼和刑，但随着这两项权力原则对社会关系的维护在此后几个世纪里逐渐削弱，社会的瓦解带来了深刻的社会变革。在如此的社会背景下，强调由“法”“术”“势”加强君主权力的法家产生并发展。

学习法家的有关知识之前，也许有的人会对“法家”望文生义，觉得法家便是主张法学，这便是错了。古时候所讲的“法家”和如今所说的有很大的区别，冯友兰曾说过，“用现代汉语来说，古时候的法家乃是一套组织领导的理论和方法”（冯友兰的《中国哲学简史》）。韩非子是法家的集大成者，他主张君主要想治理好国家，要注重“法”“术”“势”三者的有机结合，既要用法律和规章制度来规范国家的社会生活，也要用政治权术来驾驭各位大臣，当然也要用君主的权力和威势来推动国家各项措施的施行。对当时的新形势，即各国为准备战争或防御入侵，都需要强化国家的统治，加强君主权威，促进封建经济的发展。这是非常适合的，是顺应历史发展潮流的。

但在如今，我们也许会想到，那时的法家思想是否对现在还有借鉴之处？答案是肯定的！但是现在的“依法治国”和古时的“依法治国”有很大的区别，春秋战国时期的“法家”的依法治国是为了很好地治理百姓，维护君主的统治。而现在的依法治国是用法律来维护人民的合法权利，给人民一定的警示作用。上面所讲的只是其区别的一方面。

既然有区别，那就不能完全的继承。因此我们就讲“法与时移”，对以前的“法学”，要根据如今的社会现实来加以批判，科学地予以新时代的精神内涵。在此便用一例子来证明此观点，冯友兰在其一本书说过：“法家的思想，也和儒家一样，没有社会阶级高下的区别。人人在法律面前，地位都一样。但是法家所做的不是把庶民的地位提高，而是把贵族的地位降低，靠奖惩来统治一切人，这就把‘礼’抛到一边去了。”（冯友兰《中国哲学简史》）由此可知，春秋的法家强调没有社会等级高下的区别对如今的法律面前人人平等有一定的可取之处。法与时移，是当代对春秋战国时期法家学说的一种正确继承，其是具有科学性和正确性的！

18

韩非作为荀子的得意门生，是法家的集大成者，他继承了荀子的“性恶论”的观点，强调人与人之间是赤裸裸的自私自利的关系。司马迁著《史记》也曾指出：天下熙熙，皆为利来；天下攘攘，皆为利往。其鲜明地将人们追求利益的本质暴露出来，如果单单说人们存活于世只是为了尔虞我诈、钩心斗角地追逐利益，未免显得过于凄凉。

韩非，指出父子、君臣、地主与雇工之间也是为了各自的“利”，否认了忠君、亲情、爱人之心……而在我看来，人与人之间并不是简单的利益关系，在今天社会主义物质文明渐臻完善，人们的素质也上了一个台阶的时期，自然是在社会主义核心价值观的感召下重新审视自己的行为。韩非把人描述为贪利之徒，是过于悲观化的，他忽略了人性的美好一面，也许是当时的时代背景所致。

所以他的这种思想把利益关系扩大化了，是不可取的，我们应该秉持着爱人之心，互帮互助之心，使社会更加和谐。

21

韩非作为法家学派的代表人物，其思想不管是对于社会混乱的战国时期还是对日益发展的现代都有重要影响。

韩非子以“法”为主，“法”“术”“势”相结合的思想，在君主专治集权制的统治下得到统治者的赏识，并在一定程度上促进社会历史发展。法是统治者公布的统一法令、制度。这种万事皆依法的原则使得社会秩序更加稳定。但法自君出，容易造成君主的“独断”行为，甚至于出现暴政的现象。另外，在过于机械而严明的法令下，人们循规蹈矩地生活着，约束了民众思想个性自由的发展，不利于社会创新与发展。法家思想的利弊是秦国兴盛与衰亡的重要原因，正所谓“成也法家，败也法家”。

纵观社会发展历程，无论古代抑或现代，法都占据着不可替代的地位。当今的依法治国方略很多都可以在法家思想中找到源头。当然，法家思想有其合理性也有不合理性，我们需辩证地对待，取其精华，去取糟粕。

16

“生，亦我所欲也；义，亦我所欲也。二者不可得兼，舍身而取义者也。”(《孟子)“医善吮人之伤，含人之血，非骨肉至亲也，利所加也。”(《韩非子》) 儒家重义，法家重利。自古以来，义利之争从未停歇。现如今也该有个了结了吧！我认为，义利不该争孰高孰低，而应相互促进，相互结合。

朋友，你设想一下，假如这社会完全为利益所充斥，该有多少幕高老头似的家庭悲剧？该有多少场黑心商家造假的惨案？会有多少贪官污吏为祸四方？假如真的“天下熙熙，皆为利来；天下攘攘，皆为利往”(《史记》)。即便你有万贯家财，在这个冰冷而残酷的社会，生活同样会痛苦不堪！

但当每一个人都站在道德的制高点上时，都去批判利益时，拿什么来养活这些君子呢？并且，每个人的道德评价标准不尽相同，孰是孰非，拿什么来评判呢？

“君子喻于义，小人喻于利。”(《论语·礼仁》) 何谓义？泛指合乎道德的道理或举措。何谓利？利指社会中创造获取并以此来改善生活状况的资本。所以我眼中的义利并不是孔子与韩非子的对立，而是二者的相互结合。用道德创造利益，用利益维护道德。只有义利兼顾，才能义利兼得！

30

“宋人有耕者。田中有株。兔走触株，折颈而死。因释其耒而守株，冀复得兔。兔不可复得，而身为宋国笑。”（《韩非子·五蠹》）

守株待兔，从小便听的成语故事，小时候的理解停留在表面，觉得那个农夫好笨好懒，人不能天天捡现成的，自己动手方能丰衣足食。后来学习了解了韩非子才明白这个故事的原意是强调变革的重要性。

“不法古，不循今”由商鞅明确提出，韩非在此基础上更进一步加强他的主张，提出“时移而治不易而乱”的儒家在他眼中便是守株待兔的愚蠢之人。韩非说：“世异则事异”，“事异则备变”，“故事因于世，而备适于事”。法家反对保守的复古，主张锐利的改革。在他们看来，随着历史的发展，一切的法律制度也要随之而变。

在现今社会看来，这是非常明智且具有意义的一种观点。举全国之力进行的一次次“修宪”便体现了这种观点的必要性。时代在变化，法律作为一种规范社会的手段随之变化改进是必需的。只有不断地变化改进，法才能有它存在的真正意义。

22

先秦的法治思想与当代的依法治国不可混为一谈，它们有着巨大的区别，不可混淆。

首先，先秦的法治主张通过严刑、重罚来治国，“法”是统治者公布的统一法令、制度，无论赏和罚都只由君主一人来掌握，是为极端的君主集权制设立的。当今的法一旦制定，就具有独立性，任何人都不能超越，在法律面前人人平等，没有人能够跨越。

其次，先秦的法治思想片面注重“法”，不注重“德治”很容易导致暴政，最终政权走向灭亡。秦的灭亡就证明了这点。当今的依法治国是

“法治”与“德治”相结合，并注重人性。

最后，先秦的“法治”使百姓陷于水深火热之中，命运都掌握在统治者手中，是为了维护统治阶级的利益。当今的依法治国让人民过上和谐安定的生活，“法治”能够公平、公正、公开，是为了维护广大人民的正当利益。

当然，现代法律并不是十全十美的，随着社会的发展，它依然需要日益完善。

09

治家与治国同乎？同，天下之道既可一以贯之，治国治家便有统一规律。治国讲究德法相济，治家亦然。然，亦有不同也！

“近年，我深以家庭教育为虑，本骨肉至亲也，前有加拿大华人弑母，后细看，天下不赡养老父母者屡见报端；各年轻少男少女萎靡诸如柯震东吸毒者多也！”儒家重义，法家重利。家庭教育若能德法相济，给予儿女子孙以家庭之暖，人格之健全，道德之基础，何至于如此冰冷境界。爱是心与心的互动，心与心互相给予温暖。我看不惯现在爱孩子的现状。养孩子不是养小三，如果没有很多很多的爱，有很多很多的钱也是不好的，物质不是爱的火堆，即使是，请提防来日惹火烧身，你是提款机，我带幼女开房轮奸；你是李刚，我在校园开车撞人；你是爸，我给你一封三行诗，爸，钱，儿。如今的家庭教育，可不可以多一点爱，少一点急躁。

那么如何爱孩子这个问题摆在我们面前，我前面说得很清楚了，那就是“德法相济”。很多人说这是个冰冷而残酷的社会，那我们家长也要让孩子的生活同样痛苦不堪吗？给孩子以温馨的感觉，不要以功利冰冷的成绩要求孩子，天生我材必有用，阿炳目盲还能创《二泉映月》，又有何担心呢？

但是没有规矩又哪成方圆呢？家规同样得立，只不过要更加人性化。凭借打骂来调整孩子的行为是非常不合理的，我觉得可以采取欧美国家的做法，做加法或者做减法，根据孩子喜爱的东西来做小而有力的文章，比如说喜欢打篮球，就以参观篮球赛的机会为奖励，反之亦然。

愿天下家庭教育长进！

24

法家是先秦诸子百家中重要的一派，其理论内容丰富，但最令人印象深刻的莫过于法治学说。其中主要代表人物有：李悝、吴起、商鞅、申不害、慎到、韩非、李斯等。在当时，虽然秦朝的快速灭亡证明了法家治国思想的失败，但其创造的君主专制主义中央集权政体一直沿用到了清代。可以说，法家的法治思想深深地影响了中国古代几千年的文明。

时至今日，中国选择了一条社会主义的法治之路。当然，我们所追求的“依法治国”同法家当时所提倡的“以法治国”不可同日而语，甚至在内涵上有着巨大的区别；但学习法家“以法治国”思想中的合理成分对于我们今天建设社会主义法治国家仍有着重要的借鉴意义。

例如：①法家思想中的人性本恶思想，在当代社会中是不适用的，但其对犯罪分子进行惩罚，对官员按照一定的职务对犯罪进行分工的思想还是影响了现代法律的发展。

②当时的依法治国从实质上来说还是人治，但对现代社会还是有着许多积极影响的。古代的法家思想与现代的依法治国都有个最突出的特点，即制定明确的法律，按照法律来办事，对犯罪进行惩罚。而在我们现代的社会主义国家，依法治国就是广大人民群众在党的领导下，依照宪法和法律的规定，通过各种途径和形式管理国家事务，管理经济文化事业，管理社会事务，保证国家各项工作都依法进行，逐步实现民主的制度化，法律化。

25

战国时期，百家争鸣，思想文化各自争芳斗艳，然而在众多文化中，我偏偏对韩非子的思想情有独钟。

韩非子重法，强调法、术、势三者合一，他认为治理国家首先要保证自己的权利绝对稳固，然后才能借助君主并依法执行来管理国家。我非常认同这种思想。一个人只有让自己足够强大起来，才能让别人信服，直到现在，我认为无论是原古社会还是现在，我们生活的环境一直是强者战胜弱者，不断竞争的。

另外，对于韩非子的认识论思想我也是比较欣赏的。他否定完全凭主观妄想猜测的见解，对于真理标准问题，韩非提出注重“参检”的方法，并且十分重视实用功能。“眼见为实，耳听为虚。”有时眼见并非为实。有多少人是一种人云亦云的态度，道听途说，讲得绘声绘色，曾经红极一时的电影《搜索》给了我很大的触动，有言论自由也不能乱讲话，付出行动去调查，掌握了事实才有资格说话。因为全凭猜测的舆论有时候也足够杀死一个人。

29

韩非，法家思想的集大成者，虽然他的法家思想有利于全国统一，但是韩非认为，古代人所以看轻财物，是因为那时财物多，并不是因为古代人“仁义”；现在人好争夺，也不是因为现在人卑鄙，只是由于财物少。这样的说法未免太过武断，把所有人都当成了唯利是图的人。人活着并不是完全为了“利”，如果都是为了“利”，那还要亲情干什么？还要友情干什么？在韩非眼中父子之间的关系不是抽象的“孝”而是父养子，子供父，互相计算的关系，“养”“供”，这两个字都透露着“利”。难道父亲养儿子不是本能吗？儿子赡养父亲不是天性吗？按韩非的说法，那父亲养儿子的时候是不是应该天天计算自己为儿子花了多少钱，以后好在他身上讨回来。人人都这样，那么这个社会还有什么亲情可言。

34

韩非是法家学说的总结者之一。法家思想使战国时期的秦国成为一个实力雄厚的大国，也成为秦统一封建政权的理论基础。但是法家思想有很多局限性。

韩非认为，诸如君臣、父子、地主与雇工这些人之间的关系都是为了各自的“利”。我是不同意的，有很多忠臣的例子。三国时期的诸葛亮是一位军事能力很强的人。他的君王刘备，知道自己的儿子没有当君王的能力，便跟诸葛亮说，如果阿斗实在支撑不起这个国家就让诸葛亮来当这个君王，但是诸葛亮并没有这么做。如果诸葛亮是为了“利”才为刘备服务的，他大可自己当这个君王。还有清朝的林则徐，他们都是因为一个“忠”字，都是为了国家的危亡而为国家献出自己的一份力。说父子之间也是为了“利”就更是错误的了。周剡子鹿乳奉亲，周仲由百里负米，汉文帝为母亲尝汤药，他们都是为了一个“孝”字。

韩非从人都是为了“利”的观点出发，根本反对用仁、义等来治国，主张通过“严刑”“重罚”来治国，这就注定人民会群起反抗，国家会被人民推翻。

15

韩非从“性恶”论中，用经济关系来说明人与人之间的各种关系，于是把人与人之间的关系看成赤裸裸的自私自利，他否定天赋的忠、孝、仁、义等道德观念。韩非认为父子之间的关系不是“孝”，而是父养子，子供父，互相算计的关系。俗话说，百善孝为先。父母养育我们并不是子女对他们来说具有“利”，而是那是他们与生俱来的责任，而我们回报他们是天性，父母的付出并不要求我们的回报，这一切都只是因为爱。以此类推，人与人之间都要因为“利”才能够维护彼此之间的关系的话，那么社会就不会和谐，没有感情的存在，冷漠将肆虐这片生存的土地。

从一方面来说，韩非主张“法”治，“法”不是万能的，它只是一种手段，相对来说，我们更乐意从内心深处透出理性，维护人与人之间的关系。

19

提起法家，脑海里就会想到先秦时期法家思想的集大成者韩非；提起韩非，脑海里便会想起他的“法”“术”“势”思想。韩非的“法”“术”“势”指导着秦始皇统一了中国，也是他那残酷的法家思想使得秦国二世而亡。我不管别人如何评价韩非，如何评价他的思想，可他的“不法古，不循今”的思想一直留在我的心中，引发我的无限思考。

韩非曾说“时移而治不易者乱”告诫我们要懂得变通，不要刻古不变。秦始皇运用法家的“法”“术”“势”统一全国，使得天下太平。可是随着时代的发展，社会进步，后来的统治者却不懂得变通，最后秦朝二世灭亡。与秦朝相比，汉朝就截然不同。汉初民生凋敝，经济萧条，于是统治者便“无为而治”，使社会恢复生产，国家不断发展进步。直到汉武帝时期，在社会经济有了一定的发展的基础上，汉武帝便启用董仲舒新儒学来治理国家，使得社会发展迈向一个新高度。

新中国的改革开放又何尝不是适时而变呢？面对不同时期，不同问题，我们都要制定不同的政策以促进社会的不断发展。如今的我们正处于改革开放的关键时期，我们更应该适时而变，抓住这个时期的关键，促进中国的新发展。

36

韩非“法”“术”“势”相结合的观点带有浓厚的专制主义色彩，体现了法的极端严苛，甚至赏罚不平等。他的观点重法而忽视道德。对于战国末期，那个以“利”为中心的时代，他的思想符合地主阶级建立统一政权的要求。因而受到当时君主的追捧。当时，利用法家思想制定的一系列政策，可以帮助一个国家快速地强大起来；百姓也会为了保卫国家而一致对外，继而统治者通过兼并战争达到统一全国的愿望。

但若在和平统治时期依然采用这种严刑峻法，就很容易形成暴政。激起民众的恐慌和反抗，威胁到统治的稳固，秦朝二世而亡的致命因素就在这里。

这对于我们建立法治国家有相当大的指导意义。一方面，我们不可能单纯地依靠道德规范我们的行为，因此国家必须制定相关的法律法规，以国家强制力保证社会的稳定与和谐。另一方面，我们又要加强德治教育，以道德感化人。因此，我国提出了依法治国和以德治国相结合的主张。即使在对犯罪分子进行判决时，法官也有自由裁量权，依据其犯罪的动机和社会危害性，给予最公正的判决。

德与法是相辅相成的，不存在对什么国家适用，对什么国家不适用的情况。只是领导人要根据不同的社会现实、不同的历史阶段把握德与法的轻重，才能制定出最有益的政策。

38

法家是中国历史上提倡以法制为核心思想的重要学派，法家的思想渊源久远，可上溯至夏商时期的理官，“法家者流，盖出于理官”（《汉书·艺文志》）。不论是何种事物，都是有其两面性的，法家学说也不例外，有其利者必有其弊也。

法家思想在战国时期受到很多国家的重视，这便与法家的主要思想有莫大干系。法家可以说是高度重视法制的作用，法家提倡以法治国，主张严刑重罚，能够在法的基础上较好地协调社会各种关系之间的利益，达到稳定社会秩序的目的。法家主张用强制性的法律条文来约束人们的行为，主张国家实行高度的君主集权制，君主要善于运用法、术、势来统治国家。这样的思想正好迎合了新时期地主阶级建立统一封建专制政权的要求，因而受到各国的推崇。法律被视为一种有利于社会统一的强制性工具，成为社会动荡的主要统治手段。另外，法家认为人与人之间的关系就是利益关系，人的本性就是追求利益，要用利益来诱导人民去做事情，主张赏罚分明，奖励军功，这样的方法不就是为秦国的富国强兵、统一六国奠定了基础吗？法家认为历史是不断向前发展的，反对保守，法律应当根据时代实际情况来采取相应治理措施，不能一成不变。法家的法制思想对现代社会以法治国，建立健全法制，公正执法产生了很大的影响。

但法家同样有许多不足之处。法家轻视教化，认为道德观念是无多大作用的，反对儒家的礼制，过于夸大法的作用，鼓吹轻罪重罚，极力主张绝对的君主集权，不够重视百姓的意志。就拿商鞅来说，他便是典型的刻薄少恩之人，推行严厉的刑罚，连坐法便是其一，百姓可谓是深受其苦，商鞅对于反对自己的人都是予以残酷打击，绝不手软。纵使商鞅对于秦国的统一和发展做出了巨大的贡献，却终究落了个悲哀的结局。严刑峻法，高压暴政，不得民心，不就是秦二世而亡的一个重要原因吗？法家的弊处便是未能够给予道德教化以足够的重视，没有很好地结合法律与道德教化。

44

战国时期的韩非是法家的集大成者，他总结早期法家的学说，提出了法、术、势相结合的法治思想，先秦法家思想体系得以形成。虽然法家思想也强调法律在治理国家中的作用，但与当今依法治国思想有着本质区别。

韩非认为法、术、势三者相辅相成，缺一不可。这是他为君主制定的统治术，他的思想是为了维护君主集权制。他主张君主利用法律来对民众进行奖惩，运用权术来驾驭臣子，同时利用自己的威严让命令得到执行。“法家的主张，用现代语言来说，乃是一套组织领导的理论和方法。”（冯友兰《中国哲学简史》）

如今我国的依法治国是依照法律体现治理国家，法律体现的是人民意志和社会发展规律，依法治国不是依照个人意志、主张治理国家。法家主张法律面前人人平等，只是君主应利用奖惩来统治一切人包括贵族。韩非指出君主必须掌握着赏与罚，并且通过“严刑”“重罚”来治国。先秦法家思想忽略道德，容易导致暴政的出现。秦朝最终就是因为暴政而被农民起义推翻的。

法家的思想实际上是“人治”思想，法律只是君主维护统治和权威的工具。在当时，这种思想顺应了时代潮流，有利于大一统王朝的形成和中央集权的加强。先秦法家思想在当时闪耀着光辉，对于当今社会仍有借鉴意义。

39

韩非子主张“不期修古，不法常可”“世异则事异”“事异则备变”（《韩非子·五蠹》），要根据国家的国情来制定政策和变法改革。他继承和发展了战国时期法家的思想和实践，提出了君主专制中央集权的理论。他主张“事在四方，要在中央；圣人执要，四方来效”（《韩非子·物权》），国家的权力要集中在一个人的手上，这个人便是君主，他认为只有绝对的权威才有绝对的服从。

变法改革是国家发展的过程中必须经历的，世界上唯一不变的东西就是永远在变，只有变才能适应时代的发展，才能根据国家的国情来改变，使国家发展得更好。韩非子的法家学说坚决反对复古，主张激进的改革。

一个国家、一个社会的进步与发展离不开对旧制度旧体制的变革，发展就是要不断改革创新、与时俱进。改革是推动国家和社会进步的动力，难道中国的改革开放不是一个很好的例子吗？

03

常言道："法理不外乎人情。"但在传统的法家思想中，并没有所谓的"讲人情"这一说。他们推行严刑峻法，在我看来法家思想天生就是为了维护封建专制，是巩固政权统治的工具。百家争鸣的时代，诸侯争霸，思想混乱，统治者们都在思考选择哪个派别的思想，但只有秦国在选择法家思想后迅速壮大发展起来，最终统一了六国。难道在如此动荡的社会，法与情真的难兼容吗？只能选择粗暴无度的法家思想吗？

现代中国治国坚持以法为主、以德为辅的原则，体现了儒家德治、仁政的思想。尽管统一中国的是法家思想，但是流传下来并成为正统思想的却是儒家思想，直至今天，儒家在人民心中依然占据着重要地位。这就体现了只有讲究人情味的思想才能持久流传，只求法治并不能长久维持下去。再说秦始皇统一中国后，国家统一，社会和平发展，百姓刚从战争的硝烟中走出来，急需恢复经济发展，而不能依旧沿用法家思想，而应使用儒家的治国思想。在我看来，法家思想适合于战争，而儒家更适合于治国。

17

战国时期，韩非子对比前期法家的学说，综合出一套已"法"为主，"法""术""势"相结合的君主集权制的统治之术，这在当时被各诸侯国统治者广为推崇。

关于"法"，作为一个君主，他的责任就是让自己国家强大，至于用酷刑还是德治，在古代由于没有更强大的权势来压制他，所以“法”就成了专制集权的工具。尽管法家实行严刑酷法，但在当时确实为秦国民风改良和行政效率的提高做出了巨大贡献。没有连坐法，农田赋税和士兵征募很难得到保证。但是在现代，人类的文明程度大大提高了，法不仅约束人，更成为一种引导人、激发人内心责任感的条文。时代在变化，法律必须适应现实，否则上层建筑就只能阻碍经济基础的发展。

“势”是固定的由上层统治阶级对下层统治阶级的势。上层统治者在血缘地位、经济实力、政治势力都比下层阶级强，达尔文的进化论法则告诉我们人类的天性就是弱肉强食，于是下层阶级只能无条件服从上层的命令。这在现代的行政管理中还是相当常见的。领导的作用不应该是威慑人而是领导人，给下层员工做榜样，这样人们才会心服。没有思想，只会玩弄权术的人，迟早会被下面多数的人给拉下台来。所以势是不必要的。

“术”是最能体现人情商的一点，是否善于用人是一个领导者成功与否的关键所在。俗话说：做人要低调，做事要高调。所以阳术才是被广泛接受的，阴术我们不提倡。但是为了国家利益，为了民族生存发展，在交往的国家使用阴术的情况下，我想也可以使用阴术来捍卫自己的权利。我觉得以彼之道，还之彼身是对小人最好的回应，宽容在这里是纵容。灵活运用御人之术绝对是最高深的学问之一，但是一旦掌握，那么整个团队的创造力是无法想象的。

04

法是约束人们行为的准则，是国家管理人民的重要工具。使用得当，法律就能维持国家秩序，使社会和谐；使用不当则会产生相反的效果。

法家主张“法治”，统治者以法律作为武器来统治国家，法自君出，易产生独断专权；法家代表韩非主张通过“严刑”“重罚”来治国，这些现象都说明法律最终沦为了统治者维护自身统治的工具。国家过分强调国家权力，忽视了个人自由，这样就难以得到百姓的支持。

法与时移，当时实行的法律思想对我们来说已经不再适用，现在的社会是人民当家做主的社会，法律是要维护我们大多数人的利益，而不是统治者一人。所以，现在主张“依法治国”，国家依照体现人民意志和社会发展规律的法律治理国家，而不受个人意志的干预。这样，人民才会认同这个国家，才会甘心受管理。

05

一提到德治与法治，大家就会认为这两种不同的治国方略，是相互对立的，二者只能取其一，但我认为这二者是可以相互补充、相互结合的。江泽民曾提出过德法相济的理论，这充分体现了时代的要求，这也是治国的方向。

什么是法？韩非子说过：“法者，宪令著于官府，刑罚必于民心，赏存于慎法，而罚加乎奸令者也。”（《韩非子·定法》）这体现了法的公正公开性以及强制性。而德治来源于儒家思想，要求以仁义道德来教化百姓，巩固统治。这二者都是社会关系的调节器，存在辩证统一的关系。

但为什么现在仍有很多人在犯法，难道就只是法律制度的不完善吗？比如那些高官贪污腐败，公民闯红灯，难道真的是不懂法，无法可依？我认为这原因更在于公民的素质低下，法律意识薄弱，也就是道德与法律素养不够。而完善法律制度是一个漫长的过程，我们可以从人民道德教化着手，扩充法律意识，提高素养以达到依法治国。

德治的核心是为人民服务，法治则是维护人民权益，一柔一刚，德法相济，才能更好地促进社会和谐，维护社会秩序！

46

“民为贵，社稷次之，君为轻”的观点充分强调了民本位的儒家思想，提升了人民群众的地位，引导统治者在治国中爱惜民力，体察民情。这一理论认为统治者应该轻徭役，减赋税，让人民能够食能果腹，穿能保暖。这样的政治思想是走在了时代的前列，但是，这样的思想却只能够停留在理论上。因为它与实际不符，缺乏稳定的社会环境。春秋战国时期是诸侯并起，是一个争霸的时代。大国小国都如火如荼地进行改革，改革成功的国家迅速崛起，保守残缺的国家很快就被兼并。在这样一个变革的时代，仁政思想不被采用似乎能理解的通了。法家思想在这个时候适时地站了出来，它推崇变法，制定法律，采用严刑峻法治理国家，在极短的时间里实现富国强兵。

法家依靠严刑峻法能够在短时间内取得效果，源于它的权威约束性，但是，过分的依靠严刑峻法会导致国家矛盾激化，最终影响国家安定。仁政却是以性善论为基础，依靠伦理道德进行规范，而这在战乱时代是明显行不通的，没有强有力的约束性，就无法保证政策的执行。只有两者相结合，刚柔并济才是治理的良策。于是，王霸并用就出现在了后世统治者的治国方略中了。

仁政为国家稳固之根本，法律为辅助之工具，两者相结合，方能政治稳固，社稷安康。

08

在历史发展的长河中，有无数璀璨的文明陨落了，法家思想却仍然在今天熠熠生辉，我们不得不为它持久的生命力而感叹。我想这应该与法家“法与时移”的思想密切相关吧。

在春秋战国时期，为何法家比儒家更受统治者的重用呢？这并不是一个偶然的现象。联系当时的社会背景，诸侯争霸，社会动荡，礼崩乐坏。统治者急需一种强有力的思想武器来辅佐自己实现统一的梦想，而法家思想就是最好的选择。法家的以“法”为主体，“法”“术”“势”三者相结合的君主集权制度的统治方式，严刑峻法的统治手段，直接有效地约束了人民，巩固了政权，适应了走向统一的历史趋势。法家思想做到了“不法古，不循今”。反观当时被称为“显学”的儒家，它主张恢复周礼、颂古非今的思想就显得有些不合时宜了。

如今，我们提出依法治国，按照体现人民意志、社会发展规律的法律来治理国家，“法与时移”的思想依然存在。我国的宪法也曾进行多次修改，这表明了我国宪法根据不同时期的社会现实在不断变化，为此适时制定符合社会现实的完备的法律体系。

法家的集大成者——韩非子，曾说过“世异则事异”，“事异则备变”。当所处的时代不同时，社会现实也会不同，那我们应该采取的措施也就不同。法家的生命力就体现于此，这也是法家思想在今天仍被使用的原因所在。

26

关于法，韩非子提出了“法者，宪令著于官府，刑罚必于民心，赏存于慎法，而罚加乎奸令也”（《韩非子·定法》），而我们所说的德，主要是指内心的情感或者信念。很明显，法是有一定的强制的，通过固定的法律条文来实施；而德更多的是一种自觉行为，即便违背了社会上的主流准则，也不会收到什么直接的惩罚。这便是两者最直接的差别了。

德治与法治的关系应该是相辅相成的，法治为德治提供一个和平友好的环境，而德治的实行有利于法治的实施。特别是当今道德滑坡的现状更加需要我们注重两者的协调。比如说，在近些年层出不穷的办好事为自己及家人招来麻烦，甚至家破人亡的事件，这是多么令人心疼。难道不令人感到心灰意懒吗？以至于现在人们做好事都要思考良久，没有有效的法制保障，太多的顾虑向人逼近。在看到老太太摔倒，你需要权衡好多东西：她会不会说是我撞的，如果是这样，我要怎么办……或许就在你思考的那一瞬间，老太太就失去了最佳治疗时间，但是你又不得不去思考，因为你也是人，你也会担心没有保障。就这样，在你思考之时，需要帮助的人也心灰意懒，他们以后也可能因为这个遭遇而不帮助他人，这样恶性循环下去，社会要怎么运转下去，可以预见他的崩盘结局的。

将法治完善进行到底，为德育营造一个好的氛围，在德治昌盛的情况下，或许法治也就可以放松了，因为无所谓犯罪了。

12

“法者，宪令昔于官府，刑法必于民心，赏存于慎法，而罚加乎奸令者也。”法家思想中的韩非子主张严刑峻法。这一思想是建立在当时地主阶级建立统一封建专制政权的要求之上，适应了当时的社会潮流。

现今社会，我们依旧需要法治，但并非是古代所谓冷酷、毫无人情的法治。我们要提倡德治与法治相结合。如果说法制是强制性的、刚性的，那么德治就是非强制性的，柔性的。只有刚柔并重，社会才能稳定、发展。法治重在于惩罚，而德治重在于教化。正如孔子所说："道之以政，齐之以刑，民免而无耻；道之以德，齐之以礼，有耻且格。"法制能强制百姓的行为规范，但若不从思想道德上教化他们，那么只是徒然，治标不治本。况且在当今社会，腐败成风，绝对的权力将导致绝对的腐败，若执法者（领导者）没有过硬的思想道德素质，不怀仁德，那么我想"法"将很难规范执行，这将带来无穷的危害。法律不外乎人情、冷酷的法律只能使我们心生敬畏，并且法律对于一般人来说似乎是高高在上、遥不可及的。中国是人口大国，但总体的素质不高，所以德治还是有必要存在的，在一定方面它弥补了法治的一些缺陷。

时代在变，我们应该不法古，不循今，做到"世异则事异"，根据实际情况做决定。当今中国社会，主张的是依法治国与以德治治国相结合，既要制定完备的法律体系，做到有法可依，有法必依，执法必严，违法必究，又要做好思想道德建设，提高人的思想道德修养。这样才能使国家长治久安，才能实现中华民族伟大复兴的中国梦。

13

韩非的思想如此之多，但他的思想我并非全部都赞成，也并非全部的反对，我以客观的眼光评价韩非的思想，他的思想既有合理亦有不合理的成分。

对于韩非的思想，我不赞成他的"利"。在我看来，他忽视了仁义，忽视了君臣之间的"忠"；父与子之间的"孝"；地主与雇主之间的"爱"。而他所忽视的，也是当今社会所需要的，不可或缺的成分。他过分地强调"利"，会使社会变得越来越功利而缺乏人与人之间的仁义、道德，人类会越来越缺乏人情味，社会中会出现许多不道德的现象。如：老人摔倒无人愿扶，无人愿见义勇为。这样，整个社会将变得冰冷无情。因而，对于韩非的"利"，我是持反对意见的。

对于韩非的认识论，我是赞成的。韩非认为人要得到知识就必须接触客观事物，遵循事物的客观规律。这点从客观唯心主义出发，体现的是实践是认识的来源，对于认识的获得，我们应该从实践出发。在当今有许多的人对别人的评价并不客观。有许多的网民，对一件事或人的看法往往是随波逐流，缺乏判断。他们往往硬把一莫须有的事编造得无比真实，仿佛自己经历了一般。这些人对于这些人的事和看法往往不是出于实践，而只是单纯地在他人的思想上进行编造，并且是在他人的思想也并非真实的情况下进行的，往往会造成谣言四起一发不可收拾。因而对于韩非认识论的观点，我认为当今的人要借鉴一下，不要一味地随波逐流，从实际出发，遵循客观的规律，用正确的眼光看待问题。

14

“寡人得见此人与之游，死不恨矣!”秦始皇如此感叹韩非子的才华横溢。韩非子作为法家思想的集大成者，韩非综合了前期法家思想，得出一套以“法”“术”“势”为主的统治术。“法”指健全法制，执法公正；韩非子感慨“法者，宪令诸于官府，刑罚必于民心，赏存于慎法，而罚加乎奸乎令者也”（《韩非子·定法》）。在当代社会，我们法制条文还不够完善，老百姓的一些利益并没有得到保障，具体的赏罚并没有明确的法律规定。学习韩非的“法”的意义，就是更好地完善我国的法律，更好地维护最广大群众的利益。“术”指统治者驾驭群臣，掌握政权，推行法令策略。统治者的权衡利弊，推行合理的政策，其国家必定国泰民安。“势”指统治者拥有地位和权力。不管在什么时候，实行改革和政策的官员，都必须拥有一定权力，让政策和措施更好地实施。当然对于权力，需要把握一个度，不能过，也不能少。这样腐败和软弱的现象就鲜少发现了。

韩非子的法家思想需要我们用客观的态度，取其精华，从我们当代社会现象出发，更好地运用法家思想去指导社会发展。

45

韩非从利益观出发，认为利益的冲突是矛盾纠纷的根源，反对用仁、义、礼、教来治国，主张通过“法治”来治国。

韩非认为，商鞅过于重法，慎到过于重势，申不害过于重术，这都造成了不同程度的问题，于是他通过整合综合出了一套以“法”为主，法、术、势相结合的法治体系。关于“法”，韩非认为，“法者，宪令著于官府，刑罚必于民心，赏存于慎法，而罚加乎奸令者也”（《韩非子·定法》）。由官府制定法令，赏罚分明要深入，民心，要奖赏遵守法令的百姓；关于“术”，韩非认为，“术者，因任而授官，循名而责实，操生杀之柄，课群臣之能者也”（《韩非子·定法》）。统治者需要掌握任免、监督、生杀的权术；关于“势”，韩非认为统治者必须掌握至高无上的地位和权力。三者相互运用，相互结合。同时他还强调“术”不宜显现，需要藏于心中，这样就能控制群臣，实现大治。

法是统治阶级意志的体现，韩非的“法治”思想实质上是一种人治下的少数人的官法，不同于今天我国通过人民代表大会民主集中制下代表多数人产生的法律。

韩非强调法治的精神在于奖赏与惩罚和“法读于显”的普法思想以及以法治国思想；强调法令的执行，有法可依，有法必依，执法必严，违法必究；法令要合时宜；法令平等。这些思想对于我国社会主义法制体系的完善有重要的借鉴意义。

但同时韩非作为法家的集大成者，另一面强调刑法，严刑峻法，忽视了德治，过于偏激；强调国家的权力，轻视了个人自由；法自君出，实行独断，容易独断专行；过于机械，不利于个性发展。这些都是时代的烙印下的局限性。

对于韩非“法治”思想应该批判继承，采取“扬弃”态度，取其精华，去其糟粕，我相信，我国的法制建设将日臻完备。

40

韩非子在法、术、势的论述中说道：人人都有一种为自己打算的“自为心”。人的一切道德、感情、行为都决定于对自己有没有“利”，根本无所谓天赋的忠、孝、仁、义等道德观念。对此我是持反对意见的。虽然人人都有自私的一面，但它并不是一个人所有感情的全部，它可能只占一个人的10%、20%抑或更少。

人之所以为人而非动物，就在于人会思考，是有感情、有仁性、有恻隐之心的。一个人再坏，再恶毒，再十恶不赦，一定是会有一部分人在他内心最柔软的部位，温柔待之、用心待之。每年的感动中国人物评选，总会有那么一些人，不为名、不为利，坚守自己内心的一抔净土，耕耘着心中的洁净。

韩非子主张的治国之道不是以仁服众，而是通过“严刑”“重罚”来达到统治的目的。如此做法我不敢苟同。“文革”期间，一些文坛巨匠遭到了抨击，批斗。十年时间，可想而知，如果按照当初“百花齐放、百家争鸣”的路线走，而不是向“左”倾主义靠近，中国的发展一定会比现在好很多。所以在邓小平主政后，立刻发表“解放思想、实事求是、团结一致向前看”的讲话，果断扫清“文化大革命”的影响，把中国经济引上正途。

所以，仁治、德治是法治的基础，所有的方法都要掌握一个“度”字。

23

法这个字眼，离我们遥远而又切近。虽然它严谨，肃穆又看似不近人情，但我们的日常生活中还是少不了它的。如果缺失了它，我们的生活会乱成一锅粥，不是可能、或许，而是一定。因为我们的生活被它所约束的同时，也被它所保护着。它看似面目狰狞，其实最为刚正不阿。

在古代，在那遥远的战火连天、狼烟四起的春秋战国，曾经有一个派别，被称为“法家”。然而这里的法与我们现在的法又不能一概而论，我们的法是天平，是准绳，然而那时候的法却只是统治者的工具。他们主张严刑峻法，其中较为有名的是商鞅和韩非，一个为秦朝的统一立下汗马功劳，却逃不过车裂的下场；一个为秦朝的巩固绞尽脑汁，却被处以极刑。这不仅仅是统治者的暴虐所致，同样也有他们自身的原因。法家所提出的严刑峻法虽然对社会的安定具有显著的作用，但同时也容易导致民怨沸腾，从长久来看，这并不是一个良久之策。

然而，即使它有种种弊端，但能够被统治者采纳，说明它必定是有其可取之处的，至少在那个时候是有它存在的必要的，否则秦朝不可能灭六国而结束战乱的。它的严苛的确不科学甚至还有些草菅人命的意味，然而我们不能否定它对秦朝的统一是至关重要的。它对秦朝的强大起到了决定性的作用，它使秦朝国富力强，秦朝的虎狼之师横扫六国，秦始皇完成霸业。它当中蕴含的一些意义值得我们去思考，它在裁决事情时，采取的措施的确严苛，然而它的效果也是立竿见影的。因为它的严苛，所以在战争时期，作为后盾的国内能保证没有后顾之忧；因为它的军功制度，军队的战斗力空前高涨；正因为在战争时期，法家的理论才能够大放异彩。其实法家的理论与战争是互相成就的。

第八章　领悟孟子的智慧

有“亚圣”之称的孟子，自小从母亲那里接受了良好的教育。孟母三迁与“子不学、断机杼”的故事充分说明，一个人的成才，受遗传、环境与教育三个主要因素的影响。孟子继承孔子仁义学说，开创心性思想，使儒家内圣外王的孔孟之道得以完善。《孟子》一书七篇，由孟子及其弟子万章等共同编撰而成，记录了孟子的哲学思想和相关政治活动。其学说出发点为性善论，主张仁政德治，提倡王道反对霸道。南宋时期理学家朱熹将《孟子》与《论语》《大学》《中庸》合在一起，统称“四书”，逐渐成为后世读书人参加科举考试必学的教科书。

传统观点普遍认为，孟子在人性论上持“性善论”，即认为人的先天本性是善而不是恶，这是一种误解。人性并非本善或者已善，而只是表现为向善，在人心恻隐、羞恶、辞让、是非四端之上体现出来。现实人性之恶是人心四端所向发生了偏离，受感官物欲的污染所致。孟子“性善论”是对孔子“仁爱”说的发挥。孔子论“仁爱”本于孝悌，没有从普遍人性上对仁爱之情进行反思，无法合理解释现实人类社会道德行为的力量之源。为此，孟子人性向善论在一定程度上赋予人性以自律功能，有效地解决了这一问题。

孟子一生致力于推行仁政实施天下。其“仁政”学说以民为本，认为“民为贵，社稷次之，君为轻”。统治者应该明白政权是建立在人民群众拥护的基础之上，保民才能王天下。所以，统治者应该制民之产，使人民因有恒产而有恒心；使民以时，不滥捕乱伐乱农耕；取民以制，薄税轻敛来养民，使老百姓能过上一种衣食无忧的温饱生活。在此基础之上，谨庠序之教，申之以孝悌之义教民，使老百姓过一种懂得礼义廉耻有尊严的生活。

孟子在认识论上强调应该重点学习为人处世、待人接物的道理。人皆可以为尧舜，每个人德性的完善都可以自我为主宰，良知良能的获得在于一己方寸之间。他说：尽其心者，知其性也。知其性，则知天矣。存其心，养其性，所以事天也。内心向善，求则得之，舍则失之，是求有益于得也，求在我者也。功名利禄，求之有道，得之有命，是求无益于得也。求在外者也。所以，真正的学问之道无他，求其放心而已矣。懂得万物皆备于我，反身而诚，乐莫大焉。

43

孟子说："莫非命也，顺受其正。"意思就是说，人的一生就是命中注定，天决定你出生富贵或贫穷。而你出生咋样就咋样，你都要逆来顺受。这就跟欧洲加尔文教的理念一样，它提倡"先定论"。也就是你的出生后的一切都是上天安排的，你不要有任何怨言，也不要反抗，让你做奴隶是因为你上辈子作了孽，这辈子要惩罚你，如果你反抗就是逆天，要受到天的惩罚的。这些东西就是用来迷惑世人，使他们甘于现状，听从统治。

其实这种思想束缚了很多农民阶级。这种宿命论压根就是错的。就像陈涉说的，"王侯将相，宁有种乎？"每个人天生下来就是贵族吗？不是，只要每个人敢于去拼，一切都有希望。陈涉就做到了，马云就做到了，李嘉诚也做到了。为啥你做不到，这肯定跟你后天的努力有关。

"与天斗，其乐无穷！与人斗，其乐无穷！与地斗，其乐无穷！"（毛泽东）我们就是敢于与命运斗，我就是不信我们摆脱不了这个枷锁，摆脱不了这个套子。我们要扼住命运的喉咙，要向天呐喊。命里有时终须有，命里无时莫强求！我就是要强求，我就是要争取，我命由我不由天！拿破仑不惧命运，最终成为皇帝，征服了欧洲！朱元璋敢于拼命，也建立大明帝国！毛泽东逆命而行，带领农民翻身做主，缔造了新中国！他们就是不信宿命论，才有今天的成就！

各位，你们还在为自己出身低微而忧，以为自己天生就是这种命吗？那你错了，只要勇敢向前，不屈服，拼！斗！努力努力再努力，你一定可以征服命运！记住，爱拼才会赢！

19

孟子说："无君子莫治野人，无野人莫养君子"；"或劳心，或劳力。劳心者治人，劳力者治于人。治于人者食人，治人者食于人，天下之通义也"。这是孟子的社会分工的观点，也是孟子的"宿命论"。他认为，这种生来就决定的等级关系是社会分工的结果。换句话说就是，你生来就是这样，无论后天如何努力都无法改变。

我是赞成孟子的"人人各司其职"的观点。每个人的社会分工都不一样，而我们要做的就是"在其位，谋其政"。这样社会就会朝着好的方向发展。可是我并不认同孟子的"宿命论"。也许我们的出生是有差别，或贫穷，或富有，可是我们都不能否认我们后天的努力。信命者，一生都将活在自己设定的生活中碌碌无为，得意时谢天谢地，失意时怨天怨地。

我们每个人都有着自己的梦想，或平凡，或伟大。我们要做的就是为了它，努力努力再努力。始终相信，你要的自己都可以给自己。

27

性，是与生俱来的原始质朴的自然属性，是不待后天学习而成的自然本能。

人性都是好色好利、憎丑憎恶的，这些都是人性本恶的表现。如顺其发展，社会就会充满争夺、残暴、淫乱。因此必须用礼法道德教人向善。

动物世界里，我们往往可以看到一只狮子冲进野牛群攻击其中一头，其他野牛都是慌忙跑开，哪怕他们只要表露一点敌意都可以吓退狮子，但它们并没有。

强奸案例越来越多，作案手法恶毒，且趋向于低龄化，对美的异性产生性冲动几乎是每个人都有的经历，而为什么强奸的只是少数呢？是因为家庭、社会、学校的言论道德教化，从小的时候就被灌输许多事不能做，做了会坐牢的思想，在这种潜移默化的影响下，才能在他们心生性冲动的时候及时遏制了自己的欲望，没有越过道德的底线，再一次证明人性本恶，要通过教化管理使人向善。

同样的例子，人从出生开始就知道抢夺对自己有利的东西。小时候的糖果，年少时的心仪之人，工作时的尔虞我诈、溜须拍马，无不体现人性之丑陋。而说服小孩让出糖果；因为现实原因不得不放弃心仪之人；工作时遵守公司制度，不缺勤、积极上进；不过都是教化的作用，家长的向善教育、现实的打压、公司制度工资的管束，这些都是改变人本性的手段，最终达到向善的目的。毒奶粉、地沟油等事件就能说明人性本恶，只是管制使人向善的力度或手段不够。

若善乃人性之本源，那恶从何而来，既无恶了，那社会的各种规章制度存在的理由何在？趋利避害、骄奢淫逸，此乃人性。性本善，可笑，可笑至极！

51

“人之初，性本善。”这是《三字经》中的开篇之句，我们跟着《三字经》念了几百年，也许你只会去念这个观点，但你可曾真正地想过？人之初，真的会性本善吗？关于这个观点历史学家一直争论不休。

孟子，中国儒学的集大成者，他师从于孔子的孙子，不断宣扬和发展孔子的思想，被后人尊称为“亚圣”。孟子一直主张“性善论”，他认为人性是向善的。但他的论据却没有说服我，孟子说过，“无恻隐之心，非人也；无羞恶之心，非人也；无辞让之心，非人也；无是非之心，非人也”(《公孙丑上》)。孟子认为，人皆有这四心。在他看来，若无这四心，便没有道德，也许就不再被称为人了。

与孟子同一时期的荀子却不以为然，他主张“性恶论”。荀子认为，人生来就好利、嫉妒、喜声色。这是人的恶的源头，如果不加以克制，将会丧失道德，影响社会的发展。恶欲的膨胀，将是社会黑暗的开始。

在我看来，孟子和荀子的观点我都不赞同。我认为，孟子之所以主张“性善论”，有一个重要的原因就是要推行他的“仁政”思想。而荀子是看到了人性的不好，才发展了他的王道与霸道的思想。相对中和而言，我认同告子的不善不恶论。也可以说是王夫之的不固定性论。人作为一种生物，人性的善恶就像一碗端平了的水，哪里有个缺口就往那里流。人性是不固定的，并没有绝对的善恶，一切都可以不断变化发展。只要你努力了，你就可以做得到更好。人要向善，世界才会更加美好。

48

告子有问，孟子如答，如风如流水。一个同是持不同看法的后生被孟子的言论狂轰滥炸，我不禁要问，孟子心胸如何？是否作为亚圣的他容不得其他人的质疑？是否对一个毛头小子要当头棒喝一顿之后，他就会改变自己的想法？

另外，孟子作为儒家的继承人，是否有违儒家传统？他提倡的民贵君轻明显与孔子所要求克己复礼维护等级相违背。他主张民生的一系列思想，还有他的王道之说，都是在清明的社会政治、完善的伦理道德这些环境中才可实现。是否他对当时诸侯纷争，地方割据，时局动荡这些情况一点都不了解？甚至很多时候，在论述养生丧死无憾的论点，我个人都感觉他有可能吸收或借鉴了小国寡民的老庄之学。是否他有向无为而治那个方向发展？还有孟子的利义观中的义是等级间规则与方法，而利则偏向局部利益、集团利益、私人利益，甚至将利义对立起来。是否利义之辩还是逃不出当时的环境所限？

还有，不知是不是那些名人的习惯，他们总喜欢隐居。告子去拜访老子求知，是否有做作的嫌疑？还有孟子通篇之言，都是“孟子曰”的格式，是否我们都不重视孟子究竟对谁说？甚至是在什么情景下说的？是否告子的人性非恶非善论是错的？值得孟子那样的批评改正？在教材上孟子辩术无往而不利，他有没有输过？我们不知道。我们把他学说当做教材样板，顶礼膜拜、不去质疑与思考，照单全收。书本知识能否决定未来？但我能想到，书本知识能决定我们的大学，你呢？

11

孟子主张君主实行“仁政”，通过“井田制”来限制新兴地主阶级扩大土地占有，同时又把农民捆绑在土地上以供君主剥削。他认为，以这种方式农民可以衣食无忧自然也就有利于国家的稳定和谐。但是事实真能如他想的那样吗？答案是否定的，新兴地主阶级的欲望是不可控制的。他们通过各种手段进行剥削和压迫农民，农民被剥削自然会反抗，国家又何来安定？

孟子说："劳心者治人，劳力者治于人。"他认为人的命运是天注定的，而"君子""劳心者"生来就是治人的，而"劳力者"只能是被剥削压迫的。他的"宿命论"有很强烈的封建等级观念，把人民放在了社会底层，然而他却忽视了国家安定的关键在于人民，他一味地认为只要农民被束缚就不会反抗。他的想法过于理想，他侧重于"劳心者"，却忘了如果没有"劳力者"，"劳心者"又何来的机会劳心？

他的理想只能存在于理论，而政治统治并不能只停留于理论，更需要的是结合实际，具体问题具体分析。

20

孟子说，"人之所不学而能者，其良能也；所不虑而知者，其良知也"《尽心上》。其意思是良知、良能就是不用学习、不用思虑就有的知识和才能。然而，我对此存有疑问。人所拥有的，有多少是人与生俱来的呢？一是身体发肤，二是人们常说的求生是人的本能。至于其他的，若是有，也是极少的。而孟子所说的"性善论"，也就是他认为人性本善，人性的善良是与生俱来的。但是，我更愿说人生来无所谓善良或邪恶。就如一个婴儿，他不会特别去亲近谁或排斥谁。

人性的善恶应该是后天形成的，良知也是后天影响下而拥有的。社会环境、教育都是重要的影响因素。不敢扶现象的出现，是因为讹诈。讹诈的人，你能肯定他没有善良的时候吗？被讹诈的后来不敢扶了，我们都知道他本是善良的，而这些也造成了良知的忘却。

所以，没有绝对的善，也没有绝对的恶。良知也不是与生俱来的。不同时间，不同地点，不同的事情，不同的人，过程、结果都会变得不一样。

09

母爱有多美，自在飞花轻似梦；梅子黄时雨，阅便人间烂漫沧桑色。我们的善是母亲教化的，母亲的怀抱教我们学会了温暖；母亲的滴乳之恩犹如一个梦，使我们的心变得柔软。我们向母亲索取爱，心里长出爱的芽儿，直到付出我们的爱。我们付出爱，欣赏爱的思维和行动谓之善。

荀子提出所谓“性恶论”。对此，我如何也不敢苟同。

哪一个母亲会教孩子恶呢？母亲柔软到看着肥皂剧都会泪如雨下。骨肉的孩子又如何乐意去残害他人呢？然而，母亲对爱的教育或许容易给孩子造成误导，比如说，母亲教孩子不要跳水救人，本来一个看到别人有危险就会帮助别人的小孩却违背他自然而然的这种意识，容易导致孩子对社会产生迷茫，对善产生怀疑。所以我们建议妈妈要给孩子说明理由，其实可以帮助孩子学会游泳，让他体会到水的复杂性和危险性；培训和监护他懂得了在别人遇到某种情况下应该怎么做；明白了要怎样善待他人，积极行善才能保护自己以及救助她人。同样，母亲要关注孩子心灵的平衡，成长的岁月总有些跌跌撞撞，让孩子独立思考的同时，适当给孩子爱的给养，爱的导向。母亲的爱让孩子不知不觉重复这种善去面对人间烂漫沧桑。

30

孟子说，人和禽兽的差别极其微小，仅仅在于人是有“恻隐心”“羞恶心”“恭敬心”“是非心”和“仁义”等道德观念。而没有这四种“心”就不能算作人。

在我看来，孟子的思想一直要把人与其他种类的生物隔绝开来，甚至在过分的抬高人类，而现代也有许许多多人有着这种思想。一直觉得自己高人一等，就会无所畏惧，就会无法无天。人类指责别人时会大骂“畜生”，在他们心里，人就是比其他动物高一等，其他动物没有仁心。他们忘记了乌鸦会反哺，羔羊能跪乳，他们的孝心在我看来便是最大的仁。而觉得自己高等的人在社会中却总是出现因不赡养父母被告上法庭的事情。

人类甚至残忍地把鲍鱼、鱼翅作为餐桌上的美味；把动物的毛皮披在身上御寒……这种种行为还真没看出人的“四心”体现在哪里。

让我们学会尊重世间的一切，把自己放得低一些。学会平等，学会尊重，学会宽容。

01

孟子的性善论，开头讲道：性本善。人出生的时候，本性是善良的。可是我们却也认为是不善的，出生之后就嗷嗷待哺。我不认为这是不善，而是人之常情，新生儿需要母亲的爱护。在这里也可以体现出母亲对孩子的关爱与善良。也有人认为新生儿的出生，也是恶开始的表现。除了每天会向母亲索取之外，就是贪婪。长大一点之后懂得争抢自己没有的，却又想要的玩具，这也是人的本性。恶的方面不需要反复的教导，而是因外界的刺激因素就会导致的结果，而善却需要反反复复的教育。所以我们经常说学坏容易变好难！

我们经常在新闻上看到，有摔倒老人讹诈做好事的人。最近有一位老人讹诈一个小姑娘，小姑娘知道后反而没有生气，而是给老人家捐款。这件事就可以体现出一个人的恶与善！

人的本性是善良的，随着环境的影响，这个人的本性也会改变，是变得更加善良，还是变得无恶不作，和这个人所处的环境、思想、作为都有关系。

44

关于“人性”问题，孟子提出了“性善”论。孟子认为，人生下来都有一种最基本的共同本性，这就是不忍之心。孟子曾说：“仁义礼智，非由外铄我也，我固有之也，弗思耳矣。”意思是，这些道德品质并不是由外面强加给我的，而是人生来本身就固有的，只不过没有好好想罢了。但我不认同这一点。

我认为道德品质不可能是人生下来就固有的。只有经过后天的学习，长辈的教导人，才能明白是非，知晓对错。如果没有礼仪道德的规范，人们只会懂得谋取私利。孟子认为，人跟禽兽的差别极其微小，仅仅在于人是有着“恻隐之心，羞恶之心，恭敬之心，是非之心”和“仁义”等道德观念。我赞同这个观点，但我不认为这“四心”和“仁义”等道德观念是人生来就有的。如果人一生下来，不受到教育，那么人就会像动物一样，一切行为只遵循本能，这样与动物无异。

孟子没有把本性与人为区别开来。我认为人一生下来，什么都不知道，无所谓善恶。人们受到何种教化，就会向什么方向发展。而且一个人在社会中会不断受到外在影响，他的观念也会不断发生变化。

02

关于性善性恶，我觉得本就浑然，而人们却总要将它分出个干净来，因此也有了许许多多的争论，况且在不同的历史阶段、不同的境遇、不同的主体等对善恶的划分都会有所不同。善恶的界限不绝对，可以说还很模糊。划分善恶的标准在不停变化，随着社会人际交往法则的多样化，善恶也愈加难辨。

我们唯一能确定的便是保留一颗向善的心。前些天我曾和一老友讨论这个问题，他认为人性本恶，原因在于人一生下来就有了欲望，我没法反驳却也没法认同，有欲望就一定是恶吗？那合理的私欲怎么解释？与老友相谈甚欢，当然了，古人都弄不清的东西，我们的思考很大程度上也只是追寻了前人的思考轨迹。我是生活的理想主义者，经历少，不曾有过刻骨铭心的深刻，我的一点点积攒的生活感悟让我相信生活的美好与光亮，我深知自己该做一个向善的人，并坚定不移地去做一个向善论的行为上的巨人。

06

孟子政治思想的中心是“仁政”，与之围绕的有他所设想的“井田制”；“不违农时”生产；“民为贵，社稷次之，君为轻”等。孟子主张“仁政”，在他看来封建制度的推行还需要经济基础，所以他又提出了“井田制”。孟子说“不违农时”去生产，这是“王道之始”。他提出的是尊重规律的表现，只有把握好种植规律，才能有丰收的情景，人民也能安居乐业，这是有利于封建统治者的情况。“民贵君轻”是先进的观点，孟子认为人民支持很重要，是君主统治的基础；人民地位高于君主，这就引起了有些君主的不满。朱元璋在读孟子观点时，把书往地下愤怒一扔，说道：“使此老在今日，宁得免焉？”

孟子希望有贤明的君主能够采用他的想法，他代表的也是地主阶级的利益，所以他的君主之道也有不足之处。例如他的井田制就包含了剥削方式。不过人无完人，所以我们也要辩证看他的思想。不能因为伟大思想家的光辉，而毫无保留的赞同。

07

这个星期老师讲课的内容是《孟子》，这次老师采用让学生来教学的方式，使我们更加深刻地了解孟子的思想。

黄芳芳同学用举例子来向同学们阐述“性善论”的观点，让我们相信人性本善的真谛。然而她过多地使用例子来证明人性本善，并且试图说服我们去相信社会上的性善，却忽视了根本，这有点喧宾夺主了。其实，社会上有“善”，也会有很多“恶”，存在着各种各样的黑暗。我们要做的，就是带着本善，去拨开黑暗，给他们带来光明。

黄芳芳同学的讲学很精彩，也有缺陷，这并不妨碍我们理解孟子的“性善论”。在现代化社会，孟子的性善论也一样适用。小月月事件，药家鑫事件，李刚事件等，都体现了社会上道德的滑坡。所以我们应该用本善来唤醒他们，也呼唤更多人来塑造良善的社会。

35

关于人的本性是善还是恶，孟子和荀子就有过一番较量。

孟子认为人性本善，他曾经说过：“水性无分于东西，无分于上下乎？犹水之就下也，人无有不善，水无有不下。”（《告子上》）他还把人心之善归纳为四心，它们分别是恻隐之心、羞恶之心、辞让之心和是非之心。他说：“恻隐之心，仁之端也；羞恶之心，义之端也；

辞让之心，礼之端也；是非之心，智之端也。”他认为仁义礼智就是从四心之中演变而来，这也是孟子说明天赋道德观念和论证人性之善的根据。

荀子和孟子的观点相反，他认为人性本恶。他说：“人之性恶，其善者，伪也。”（《性恶》）他认为，人的善良行为都是通过表面的伪装而得来的结果，并非人的本性就是善良的。他还抨击了孟子天赋道德的观念，他指出人生来就好利、嫉妒、喜声色。如果不加以克制任其发展的话就会产生争夺，犯上，淫乱；也就不会有辞让、礼义、忠信这些美好的道德。

我既不同意孟子的性善论也不同意荀子的性恶论。我认为，人性没有善恶的定义之分。人们的一切行为只是出于一种本能，这并不能说明什么。善与恶都是人后天培养出来的，世界上没有绝对的好人当然也不会有绝对的坏人，他会因时因地而变换的。曾经看过一个例子，讲一个抢劫犯去偷奶粉，他的目的只是让他女儿吃饱，那么请问这个抢劫犯到底是善的还是恶的呢？因为他为了女儿，所以说他是善的吗，那么他犯罪的事实呢？

所以关于人性的善恶之辩并没有一个明确的答案，古人探讨了那么久都没有一个所以然。我觉得在如今的社会我们只要保持一颗向善的心，不去做一些违法乱纪的事就是对善恶之辩最好的解释。

40

孟子是我国古代杰出的思想家，其儒家主张深刻地影响着中国传统思想文化，对后世产生了极其深远的影响。“性善论”思想作为其主张之一，也使世人对人性提出了疑问与思考。完全不同与荀子的“性恶论”主张，孟子认为，人性本善，人从一出生便是善良的。他认为，人生来都有一种最基本的共同天赋本性，这种本性就是“不忍人之心”，也称之为“恻隐之心”。

但我的观点却不同，我认为人性本无善恶之分，世上没有绝对的好人、善人，也同样没有绝对的坏人、恶人。曾经看过一个事例，一个抢劫犯，每次抢劫所得的财物，并不是用于自己的花销，而是把钱寄给乡下的老母亲和自己的妻女，对于自己，则是能省则省。你能说他是一个坏人吗？不能，他不是为了自己。他是如此看待亲情，完全出于家庭的考虑。你又能说他是一个好人吗？不能，虽然他是为了自己的家人，但是却抢夺了他人的财物，做了违法犯罪的事情。

所以说，人性是多样的，并不是用单一的善恶就能划分得清楚的。在一种的情况下，你的行为可以称为善，但在另一种情形下，你的行为又有可能称为恶。关键在于我们自己，会做出何种选择。一念天堂，一念地狱，全由我心。

10

孟子认为，人生来就有一种最基本的共同天赋本性，就是“不忍之心”，从而提出了人性本善的性善论。但他却把“仁、义、礼、智”这些善性定义为君子才有的品性，不过人性的善恶并不是君子抑或小人这种名头可以划分的。

孟子“性善论”的提出很大程度上是为了维护“仁政”思想，将人性本善变成一种固有的思维宣扬开来，从而引导人们向善，这样才能为其“仁政”思想得到认可奠定基础。而人性究竟是善还是恶都不是生来就能决定好的。在一个人的成长过程中，要从亲人、朋友、老师，甚至是陌生人这些不同的角色身上受到不同的影响，这些影响有好有坏，从而人性的善恶也在不断地变化。

我们不能断言一个人的本质。不能因为一个人做过伤天害理的坏事就固执地认为他不会有悔改之心；也不能因为一个人热心公益广结善缘就确信他不会触碰恶的钥匙。外部因素所能带来的影响是我们所意想不到的，所以“孟母三迁”也不无道理。人性的善恶不是君子抑或小人可以划分得清楚的，没有人能从一而终的善，也没有人是自始至终的恶。我们接受教育，学习道德伦理就是为了能明辨善恶，把握本心。善恶其实只在一念之间。

18

董仲舒继承了孟子、荀子的人性论思想，提出了性三品说，把人性分为上、中、下三等。即圣人之性、中民之性和斗筲之性，圣人之性是天生的善，斗筲之性是天生的恶，都是不可改变的。只有中民之性，可以经过教化成为善，可以叫做性。而在我看来，人生而自由平等，每个人来到世上我们都无法去界定他人性的善恶，更不能简单地把人们划分为上中下三等，这好像是给人打上了烙印。可是命运从来都是掌握在自己的手中，我们可以通过后天的教育完善自己的修养，圣人也不是先天就有的，孔子曾说：吾非生而知之者，敏而好学。由此看来，他的这种思想是不合理的。

他指出，中性之民达到性是通过统治者的教化，这样就会达到愚民的效果，从而对统治者唯命是从。他忽视了统治者的德行，在我看来教化民众不单单依靠统治者，国家的政策、相关部门的宣传也很重要。要想使民众的智慧更上一层楼，物质文明的发展和精神文明的建设同样是不可或缺的，在当今激荡的时代，思想工作也是尤为重要，我们身处的环境和所接受的教育促进了我们后天性格的养成。

人性不是简单上、中、下三等，而是后天教化的结果。

21

“孟母三迁”的故事伴随我们长大，感动着每一个学子。而孟子的伟大成就，很大一部分原因是不是归功于他的母亲呢？答案是肯定的，但其自身的智慧才是最重要的。

仁政的政治思想便是其一大智慧。“民为贵，社稷次之，君为轻。”一句话诠释了他民本的思想。他看到了人民的力量，这在当时促进了国家安定与社会进步。性善论教会我们为人处世。“恻隐之心，人皆有之；羞恶之心，人皆有之；恭敬之心，人皆有之；是非之心，人皆有之”的思想主张赋予我们道德标准。

良知是孟子的又一大智慧。孟子认为，只要虔诚，拥有向善的意念，道德自在心中。有人会说孟子的这种思想仅局限于发挥主观能动性，却缺少对客观事物的探索，缺乏自然科学知识。但道德毕竟只是一种主观意识，客观事物的探索已超出道德范围，也就是我们所说的法律范畴。

22

孟子说："恻隐之心，仁也；羞恶之心，义也；恭敬之心，礼也；是非之心，智也。"孟子认为，这些道德本质是人本身所固有的，人性本善。孟子使我们在这个人心复杂的物质社会还依然相信他人，人是可以为善的，只是有的人把它丢了。

但在实践中，孟子严格区分"君子""小人"。认为这些善性只有君子能保存，能恢复；而小人是不会保存，也不可能恢复。这严重地体现出了孟子封建社会的阶级性，与他口头上的"性善"一样有矛盾，说明孟子的思想还是局限于封建社会，未能完全脱离现实生活。因此，孟子的性善论仍是一种抽象的人性论。

那如何做到善呢？根本在于本人的主观方面，要尽量减少自己的各种欲望，对于所想之物要取之有道。同时还要反省自己，自己做的事情是否合理呢？不断地完善自己，真正做到善，才是性善的目的。

26

孟子认为，人生来便有不忍人之心，这便是孟子所说的"性善论"。但是人性中形成的"善"，在我们日常生活中更多的是由于后天的环境所影响而形成的。

虽有话说："出淤泥而不染，濯清涟而不妖"，但这个体现个例，更多的人是"近朱者赤，近墨者黑"，大多数人都是因为环境塑造的性格，所以自古以来便有书香门第，见人看门第之说。所以有了"孟母三迁"，正是有了孟母的这个觉悟，使得孟子在一个好的环境里成长，也才有了中国历史上这个重要的思想家。这个思想在现在也有体现，比如说胎教，又如倡导从小给小孩讲真善美的故事……

如果如孟子所言，人生来便是善的，那么应该是"善"占主导地位了，可是现实生活中存在着好多的违法犯罪活动，那又该如何解释呢？所以人善论还是有待推敲的，更多的应该是"性未定"，在不同的环境下，人性也是可以转变的。所以我们现在有教改政策，所以才有了倡导人们向善，才有了德治。这就启示了我们要注意人性的可变性，不要一直用一种眼光去评判他人，要用发展的眼光看人。

24

孟子作为战国时期著名的思想家，在孔子“仁者爱人”的思想基础上提出了“仁政”学说。“仁政”是孟子政治思想的核心，是他努力追求的治国治民方针。他把“亲亲”“长长”的原则运用于政治，以缓和阶级矛盾，维护封建统治阶级的长远意义。仁政的具体内容很广泛，包括经济、政治、教育以及统一天下的途径等，但其中始终贯穿着一条民本思想的线索。孟子认为，这是一种最理想的政治。如果统治者可以实行仁政，就可以得到人民的衷心拥护；反之，如果不顾人民死活，推行暴政，将会失去民心，被人民推翻。正如“水能载舟，亦能覆舟”所说的那样。所以孟子在一定程度上看到了人民的力量，如他说：“民为贵，社稷（土地、政权）次之，君为轻。”（《尽心下》）因此孟子要求统治者重视人民，不要无视人民的力量。

孟子的“仁政”思想对现代的社会发展有重要意义：①“仁政”思想对于当今社会主义的和谐发展，以及小康社会的建设仍有借鉴意义。②孟子的“仁政”思想坚定了我们对以德治国的信心。目前我国正处于社会转型时期，道德也在发生嬗变，坚持以德治国有利于挽救目前中国出现的“道德滑坡”现象，对我们今天构建社会主义和谐社会仍然具有多方面的启迪意义。③我们对孟子“仁政”思想的重新解读，能够为我们全面建设小康社会、坚持科学发展观的重要实践提供精神支撑。

16

何为人性？人性就是人生而具有的价值本性。那人性究竟是善是恶呢？即便经过几千年的探索也不曾得知。虽然从小我们就学过：人之初，性本善。但是荀子的性恶论也貌似有根有据，听完傅佩荣教授的人性向善观点，我的内心忽然豁然开朗。

曾经听过许多这样的案例，一直不解，为何拦路抢劫的少年潜逃四年不惜暴露身份跳水救人？为何小偷入室偷窃时看到孩子煤气中毒会主动救人并投案自首？为何地震之时犯人不但不跑还帮助营救？答案原来如此简单，因为，人性向善！每个人的内心都或多或少存在一丝善念，这是一种自律，它让我们自觉或不自觉地去行善事做善人！

相信人性向善，并坚持让人性一直向善，作为一个人，你自身的道德修养一定会很高；作为国家，它一定处处充满爱心，充满和谐。

向善吧，朋友！

49

“盖天下之治乱，不在一姓之兴亡，而在万民之忧乐。”在中国这个具有五千年文明的古老国度中，生活在社会最底层的最为广大的普通人民一直都是主导着五千年华夏大地政权兴衰的真正主人！

“民为贵，社稷次之，君为轻。”（《尽心下》），在中国，一个政权，一个君主，如果得不到广大人民的真正支持和衷心拥护，那么这个国家政权，这个所谓高贵君主的统治地位都必将会落空。五千年的华夏古国如此，广阔无垠的世界也是如此！历史不止一次地向我们证明，顺民者兴、逆民者亡这一永恒不变的真理。

不要以为卑微就没有力量，不要以为弱小的就没有尊严！正如孟子所说：“无野人，莫养君子。”时至今日，中国的十亿农民仍是维护社会稳定的最重要的因素。不要忽视人民，不要无视卑微如沙的人民的力量。也许他们一个人并不能做出任何惊天动地的大事，然而当千万亿的水滴汇聚于一起 ，那便是足以撼动天地的巨大力量！

关注社会底层那无数人民的利益，把他们的幸福与否真正当成一个政府政绩如何的标杆！

民心向背，主江山沉浮！

45

孟子地位仅次于孔子，被后世尊称称为亚圣，乃孔子孙子子思学生，孟子以孔子继承人自居，继承和发展了孔子“仁学”和“德治”的思想，在性善论的理论支撑下，提出“仁政”的学说。

孔子周游列国，推崇自己的主张，无人问津，穷困潦倒，“累累若丧家之狗”（《史记·孔子世家》）。孟子四处周游，也未收到预期的效果。孟子对孔子“为政以德”思想之继承与发展，由“不忍人之心，到不忍人之政”（《公孙丑上》），即主张实施仁政。

孟子认为“行仁”才是统一天下的最好办法，通过实行“仁政”强调“德治”，可以达到“仁者无敌”的效果。采取王道，反对霸道，重视教育等一系列的措施来为其仁政服务。在孟子看来，这是一个很严密的思想体系，但是孟子的思想为什么不被诸侯国君主采纳实践呢？

孟子强调“德治”，他的“仁政”思想所强调的主体是具有高尚的、较高素质的、极高道德情操之人。春秋战国时期，战乱纷争，百姓受教育程度低，道德水平低。而孟子的“仁政”具有“纯粹的仁政主义”色彩，本质上看，儒家的“仁政”理论就是把国家的发展和社稷的安危完全托付给一个理想化的圣人。这就导致“仁政”缺乏一定的社会基础，太理想化。孟子在“仁政”中提出“君为轻，民为贵，社稷次之”。在当时的大背景下，尊君卑臣下，这也是行不通的。春秋战国时期的战乱和社会阶层的剧变要求哲学理论立足于现实，而众多繁杂的政治理论要求思想家们合理地解释现实以完善各自的理论体系。孟子的“仁政”却未能够适应社会的变化发展，而恰恰法家能够适应。因此“仁政”是理想化的。

“仁政”思想，影响千年，至今仍然存在，科学发展观以民为本与民本思想有其相通之处。强调统治者实行“仁义”反对暴政，对于社会的稳定、建设和谐社会有着重要的借鉴意义，但与此同时，“仁政”造成泛道德主义，不利于法制建设，传统中国受“仁政”思想的影响贻误了法治进程。

对于孟子的“仁政”，时至今日，我们应当革故鼎新，批判继承，取其精华，去其糟粕。理性看待，只有这样才能真正继承和发展我国传统文化的根基，只有这样才能构建强有力的社会意识形态；只有这样才能人心凝聚，实现社会稳定。

15

自古以来的“三纲”对人们的生活都起到了深刻的影响。所谓“三纲”就是：君为臣纲，父为子纲，夫为妻纲。这些思想的提出都是当时的学者为了统治者而提出来的治国策略，也是深入人心啊。

君臣关系在如今社会是不存在了，与民主社会相对比来说就是一个质的飞跃。父子之间的关系相对来说没有多大的变化，孩子还是尊重自己的父母，当然父母也尊重孩子的意见，而不是一味地“父令如山”，给了新一代更多思想上的自由。那么三纲的最后一纲“夫为妻纲”呢？以前男尊女卑的重男轻女思想太过严重，鼓励“女子无才便是德”……这是严重的歧视了女性。当然女性在改革开放后得到了解放，女性开始登上各种舞台。虽然我也是女性，但是我觉得在某些方面确实不如男性，女性是过于情绪化的，而男性相对来说就比较武断一些。如果你天天把女权挂在嘴边，那么为什么军事方面不全是女性而是男性居多？所以，现如今所谓的“夫为妻纲”是具有新颖性的，我们女性在维护自身的权利同时，也要遵从自己的本分。

不论什么事情，它都有自己的规律，如阴阳相应般，互相帮助，相辅相成。

善始善终。

42

人一生下来，其本性就是善良的，这是孟子对“性善论”的理解。那么人的后天本性是什么呢？是“善”，还是“恶”？该如何抉择呢？不如从“善”吧，善始善终才是最真。

在二十一世纪的今天，能做到善始善终的人少之又少。善，不只是惊天动地的创举，也可以是平平淡淡的行为，做善事，不分大小，都是一颗向善的心，所以“勿以善小而不为，勿以恶小而为之”。可是，在如今功利主义盛行的社会风气中，能有多少人做到善始善终呢？为了点蝇头小利就选择弃善从恶，各种校园暴力、社会恶劣事件不断上演，让这个文明社会不忍直视。能在世俗的旋涡中“出淤泥而不染”，不被恶劣的社会风气所影响，这需要足够强大的勇气和毅力，才能做到善始善终啊！

随着社会主义和谐社会的进程加快，如何让社会风气更加向上，社会环境更加和谐？选择善始善终才是关键。

25

孟子，是继孔子之后影响较大的儒家思想者、哲学家。他的思想相较于孔子思想有相同之处，也有不相同之处；同时他的思想也存在利弊。

孟子发展和改造了孔丘的“礼治”和“德政”的理论，提出了“仁政”学说。在经济上，他主张通过“井田制”的形式来推行封建制度，而且比较重视农业生产；在政治上，孟子还主张采用“以德服人”的办法，并且，难能可贵的是，孟子在一定程度上也看到了人民的力量，他要求统治者重视人民，不要无视人民的力量。重视农业，重视人民的力量，是非常宝贵的思想，在中国的成长的路上时时刻刻都渗透着这种思想。通之以情，晓之以理，以德服人，仍旧是为人处世的不二法则。

当然，孟子的思想也存在不合理之处。他认为道德观念都在心中，都是在人的本性中固有的，而不是后天获得的。而我认为，人的道德观念是后天形成的。有一句话说，父母是孩子最好的老师。换个说法来讲，从我们出生开始，我们所有的一切都深受父母影响，当然也包括道德。

孟子思想的好坏，我们都不能主观决定，我们要做的应是合理正确吸取和学习。

34

孟子是儒家学派的代表之一。孟子发展和改造了孔子的“礼治”和“德政”的理论，提出了“仁政”学说。而孟子用来论证“仁政”学说的理论基础是他的抽象的天赋道德的“性善”论。孟子认为，人生来都是善的，我认为孟子的说法不是很准确。

我认为，人性的善恶并不是生来就定性的。当小孩生下来时是没有太多的意识的，对世界的认识还不是太清晰。我认为，人的善恶是由后天的环境影响形成的，而且不能完全定性，后天也可能改变。最近看了一部电影叫《超级大坏蛋》，讲的是两个外星球的婴儿同时被送到地球，一个被送到富裕人家，而一个不小心被送到了监狱。他们两个都具有超能力，所以后来都被送进了天才育儿所，被送到富裕人家的小孩总是为班级做贡献，成了班里的英雄。被送进监狱的也想做好事，但总是搞砸，同学都排挤他。他就认为自己是不是应该做一个坏蛋，往后他就开始了与英雄的对决。但后来这位英雄由于种种原因隐退了，这样这座城市就有了安全隐患。坏蛋开始肆无忌惮，但又发觉无趣，便用英雄的基因注射到另一个人身上。让他没想到的是，这个人并没有为城市做贡献的心，反而用超能力为自己牟利，并肆意践踏城市。这时超级大坏蛋就站出来制服了他，并成为这个城市的英雄。

所以，我认为人的好并不是定性的，好人也可能变成坏人，坏人也可能变成好人。这与周边的环境是有很大关系的。

41

孟子：“人皆有不忍人之心。先王有不忍人之心，斯有不忍人之政矣。以不忍人之心，行不忍人之政，治天下可运诸掌。”（《公孙丑上》）这就是说，“仁政”来源于“不忍人之心”的道德观念。

古代的帝王因为“有不忍人之心”，所以实行仁政。而有了这心，行了仁政，治理天下就十分容易而且不会失去。隋朝结束了几百年的战争局面，其中隋文帝功不可没，他使中国在短时间内得到了很快的发展，他发展农业，建了许多粮仓，大部分百姓都能吃饱饭。唐太宗李世民也是如此，他从隋朝的失败兴亡中吸取了教训，懂得了“为君之道”，明白了怎样才能使国家长治久安。他遵从“兼听则明，偏信则暗 ”的古训，基本做到了广开言路。选用良吏，提高行政效能；轻徭薄赋，减轻农民负担；简法轻刑，修订法律；重视教育，大力培养人才；实施恩威并施的政策，改善民族关系……他的这些仁政让他得到了众多百姓的支持，被各族首领共同拥戴为“天可汗”。

所以说，仁政的实行利大于弊。仁政，有利于国家的稳定，社会的和谐。仁政，是王者的法宝。

36

孟子说：“人之所不学而能者，其良能也；所不虑而知者，其良知也。”不学而能，不虑而知，先天本性，这就是良知。这也十分符合孟子的性善论。人的本性是善良的，所以也就有了良知，那么我们如何才能保有良知呢？这个问题对于我们当今社会尤其敏感。小悦悦，路人跌倒该不该扶等事件抨击着我们的良知。即使我们内心深知助人为乐、雪中送炭是美德，但因为这样那样的因素，我们总会前怕狼后怕虎，因而错失了帮助他人的机会，造成种种遗憾。慢慢地，我们会连恻隐之心都消失不见。这是多么可怕的事。何谓有良知？就是要我们做到知行合一，你认为要去做的事就去做，不必考虑过多因素，这需要非凡的勇气；但这并非是要我们丧失理性，不计一切后果，冲动而为。当内心有矛盾时，我们要抓住主要矛盾，抓住最大利益，把损失与伤害降到最少，孰轻孰重一定要明白。因此决不可丧失理性。我们不要做愤青，不要做莽夫，而是做一个有勇气、明是非的当代新青年。这就是良知的最好诠释，也是我们尊重先贤的最好方式。

38

人性，即人类天然具备的基本精神属性，就是通常说的人的本能。从心理学的角度来讲，人最基本的两个本能就是生的本能与死的本能，也有人将本能划分为善与恶。那人性到底是恶还是善呢？儒家学者孟子对于人性的观点是性善论，即人心都是向善的，“人之向善，犹水就下”（《告子上》）。孟子认为，这是人类生来便有的一种最基本的共同特征，这样的向善之心称为“不忍人之心”或“恻隐之心”。为恶之人也是有善性的，只是在利益的面前，他们选择了抛弃自己的本性罢了。但是我觉得，人性在最初始的时候是无所谓善恶之分的，又或者说人性是善恶并存的。就如刚出生的纯洁无瑕的婴儿，就是没有什么善恶的观念，更不知道对善恶行为做出选择。每个人都是在后天的学习教育当中认识到善恶的意义，能够感受到善的美好，从而选择了让自己拥有一颗向善的心。而有的人却是被某些利益蒙蔽了心，选择了从恶罢了，故而有了善恶之分。善与恶在变幻不定的社会环境下又会互相转换。善性可以变恶性，恶性也能够回复到善性。最可贵的人便是能够在不断变化的环境中依旧保持着一种向善的本性。

04

孟子认为，人们最基本的四种道德品质是：仁、义、礼、智。而这些都是从四种“心”发端的：“恻隐之心，仁也；羞恶之心，义也；恭敬之心，礼也；是非之心，智也。”（《告子上》）

“恻隐之心，仁也。”“恻隐”即对别人的不幸表示同情。南京大屠杀中，日军屠杀、奸淫中国无辜人民。这些无耻行为无不让我们起恻隐之心；当汶川发生大地震的时候，看到灾区人民遭受深重灾难，社会各界都通过实际行动来表达自己的恻隐之心。有的人捐款，有的人捐物。

“羞恶之心，义也。”即对自己或他人的坏处感到羞耻与厌恶。日本首相安倍晋三参拜靖国神社、篡改历史等行为都是缺少羞恶之心的表现。

“恭敬之心，礼也。”对自己的长辈持有恭敬之心，是中华传统的美德，是最基本的礼节。可是现今社会仍有人缺少恭敬之心，不赡养自己的父母。

“是非之心，智也。”能辨是非，是一种难得的智慧，如果你在社会上难辨是非黑白，那么就很难立足。

05

从古至今，对人性的讨论不曾断过，观点也是多种多样。我们比较熟悉的有孟子的性善论、荀子的性恶论以及告子的性无善无恶论。

孟子认为，人生来都有一种最基本的共同天赋本性，这就是不忍人之心，即所谓的“性善”，这也是人与禽兽最根本的区别。而荀子认为人性是恶的，人生来就好利，嫉妒，喜声色，只有用纲常伦理和政治制度去引导才会有所改善。告子对人性的阐述有些模糊，并没有将人性完全定义为善还是恶。他认为人性和水一样，“水无分于东西”，人性也“无分于善与不善”。

虽然以上几位的观点是对立的，但有一个共同点，即都强调了后天环境对人性的影响。不管人的天赋本性如何，后天社会生活的作用都不可忽视。我认为人性本无知，对于一个刚出生的婴儿，对世界的认识是一片空白的，就像是一块璞玉，需要经过后天的改造才可以展现出它的美。之所以世界上的人会有好坏之分，并不是由本性决定的，而是后天的环境对其作用影响的不同决定的。所以不管人性如何，我们需要做的是在后天的发展中，保持一颗向善的心，才不会走“岔路”！

08

唐太宗曾说过：“水能载舟，亦能覆舟。”他清晰地认识到了君民之间的关系就如同舟与水的关系，人民能将君主推上统治的高台，也就能将君主从高台拉下。百姓是维系一个君主统治的重要基础，因此他发出如此感叹，这句话也成为他民本思想的重要体现。

追溯这句话的历史来源，在千年前的孟子早已认识到了人民的力量。孟子说：“民为贵，社稷次之，君为轻。”孟子的思想在历史的洗礼中，历久弥新的是他的民本思想。

在政治上，孟子反对法家的“严刑峻法”，继承和发展孔子的“礼治”“德政”思想，提出了“仁政”学说：主张以德服人，反对使用暴力的行为，主张用仁义说教的感化政策，使人民能够心悦诚服。

在经济上，孟子主张划分田界，推行井田制，使耕者有其田，有恒产。这样使百姓们能够安居乐业，丰衣足食。同时他重视农业发展，提倡统治者轻徭薄赋，不违农时。孟子的终极理想就是能使民养生丧死无憾，由此开始王道。

综上所述，我们可以发现，孟子在一定程度上看到了百姓的力量。人民的支持对于国家政权，君主的统治地位都具有极其重要的作用。正如在现代社会，我们认识到了人民群众是社会的主体，是推动社会变革的主力军，是精神财富和物质财富的创造者。

但遗憾的是，由于时代的局限，孟子的民本思想在根本上仍然是为了维护封建专制统治，在这点上，我们无可否认。但是无论出于何种目的，他都看到了人民百姓的重要性，在这点上依然具有其历史价值，具有重要的意义。

12

孟子认为，人生来都有一种最基本的共同天赋本性，这就是“不忍人之心”，他认为人性本善，人与动物的区别在于“心”。我反对孟子的观点。我认为人生来并无善恶之分，只是后天的生活环境的不同、自身所受教育程度不同以及各种因素导致了有好人、坏人之分。而所谓的坏人可能是价值观念、人生观有些扭曲了，他们抑或本能和欲望的无节制的扩张，导致其行为不当。但是我们能一棍子打死一帮人，就判定他们一辈子都是坏人吗？他们经过思想教育，劳动改造后可能就成为一个好人了。

想必大家对小悦悦事件仍记忆犹新，在 7 分钟内，18 名路人路过却视而不见，最后一名拾荒阿姨施以援手。这一事件，震撼着每个人的心灵。我们能简单地断定那 18 个路人是坏人吗？当然不能，他们的行为确实让人痛心疾首，在道德层次上我觉得他们十恶不赦；在法律方面，我们却无法给他们定罪。这一事件反映出当今中国社会道德的严重缺失。同样的“范跑跑事件”，一位人民教师在地震来临时先于学生逃生，弃学生的生死不顾，这已经严重违反了“师德”。事后，他发表一文，这样写道：“在这种生死抉择的瞬间，只有为了我的女儿我才可能考虑牺牲自我，其他的人，哪怕是我的母亲，在这种情况下我也不会管。”他的言论在当时引起了网友铺天盖地的批评与谩骂。他是一个坏人吗？他未杀人放火，甚至在地震发生前，他还是一位在教书育人的“园丁”！社会上的种种事件使我们无法直接评判好人与坏人，同时也引发了我的深思。

在这个道德正在逐步缺失的社会，我们真的要采取措施来维护“真善美”。当今社会我们不仅要提高当代人的文化修养，还要重视他们的思想道德修养，这样才能使社会和谐稳定，中国才能不断发展！

13

何为良知？在孟子看来，不用学习，不用思虑就具有的知识、才能为

“良知”“良能”。他说：“人之所不学而能者，其良能也；所不虑而知者，其良知也。”（《尽心上》）同时他还认为，学问之道无他，求其放心而已矣。（《告子》）

对于孟子这种思想我是不太认同的，他过分推崇文学伦理道德方面的知识，而忽视了科学技术方面的知识，他的这种认识是不全面的。他还强调说，求知识、才能没有别的途径，而只要把他放弃掉的天赋本性找回来就行。也就是说，不必要到实际中去实践、学习。这种观点在当今是行不通的，马克思主义哲学上曾经说过，实践是认识的来源，实践是检验认识真理性的唯一标准。他忽视实践的作用，只是单纯地从人的天赋和本性出发来学习，在我看来有点空想主义的倾向。

试想一下，当今的我们如果都忽视自然科学，而单纯地主张学习文学；忽视社会实践，而单纯地从天赋和本心出发，现在的社会会是怎样的？每个人都不用把学到的知识付诸实践，那么这个认识是对是错有谁知道，那么这种认识有什么意义？忽视科学的话，又怎会有工业革命？有当今的社会？

因而孟子这种良知观念我是不认同的。当然其中也有其合理成分，我只是从孟子良知思想不合理的成分来解读，阐述我的观点。

14

“人之所不学而能者，其良能也；所不虑而不知者，其良知也。”（《尽心上》）孟子认为，不用学习，不用思虑就具有的知识、才能称为“良知”“良能”。人从一出生就具有善良的本性和固有的良知，与“性善”论相一致。孟子还认为：“尽其心者，知其性也；知其性则知天矣。”（《尽心上》）人要发挥四种“心”，才能认识“性善”，才能了解“天”的意义，进而知道“天”给人们安排的“命运”。“尽心”就是“思诚”，“诚”是做人的根本，“诚”的中心内容是“善”。孟子认为做到“天之道”的“诚”，就具备一切做人的知识和才能。

在现在的社会氛围中，“毒奶粉”“扶不起”“地沟油”……社会遭遇了一系列的信任危机，人们的“诚”和“善”出现了滑坡。想想一位老人摔倒在地，没有人去扶，也没有人敢去扶。面对这种现象，我们如何去改善？由孟子的“良知”来思索着方法，我们是否应继承历史思想中的精华。我想答案在每个人心中了。

第九章　领悟董仲舒政治哲学的智慧

秦二世而亡，西汉王朝的统治者痛定思痛，解除了对思想界的高压政策，使儒道思想重新活跃在政治领域，法家思想则潜行于世。陆贾让刘邦懂得天下可以马上而得之，不可马上而治之的道理，开始运用孔孟儒家仁义成经、黄老道家无为成纬的方式来治理天下。贾谊则赤裸裸地向汉文帝建议：以仁义恩厚为芒刃，以权势法制为斤斧，阳儒阴法、以民为本治理天下。汉初时期的思潮波澜起伏，既是先秦百家争鸣之余蕴，更是儒、道、法三家相争相合之洪流。

因为对待儒家诗、书、礼、易、春秋经典的态度与方式不同，西汉逐渐形成了古文经学与今文经学两个派别。古文经学用战国时候的六国文字写成，在汉代没有立入学官，他们注重训诂和文字解释，把经传当做历史来研究。今文经学则用汉代通行的隶书写定，注重和现实结合，阐发经书中的微言大义。汉武帝采纳董仲舒罢黜百家、独尊儒术的建议，立五经博士，从而使今文经学特别是《春秋公羊》学盛极一时。古文经学与今文经学的斗争一直延续到清代。

董仲舒继承和改造孔孟的天命思想，糅合道、法、名、阴阳等各家，构制了一个规模宏大的神学唯心主义形而上学体系。他精心塑造有意志的天神权威："道之大原出于天，天不变，道亦不变"，"天者，百神之大君也，王者之所最尊也"。天主宰一切，以阴阳五行化生万物；天人相类，"人之为人，本于天，天亦人之曾祖父也，人之所以上类天也"。天人可以感应：天人相与之际，甚可畏也。国家将有失道之败，而天乃先出灾害以谴告之；不知自省，又出怪异以警惧之；尚不知变，而伤败乃至。

董仲舒把自然现象拟人化，把社会关系神圣化，根本目的是尊君主而抑臣民，尊天命而限君权。他一方面为现实政治君主至高无上权力的合法性寻找神学的根据，另一方面又苦心孤诣地为防备君主权力的无节制滥用而求助上天的意志，思想充满着矛盾。

19

司马迁曾说："董仲舒……以治春秋，……进退容止，非礼不行，学士尊之，……董仲舒为人廉直。"（《史记·儒林列传》）这是司马迁对董仲舒的高度评价，而我们又该如何去评价这位伟大的思想家、哲学家呢？

我们都知道他的新儒学，也是因为他对儒学的改造使得儒学成为历代统治者所采取尊崇的统治方针。而让我感触最深的不是他的"大一统"，也不是他的"天人感应，天人合一"；而是他在人性论问题上提出的"性三品"说。董仲舒把人性分为："圣人之性""中民之性""斗筲之性"三等。他认为人就是天生的有善恶之分，都是不可改变的。

对于他的"性三品"说我是不赞同的。人的出生背景也许不同，但是却不能说人生下来就有善恶之分且无法改变。我认为，人一生下来就是一张白纸，是无善恶之分的，而我们后天的经历便是给这张白纸涂上颜色，也正是这些颜色才使我们被人们区分为是善、是恶。我们不能一出生就判定人们的善恶，然后便不加以后天的教化改造，我们更应该做的是用一颗善心去看待每一个人，平等地去教化改造每一个人。

02

前期已构建起一个中央集权国家，加上对秦覆灭、法家严苛刑法的反思，种种机缘使董仲舒能明察其时代的政治走向，得到了政治思想史上的双重启发，提出了儒思法治的政治理论构架。

董仲舒融摄伦理与政治，"奉天法古"：一是用强大的神学体系作为外衣，在"天人感应"的神学中塑造了"天"的权威，为伦理政治提供了"天"的防护罩；二是为自己的政治找到了历史论据。有"古"与"天"维护，法天而治，效果很明显。直到现在，"天"对人仍有影响。

董仲舒希望德治与法治一起实施，还有意抬高德治的地位，使伦理正式介入政治大格局，开创了儒家伦理政治理论步入政治统治的新路子。不管是用天涵摄伦理政治理论，还是努力找历史论据，董仲舒都是想找到现实的途径，让儒家伦理思想在政治统治上发光发热，显出作用，服务统治。

32

西汉时期，随着生产力的发展和国家的统一，董仲舒提出了“罢黜百家，独尊儒术”的新儒学思想。与春秋战国时期儒学思想不同的是，董仲舒的新思想掺杂了道家、名家、法家和阴阳五行家等的一些思想。这是一种与时俱进的具有神学色彩的新思想，其哲学思想的主流是唯心主义和形而上学。

董仲舒的新儒学的思想体系的内容主要有：加强封建君主专制，“春秋大一统”；“罢黜百家，独尊儒术”；建立人的尊卑等级，“三纲五常”等。我认为董仲舒新儒学的核心思想是君权神授，他把汉代的封建统治说成是“天道”“天意”的体现，就是说皇帝是按照天的旨意来进行统治的。一方面这是为了抬高皇帝的权威，便于统治，另一方面也是为了进一步论证“天人感应”的理论。董仲舒的思想使儒家思想成为我国传统思想的正统思想，对中国历史发展产生重大影响；但同时也有封建落后的一面，如“三纲五常”。

06

董仲舒提出了“三纲五常”的学说：“君为臣纲”“父为子纲”“夫为妻纲”仁、义、礼、智、信，都被涵括其中。这些理论在当时广泛的影响着，甚至到现在。它有利于当时的统治，它是联系紧密的关系网，大部分的人不敢逃出，因为在这个网上面还有神权的存在。

“三纲五常”是有它的意义的。臣在君下，臣需听君，臣不能越过君，这保障了君的威严；孩子要孝顺父母；妻子要以夫君为天，民众阶层安定。“仁、义、礼、智、信”是君子需要拥有的，是全面发展的表现，如果人人都有这样的性格，社会也必定是和谐的。但三纲五常到后面成为绳索，特别是对于女性来说，“夫为妻纲”强调了夫权，使女性处于较低的地位。还有古代的“七出”，女子有其中任何一条，就会被休。女子在当时活得没有自我，而如今是法制社会，男女平等，男和女都有公平的机会展示自己的才能。对于家庭也是平等的，两个人都应该为家庭做贡献，而不是还停留在旧观点，有问题是妻子没有做好，然而这其实是双方的问题。

07

董仲舒是我国古代著名的思想家，他的思想一直影响着中国几千年。董仲舒是新儒学体系的代表，他的思想对汉朝乃至现在都影响深远。董仲舒最伟大的功绩就是“罢黜百家，独尊儒术”。他糅合了儒、道、法、墨、阴阳家，形成新儒学体系，为统一汉朝奠定了思想基础。他的三纲五常思想使社会稳定和谐，维护了封建的尊卑秩序。他还提出“天人感应”，这些都是加强皇权、巩固政治的需要。

功与过往往是相伴相生的，所以董仲舒也有过错。首先，“罢黜百家，独尊儒术”扼制了其他思想的发展，不利于文化的交流与融合。其次，三纲五常有着浓厚的尊卑贵贱思想，是统治者为了统治人民而实行的愚民政策。最后，“天人感应”带有迷信思想，这不利于科技的进步。

对于董仲舒的思想，我们既要继承精华，也要袪除糟粕。现代社会离婚率越来越高，这既是婚姻观念的自由解放，也是社会犯罪率提高的诱因。因为离婚意味着家庭的离异，这为小孩子成长留下黑暗，导致小孩叛逆与犯罪。所以，我们要辩证地看待董仲舒的思想，让它更好地为社会服务。

29

从古至今，三从四德已经深深印在人们的思想中，已经根深蒂固了。但是我们无法否认这是一种错误的思想。三从就是指女子必须未嫁从父，既嫁从夫，夫死从子。所谓的“四德”是指：德，容，言，工。就是说，做女子的，第一要紧的是品德，能正身立本；然后是相貌（指出入要端庄稳重持礼，不要轻浮随便）、言语（指与人交谈要会随意附义，能理解别人所言，并知道自己该言与不该言的语句）和治家之道（包括相夫教子、尊老爱幼、勤俭节约等生活方面的细节）。在现在这个社会，让一个女子出嫁从夫那是万万不可能的，女子和男子是平等的，女子也有自己的思想，不能事事都听从男子的。女子比男子要细心，很多事情上男的不如女的。女子可以有自己的事业，不是说一定要待在家里相夫教子，很多女人在嫁人后辞去工作在家带孩子，结果换来的是什么呢？容颜衰老，丈夫出轨。所以我觉得女人必须要有自己的事业。

唐代出了一个武则天，这不就是一个活生生的例子吗？谁说女子不如男！从小学到大学，我所处的班级，甚至是整个学校，成绩优异，品行优秀的大部分都是女生，这不就证明了女子可以比男子更强！现在各行各业，雷厉风行、能言善辩的精英大部分都是女子，我们俗称的白领，她们工资高，学历高，能力强。她们能做男子能做的事情，也可以做男子不能做的事情。这都说明了女子不一定不如男子，女子可以离开男子自己开创一番天地，没必要遵从三从四德，活得卑微！所以我们应该摒弃三从四德的思想！

10

董仲舒作为汉代儒家思想的代表人物，其思想体系无疑是为汉代的封建统治集团服务的，但其思想却是缺少进步性的。随着历史进程的推进，黄老之学已无法满足统治者对于王权掌控的欲望。而董仲舒“大一统”政治理论的出现完全符合当时君主的政治诉求。他认为：“《春秋》大一统者，天地之常经，古今之通谊也。”（《汉书·董仲舒传》）保持一个统一的思想作为最高统治者的指导思想，可以加强君主对人民思想的统治，从而提出了“罢黜百家，独尊儒术”的主张。其主张完全适应了汉武帝对于加强思想统治的需求，进而得到了采纳。但这种一家独大的局面给当时社会带来的不只是王权的维护，还有思想上的禁锢。百家争鸣的活跃思想氛围逐渐消逝于历史的长河之中。人们的思想越来越狭隘，进步性不再，一个朝代乃至一个民族思想上的衰落由此埋下了伏笔。

这在我们现今看来是一种扔了西瓜捡芝麻的行为。董仲舒的思想虽然满足了君主封建统治一时的需求，但其所缺少的进步性却是致命的。我们要用长远的眼光来看待事物，要看到其发展性，不要因小失大，最终得不偿失。

43

“《春秋》大一统者，天地之常经，古今之通谊也。”（《汉书·董仲舒传》）讲的是“统一”是个个朝代的做法，无可厚非。因此罢黜百家，独尊儒术只不过是顺应时代潮流而已。而独尊儒术就是在思想上：儒家思想是正统思想，是官方的指导思想。其他的思想只能是细枝末节。这就做到了思想的统一。

大一统就是思想统一，思想统一有利有弊。利的方面：思想的统一有利于政治统一；思想统一有利于社会的稳定，人民安定；而思想混乱就会导致社会动乱，政局不稳。在一个集体中，每个人都有自己的利益，如果每个人都只考虑个人利益，那么集体就会松散，就会解散。而只有统一这个集体的思想，让人们信仰集体主义精神，这样就能形成一种统一的道德规范与评价标准。这样才能规范每个人的行为，让大家知道什么是对，什么是错？是集体重要，还是个人重要？这就是思想统一的利。

而思想统一也有弊的一面。思想统一不利于思想的多元化，不利于其他思想的发展，容易导致思想僵化，迷信盛行。学术方面也容易失去活力，不利于科学技术的发展。

大一统思想有利有弊，我们要辩证地看待，权衡利弊后做出正确的决定。

31

汉武帝又一次实现了大一统，在董仲舒的协助下，无论思想言论多牵强，或许臆造，或许杂糅，或许让我们现代的人根本不能置信。但是大一统的时代总是美好的，人们在骨子里总是厌恶战争的，和平的年代幸福感是溢于言表的。和谐、稳定、发展，是大一统下的现实反映。所以，即使觉得董仲舒是无理的，但是毕竟也是大一统的英雄。可敬可畏。

“百物去其所与异，而从其所同，美事召美类，恶事召恶类，类之相应而起也。”这是很形象的描述，同比“物以类聚，人以群分”。古人的话总是很形象生动地揭示人类社会的发展状况。生活在这个社会中，我们能很有感触的，一群人在一起，大都是有类似的经历，也或许是臭味相投，也可能是彼此相爱。一群人联系在一起，总是因为有相似的东西可寻，不然我们碰不到一起，碰到了也是转身再见，因为我们不会合得来。所以“物以类聚，人以群分”。

21

“《春秋》大一统者，天地之常经，古今之通谊也。今师异道，人异论，百家殊方，指意不同，是以上亡以持一统；法制数变，下不知所守。臣愚以为诸不在六艺之科孔子之术者，皆绝其道，勿使并进。邪辟之说灭息，然后统纪可一而法度可明，民知所从矣。”（出自《汉书·董仲舒传》）这一段话很好地诠释了董仲舒大一统的政治思想。

他认为要保持一统的局面，就必须要有一个统一的思想作为最高统治者的指导思想。所以董仲舒把以孔子为代表的儒家思想定为封建社会的统治思想，对于不符合儒家思想的各种思想，都宣布为非法。这一思想体系适应了汉武帝对人民加强思想统治的需要，在当时促进了社会发展。

从辩证的角度来看，大一统的思想一方面统一了人民的思想，有利于社会政局的稳定，加强中央集权的统治。另一方面，又抑制多元思想文化的发展，使得文化单一，不利于思想文化的吸收，从而难以得到发展。

22

董仲舒的全部哲学思想都是为汉朝封建专制统治创立提供理论上的依据，为奠定儒学的正统地位做出了巨大贡献。

为了适应当时已经形成的封建统一的政治格局，董仲舒提出了“大一统”思想：思想政治上必须推行君主专制，从思想上服从统治，要求统治者“罢黜百家，独尊儒术”。一方面，儒学作为最高统治者的指导思想，维护了中央集权制度，有利于国家统一，为西汉王朝的兴盛奠定了基础。从此以后孔子被封建社会奉为圣人，具有绝对权威。儒家思想也取得了意识形态中主流派的正统地位。另一方面，单一的思想不利于思想的多元化，阻碍了文学的发展，禁锢了人民的思维。

但在当时的情况下，董仲舒适应了统治者的需要，得到了统治阶级的认可，也维护了统治者的利益。所以董仲舒的政治理论为当时的统治做出了巨大贡献。

24

“《春秋》大一统者，天地之常经，古今之通宜也，今师异道，人异论，百家殊方，指意不同，是以上无以持一统。法制数变，下不知所守。臣愚以为诸不在六艺之科孔子之术者，皆绝其道，勿使并进。邪僻之说灭息，然后统纪可一，而法度可明，民之所以矣。”（《汉书·董仲舒传》）这就是董仲舒的“大一统”思想，同时这句话也强调了统一思想的重要性。因此，董仲舒向汉武帝提出“罢黜百家，独尊儒术”的政策主张。而又由于董仲舒的整个思想体系适应了汉武帝对人民加强思想统治的需要，因而被汉武帝采纳。儒家思想也自汉武帝后成为中国历史上的主流思想，其对中国的社会发展有着重要的历史作用。

董仲舒的“大一统”思想深刻地融合了中国的历史和文化，是在民族心理的深层上建构起了中国封建社会的“正统”思想，是华夏民族在几千年的发展过程中积淀和养成的一种民族心理和感情，是团结、凝聚华夏民族的精神支柱，是增强民族向心力的生动体现，这使“大一统”的思想观念真正确立并深深根植于民族心理。

董仲舒的“大一统”思想为中国封建社会的长治久安提供了较为完善的理论和方法论指导，体现和丰富了儒学及整个中国传统思想文化的兼容精神，是社会和谐观的体现。

25

战国时期，各家文化争芳斗艳，各有所长。真所谓百家争鸣，百花齐放。汉以来，儒家在董仲舒的竭力推崇下，渐渐成为正统，成为众家思想中的主流。那么，文化多元与文化统一各自优劣又是怎样？两种形态又应该如何相处呢？

文化多元，有利于思想碰撞，易形成言论比较自由的学习氛围，给人们多种思想上的解放。但如果管理不当，思想争执不下，容易党派林立，这不利于统治者对国家的管理。文化统一，思想方向明确，观念趋于统一，便于管理，有利于国家管理。但易造成思想僵化，束缚人们的思想，造成文化的单一。

文化多元与统一，看似两者对立，水火不相容，但两者实际上是可以和谐相处的，且效果更佳。举个例子，我国的经济制度是以公有制为主多种所有制共同发展的。再比如说，共产党是执政党，其他党派是参政党。这都和文化多元与统一是一样的道理。两者是可以和谐相处的。

30

“君为臣纲，父为子纲，夫为妻纲”，这是董仲舒根据儒家伦理思想提出的“三纲”思想，可谓害苦了千千万万的“忠臣”“孝子”“贤妻”。一旦做了臣子便得对皇帝誓死效忠，什么都听，便成了“愚忠”；一旦做了儿子，孝顺是应该的，但如果什么都顺从，那自己真实的想法应该怎么去表达呢？做了人家的妻子，整天唯唯诺诺，甚至还要看着丈夫娶回来三妻四妾，女人就没有反抗的权利吗？

其实，所谓的阴阳说法，男主外女主内，都只是一种先入为主的观念罢了。古人说男人是阳，女人是阴，然后就沿袭了几千年。如果古代一直是女权社会，把女人当作阳，男人当作阴，但现在是不是当一个家庭是男主内女主外的时候人们就更能接受了呢？可惜，历史不能倒退，假设永远不能成真了。既然这样，当家庭出现矛盾时，互相理解或许已经成了最好的解决方法。抛弃陈旧腐朽的观念，平等看待，男女平等。

28

董仲舒及其政治思想在中国古代思想史上占有重要地位。他创立的“大一统”政治思想，对于维护当时日趋成熟的封建大一统政治局面起到了积极的作用，也对封建社会思想的发展产生了重大影响。“大一统”是董仲舒政治思想的基本精神，它主要包括政治一统、思想一统和民族一统三个相互联系的方面。董仲舒大一统政治思想的特色，在于融汇各派，将阴阳五行等学说纳入儒家的思想体系之中。儒家政治思想经过董仲舒的改造，适应了汉代维护君主专制、实现大一统的需要，并且更直接地与现实政治相结合，取得了思想界的统治地位。

董仲舒“大一统”思想，赋予了国家政权统一和国家意识形态统一的含义，即政治上的一统和思想文化上的一统。从此使“大一统”思想观念深深地融入了中国历史和文化，在民族心理的深层上建构起了中国封建社会的“正统”思想，是华夏民族在几千年的发展过程中积淀和养成的一种民族心理与感情，是团结、凝聚华夏民族的精神支柱。

34

董仲舒是将儒家思想改造成维护中央集权封建专制统治的思想体系的重要代表人物。董仲舒的“大一统”理论为国家的统一奠定了理论基础，为国家做出了贡献。

但是，他的“天人感应”与“罢黜百家，独尊儒术”的思想禁锢了人们的思想，不利于人们形成正确的世界观，也不利于人们发散思维。我最不赞成的是董仲舒的“三纲五常”，“三纲”和“五常”都是“天”的意志的表现，三纲的主从关系是绝对不可改变的。这完全把女性放在一个最底层的位置。我相信在那个时代同样有很杰出的女性，木兰代父从军，武则天虽然是篡位，但确实把国家治理得不错。现在的女强人更多，还出现了阴盛阳衰的现象。如果董仲舒没有把女性的地位放得这么低，也许古代会出现更多杰出的女性。

董仲舒虽然对西汉的兴起起了很大的作用，但有些思想确实对人们有很大的消极作用。

35

董仲舒在人性论的问题上既不支持孟子的性善之说，也不支持荀子的性恶论。他提出了性三品的说法。他把人性分为上、中、下三等，即圣人之性、中民之性和斗筲之性。而我比较支持他的中民之性，只有中民之性才可以通过教化而改变。董仲舒认为，人性虽包含善的素质，但如果不经过教化就可能不能成为善。他曾说："禾出米而禾未可谓米也，性虽出善而未可谓善也。"（《实性》）

孟子虽说性本善，但是他忽视了外在的客观条件，即使一个人本性是善良的，但是由于他身处的环境很复杂而变化了，那么还可以说那个人是善良的吗？而荀子虽强调了人可以通过教育来改变，但是他从根本上就给人的本性下了一个性恶的定义，这就禁锢了他对于善的看法。

只有董仲舒把人性分成三等，比较全面地阐述了人性。但是他也就是利用中民之性把百姓教化成了奉天命的百姓，让百姓服从于统治者的统治，这也就产生了所谓的"愚民"政策。所以我们对于董仲舒的性三品的说法要持客观的态度，对于这个人的评价也要客观地去评价。

26

在汉武帝时期，董仲舒得到重用，其中他提出的"罢黜百家，独尊儒术"促使儒家成为正统，对其他思想流派造成了致命的打击，有些甚至走向了消亡。不过对于统治者来说，这个政策有利于社会的稳定，有利于统治者政权的巩固。

董仲舒提到："今师异道，人异论，百家殊方，指意不同，是以上无以持一统。法制数变，下不知所守。"便是向我们阐述了思想大一统对政治大一统的促进作用，但不容置疑的是，思想大一统对其他思想的冲击是致命的，对于人类思想的发展前景是很大的威胁。那么我们应该如何去协调两者的关系呢？

可以肯定的是，思想大一统有利于社会稳定，但如果过于强调正统，抑制其他思想的发展必然会使思想僵化。所以我们或许可以学习一下孔子的中庸之道，以一个思想流派作为社会主流引领人们，同时又不扼杀其他流派，允许其他流派在一定条件下发展，这样就可以两全了。就如我国现在强调社会主义核心价值体系引领主流，同时也允许其他思想的传播，实现共存。

思想大一统并不是只留一家，扼杀百家，而是由一家独大，其他流派也得以发展保存。

49

“天人相遇之际，甚可畏也。国家将有失道之败，而天乃先出灾害以谴告之；不知自省，又以怪异以警惧之；尚不知变，而伤败乃至。以此见天心智仁爱仁君，而欲止其乱也。”（《汉书》）统治者如果违反天意（失道），天就会出现灾情现象加以警告，使其觉悟。

也许董仲舒的观点，过于夸大也过于神秘化了，但是我们却应该认识到“天行有常”，我们做任何的事情都应该自觉地遵循“天意”，遵守规律，尊重良心！因为永远记着：“人在做，天在看。”

在中国古代有着“杀降不祥”之说，当两军对垒于阵前，如果胜负已分，然而胜者却再行屠戮放下武器投降的士兵，是为不仁！天道循环，报应不爽，冥冥之中，自有天意！人应该顺应上天之意，遵守仁爱之心，践行仁爱之义，平等对待众生。当年白起不信，项羽不信，常遇春不信，毕竟死于非命，毕竟失去天下，毕竟四十而亡。道义终究还是存在的。

顺天正命，中华五千年的历史一次又一次地向我们证明：世界仍然是存在道义的，是有天意的。不要过于随意，不要太在意自己的能力，我们毕竟只是历史大潮流中的一滴，我们的所作所为应该遵循天意，应该尊重自己的良心！顺天正命！

16

“诸不在六艺之科孔子之术者，皆绝其道，勿使并进。邪辟之说灭息，然后统纪可一，而法度可明，民之所从矣。”（《汉书·董仲舒传》）董仲舒天真地认为，如果不是儒家的思想应该统统断绝，只有这样天下就可以大统一。幸运的是，汉武帝不像董仲舒那样天真，若不是他提出“外儒内法，杂用王霸”，否则历史上就可能不存在那样一段鼎盛辉煌的时期，而且还可能会提早变为思想僵化、腐朽不堪的清王朝！

也有人会说，一个没有精神力量的民族难以自立自强，一个没有思想共识的国家只会是一盘散沙，统一思想才能统一行动，凝心聚力方可成就辉煌！但是我想说，中华民族不是劣人一等的民族，不需要与众不同的严加管束。相信我们的中华儿女，只要给他们空间，给他们独立思考的权利，他们一定会明智稳妥地建造一个和谐平静却又生机勃勃的国家！

利益的不一致，必然导致思想的不一致，在这个地球村的年代，国家之间的利益必然有所不同，多元才是真正的统一之道！待百花齐放，春天最美；待百家争鸣，国家才能奔腾不息！

突然想到一句戏谑但又发人深省的话：你们笑我不一样，我笑你们都一样。所以，一统天下，还须多元！

17

对于个体，思想的独立和纯洁至关重要，尤其在对手很强大，无法与之单独对抗的时候。人与人之间的联系可以说无处不在，但让这些联系朝着一个方向发展确实很难做到。因此董仲舒在西汉初年想到用统一思想来维护王权统治的方法不失为一种大胆的尝试，而他最英明之处是利用未知与崇拜来控制人民。在科学还不知道是什么概念的时候，对自然的畏惧成为人们思想意识的漏洞。计算机系统一旦有了漏洞，木马随之而来。这时候要控制这台电脑就轻而易举了。大脑如计算机系统，如果想长久发展，必须不断升级自己的系统并且保持独立，发现任何病毒都要及时清除，不然一旦侵入到中央处理系统，面临的就是系统瘫痪。这时，个体的思想就随之被吞噬，思想的消亡即实质上个体的消亡。封建制度下的人民，在某一程度上只是君王博弈的棋子。即使未知的事物带有强烈的神秘色彩并且很难被预知，但是为了自由和未来可能的美好，我们没有理由被这些未知所打败。无论未来是什么，无论对手多强大，都要捍卫自己独立思考的权利。毕竟思想的速度大于行动的速度。

23

董仲舒作为一个将儒家思想奠定为中国传统主流思想的人，他所受到的褒与贬，说法纷繁，各自不一。那么所褒扬的是什么，所贬低的又是什么呢？

董仲舒将儒家思想发扬光大，使之成为汉武帝的治国思想。但是若只是原来的儒家思想，统治者必然是不会采纳的，因为传统的儒家思想中并没有君权神授和天人感应的思想，这是董仲舒为了适应统治者的需要而改进的。因此，儒家思想的一统在某种意义上扼杀了别的思想的发展，它所宣扬的天子乃是天之子，是上天派来教化百姓，能够与上天相沟通的说法。在现在我们看来当然是荒谬的，但在当时，人们普遍较为愚昧，人们接受这种思想，这对统治者的控制起了积极作用。然而这对百姓却又是一层无形的压迫。

无论董仲舒的思想包裹了何种外衣，究其本质，它仍然是统治者统治人民的工具，这就是我为什么对此持否定态度的原因。

38

西汉重要的哲学家、思想家董仲舒在儒学思想理论的发展上不得不说是做出了很大的贡献。汉武帝便是采取了董仲舒提出的“罢黜百家，独尊儒术”的思想主张，用于强化对百姓的思想统治以巩固汉王朝的封建专制统治。这样一个举措，也将儒家学说推到了一个新的发展高度，从此奠定了儒家学说的正统地位。董仲舒最主要的思想主张分别是“大一统”“天人感应”。

“大一统”是董仲舒的政治主张，是为迎合封建统一的政治局面而提出的思想文化上的大一统。这个主张不仅是要人们统一形成尊君，服从天子的命令的思想，更是要形成学术上的思想统一，用一种统一的思想即儒家学说作为君王在思想统治上的工具。这样的做法自是有利有弊的，在巩固君王统治、促进儒学发展的同时，也阻碍了思想文化的多元化发展，最终使思想文化缺乏新意和活力。

天人感应学说则是董仲舒的神学目的论，这个学说将统治者说成是天之子，统治者是能够与天的心意相通的，统治者的旨意就是天的意愿，统治者若违背天意，天则生异象，降灾祸。毫无疑问，这样的理论又重新为王权镀上了一层神秘色彩，令王权与神权结合在一起。同时，这也在一定程度上起到了限制王权的作用。除此之外，值得一提的还有董仲舒的三纲五常：君为臣纲，父为子纲，夫为妻纲和仁、义、礼、智、信。其中的夫为妻纲在女权主义不断发展的今天，也是颇受争议的，随着人们思想文化的变迁，男尊女卑的思想也渐渐不被人所认可了。确实，当今社会，女子的地位也是不可轻视的，许多女子的能力也丝毫不比男子弱。所以，更多的人是提倡男女平等的。

39

儒家主张三纲五常：君为臣纲，父为子纲，夫为妻纲。封建时期三纲五常有利于社会的安定，有利于和谐社会的建设发展。三纲五常的封建思想逐渐在人们心中根深蒂固。但在当今社会看来，这种思想是错误的是腐朽的，是糟粕需要祛除。为何当今社会离婚率居高不下？为何男性天生就有大男子主义思想？为何女性就扮演着妥协的角色？这都是值得我们思考的问题，这就是儒家所谓的三纲五常思想带来的负面影响。

虽然现在提倡男女平等，但是在当今社会还是能明显看出大部分心里都有着男尊女卑的思想。婚姻当中所有的错误都推给了女方，生男生女明明是夫妻双方一起决定的，可是在这个有着性别歧视的社会里，女方一旦生了女儿，过错一定是推给女方的。怎么就不知道染色体是夫妻双方都有的呢？还有，似乎女性的职责天生就是待在家里相夫教子，不应该和男性一样自立自强，在外打拼做一个职场女性。当今社会许多女性工作能力比男性要好很多。放眼望去大学生也是男女比例失调，女性比男性要多出很多。所以为什么女性就要比男性地位矮上一截呢？婚姻法中关于男女平等的具体内容可以概括为：男女两性在婚姻家庭关系中享有同等的权利，负有同等的义务。夫妻之间更应当要平等，男性天生的大男子主义是造成婚姻中男女地位不平等的关键，许多男性自以为是，自认为很了不起，这种都是错误至极的观念。观念要随着社会的进步而进步，我们要取其精华，去其糟粕。谁说女子不如男？

只有男性改变了这个男尊女卑根深蒂固的思想，男女才能更好地得到平等。夏琳说过：只有当男女的怀孕概率平等的情况下，这个世界上才会有真正的平等。女性给男性生儿育女，甚至有的还因此失去了自己宝贵的生命，男性还有什么理由和资格理直气壮的高高在上？难道不应该要对女性好吗？这不仅是责任，更是义务！

03

现在说来，董仲舒在儒家的发展过程中起了巨大的推动作用，是他让儒学从此走上了正统地位。在这过程中，虽然董仲舒通过天人感应的理论论证了君主专制的合理性，维护了封建统治。但他对阴阳五行学说进行了歪曲，对自然现象随意比附并论证天有意志。这些是片面的，在我看来，有些唯心主义的倾向。

再说，董仲舒的三纲五常思想，其中的思想过分贬低了妇女在社会上的地位，“女子无才便是德”我想这句话早已不适用于这个社会了。现在提倡的是男女平等，女子也能撑起半边天。正如民国时代的宋氏三姐妹，我想她们是20世纪中国最闪耀的姐妹组合了吧。宋庆龄成为国母，爱国爱民；宋美龄嫁给蒋介石，权势显赫；宋霭龄联姻孔祥熙，富甲天下。这些都充分论证了那句老话“谁说女子不如男”。在当今社会，女子也能在这个社会中占据重要地位。

04

董仲舒提出的“罢黜百家，独尊儒术”思想虽然迎合了当时统治者对于加强人民思想教育的需要，为其政治统治提供了理论依据。但是却使得文化朝着单一化的方向发展，而不利于文化的多样性发展。

而当今社会也有人想要借助文化的力量达到他一统天下的目的。美国除了利用自己本身强大的“硬实力”巩固和加强其霸权地位外，也注重“软实力”的运用。美国的文化霸权主要通过对发展中国家的援助，与别国合作交流；利用大众传媒等手段来推行其价值观、政治理念、意识形态、生活方式。这就潜移默化地改变着我们的生活方式和思维方式，使我们渐渐地朝着与他们相似的生活轨道发展，这样，矛盾就会减少。

无论是古时董仲舒提出的“罢黜百家，独尊儒术”的思想还是如今美国的文化渗透，都是文化霸权主义的表现，两者都企图通过文化霸权的方式来统治天下。

47

沿历史的悠悠长河，纵观儒家的不同时期，我们不难看出，不管是春秋的孔丘，还是战国的孟轲，似乎都很强调“天”的作用。而作为新时期儒学的继承人董仲舒，更是如此。以我的观点，董仲舒托“天”倡儒，使儒学不仅仅是显学，而且成为中国以后几千年来的正统思想。

托“天”倡儒，是在新时期出现一种解决方法，而导致其出现的时代问题便是在汉武帝时代。中国早期封建社会进到一个强盛时期，随着生产力的发展，封建专制主义中央集权空前加强，黄老之学不再适用。面对新时代出现的各种问题，董仲舒既为了加强君主统治，又为了推动儒学的发展，他吸取法家、阴阳家的某些有益思想，来托“天”倡儒。托“天”倡儒，体现在董仲舒新儒学哲学体系的各个方面。首先便是其“大一统”的政治理论，他曾说，“唯天子受命于天，天下受命于天子”，“春秋之法以人随君，以君随天”（《汉书·董仲舒》）。在他看来，“天”是最尊贵的、至高无上的，因此，“受命于天”的君主的意志也是绝对的。不仅如此，在总结秦朝过度法治而灭亡的教训，他提出君主要使用德治和法治两种手段，并强调封建的仁义道德对人民的教化作用。为论证该观点，用天分阴阳的学说来解释其合理性。“大一统”的政治理论，把“君权神授”理论化，用“天”的君威来为汉王朝封建专制的创立提供理论上的根据。其二，体现在“天人感应”的神学目的论。董仲舒把汉代的封建专制统治说成是“天道”“天意”的体现，后人可以从他说的“王者承天意以从事”来看出。而且其以“人副天数”来得出“天人感应”，维护了汉代的封建统治。甚至在其《对策》中说，“道之大原出于天，天不变，道亦不变”。“道”就是封建社会的根本法则，把这个“道”与“天”结合起来，强调封建社会和天一样，都是永恒的不可改变的。其三是历史观和性三品说。在董仲舒的哲学思想中，其历史观是复古主义的循环论，用“三统”“三正”的学说来论证汉王朝的必然性和合理性。而提出性三品论，说“天”把人性分为上、中、下三等，即圣人之性、中民之性和斗筲之性，来说明君主对人民统治的合理性。

由上面可以看出，董仲舒为了加强专制主义中央集权，以天为中心，建立了庞大的神秘主义神学体系。他托“天”倡儒的程度，我想可以说是前无古人，后无来者。这是他创立的新儒学的一个重要特征。这对后世中国的影响可谓深远而重大。

05

“三纲五常”是封建社会最重要的道德原则，这二词出现于西汉思想家董仲舒《春秋繁露》一书。“三纲”指君为臣纲，父为子纲，夫为妻纲，它反映的是社会中的三种道德关系。五常指仁、义、礼、智、信，是人与人之间交往的原则。在封建社会中，“三纲五常”起到了维护封建统治的作用。不可否认，作为一种道德原则，它强调了人的历史使命和社会责任，稳定了社会秩序，培养了人的气节，对中华民族性格起到了积极作用。另外，它也体现了人之间的不平等，禁锢了人们的思想，对社会发展有一定的阻碍作用。

在当今社会，我觉得“五常”仍是值得推崇和发扬的。因为我们逐渐缺失了这些品质，“小悦悦事件”，“老人跌倒无人扶”，这一系列事件的出现不得不值得我们去反思。对于“三纲”，我觉得应取其精华，去其糟粕，适时而变。就如同北京大学哲学系教授何怀宏提出的新三纲，即民为政纲，义为人纲，生为物纲，强调了天、地、人的和谐，为社会营造了一种良好的氛围。

从总体上来看，“三纲五常”的作用是利大于弊的，我们要做的就是“扬弃”，不断地去汲取精华，完善自己，完善社会！

20

信仰，是一个人生存、一个社会发展必不可少的要素。

在古代社会，人们信仰神的存在，暂且不说是否真的有神的存在，至少，在这个信仰的过程中，人们有了敬畏之心，人与自然也达到了和谐相处。在西汉时期，董仲舒抓住了人对神的信仰，提出了“天人合一”“君权神授”一系列思想，为汉武帝所用，以巩固君权，加强封建统治，也使社会在一定时期内稳定发展。

在当今社会，人们的理性不断得到加强，自我权利意识不断增强，一些人开始怀疑，大家会对政权缺少敬畏。而我说，这种担心是没有必要的。人们并未失却信仰，只是将这个信仰提升到了一个更高境界——人的基本共同权利。当一个政权的存在维护了人们该有的权利时，人们自然而然会去拥护它、敬仰它。但是，若一个政权的存在不能让人们的权利得到保障时，它也就失去了存在的意义。

在这个经济发展、思想素质却未跟上步伐的中国，践行了宗教信仰自由的政策，不可否认，这是明智的。一个人、一个社会失了信仰，那是可怕的。所以，我们提倡寻找一个信仰，创造美好生活。

08

冯友兰在他的作品《中国哲学简史》中曾经提到这样一段话，“道家哲学正好符合汉初统治者的需要，他们的政策是除秦苛法，与民休息，使国家在长期的耗尽一切的战争后恢复元气。到元气恢复了，道家哲学就不再适用了，而需要一个进一步建设的纲领。统治者们在儒家学说中找到了它”。这里的“它”就是董仲舒的新儒学。董学能成功取代黄老之学有它独特的优越性。

首先，董仲舒的新儒学可谓集百家之长于一身，不仅仅做到了继承，更是把儒家思想进行了大规模的改造。他糅合道家、法家、阴阳家等各个学派的先进思想，将其渗透到儒家思想中去，构建成一个严谨的思想体系。

其次，新儒学的思想很好地符合了统治者的政治要求，得到了作为封建社会顶层的支持和推行。他提倡在思想上“罢黜百家，独尊儒术”，以思想上的一统来巩固政治上的一统。同时将儒学神学化，提出“君权神授”“天人合一”的观点。这些举措一方面达到了禁锢人民自由思想，维护社会稳定，便于统治的目的；另一方面抬升了君主的地位，对君主居于统治地位做出令人信服的解释，有利于加强君主权威，巩固君主的封建统治。

再次，新儒学更适合处于发展阶段的汉朝。即它比黄老之学更符合社会发展的要求，更适应形势发展的需要。黄老之学主张无为而治，在战乱时期表现为轻徭薄赋，适应了汉初休养生息的政治需求。但当社会稳定之后，无为而治却使得地方的势力不断增强，威胁中央的统治。因此黄老思想逐渐被历史淘汰。

最后，不得不提到的一点，正如我曾经说过的儒家思想具有旺盛的生命力，它能不断丰富自己，与时俱进，或许这也是儒学最后成为中国封建社会两千多年正统思想的一个重要原因吧。

40

董仲舒作为“罢黜百家，独尊儒术”的提出者，他认为要达到巩固统治的目的，就必须实行思想上的统一，把以孔子为代表的儒家思想定为封建社会的统治思想。他提出：“诸不在六艺之科孔子之术者，皆绝其道，勿使并进。”从此，儒家思想便取得了意识形态中主流派的正统地位。

对思想进行统一，有其利与弊。在统治者对百姓进行统一的教化之后，民众对事物的看法与态度便会相似，他的世界观、人生观、价值观这“三观”也会朝着主流思想的方向迈进。由此，举国上下，同心协力，其乐融融。国家也能由此而长治久安，百姓也能够“安其家，乐其业”，整个国家也会以美好的姿态昂首向前。

但是对思想进行统一，便会导致整个国家都黯然失色，百姓的思想僵化，完全被禁锢，无法进行发散性思维。这样便会导致创新能力的下降，科学技术水平停滞不前，这对古代中国来说是一种危机，对现今21世纪的中国来说更是一种危机。

所以，在当时的汉朝，统治者应该接纳不同种类的思想观念，使其碰撞，由此产生新的火花、新的发现，从而推动整个社会进步，使整个时代向前。

11

1956年4月28日，毛泽在中共中央政治局扩大会议上说“百花齐放，百家争鸣”应该成为我国发展科学、繁荣文学艺术的方针。“百花齐放，百家争鸣”是指：艺术问题上百花齐放，学术问题上百家争鸣。在这以后“百花齐放，百家争鸣”成为繁荣文化事业的基本方针。思想文化逐渐朝多元化发展。

但是西汉重要的思想家董仲舒则认为思想应该统一，他向汉武帝提出“罢黜百家，独尊儒术”的建议。他认为有了统一的思想就可以做到“邪辟之说灭息，然后统纪可以，而法度可明，民知所从矣”（《汉书·董仲舒传》）。在他心里，巩固统治最重要的是思想的统一，儒家思想就这样被他推上了正统思想的地位，其他思想也就成为“非法”的思想。

思想的统一在当时那个政治环境下有它的适用性，但是我认为不能一直沿用，统一思想的最初目的只为统一思想。但是长期的统一只会禁锢百姓的思想，使百姓缺少创造性思维。这对一个国家影响深远，一个国家失去了创造力，就只能落后于其他国家。八股取士就充分说明了思想禁锢给社会提供的只是一些读死书的迂腐秀才，无法为国献计献策。

当然，文化的多元发展也应该以一种思想为主线，然后在此基础上进行发展，文化的多元发展有利于繁荣文化事业，有利于激发群众的想象力，创造力。所以我认为董仲舒的思想在当今不适用，我们应该坚持在艺术问题上百花齐放，学术问题上百家争鸣！

12

儒家主张三纲五常：君为臣纲，父为子纲，夫为妻纲。在当时社会，这有利于维护封建统治，社会稳定。但是，在这个讲求公平与法制的社会，这种思想是腐朽的，是糟粕。在这堂课上，老师由此抛出了中国离婚率居高不下的原因，及现在婚姻中的男女关系。

自古以来，男尊女卑的思想在中华民族中根深蒂固，女性同胞就应该以家庭为重，就应该在家中相夫教子，固然现在是公平平等的社会，这一思想仍然存在。董仲舒更是把封建的伦理关系固定化，认为丈夫在婚姻关系中处于统治地位，妻子在婚姻关系中就应处于被统治地位，这一思想在现代就是谬误。我们从母系社会到现在的父系社会，男女关系在不断地调整着。纵使是现在提倡人人平等的社会，但还是存在着性别歧视。现在家庭中越来越多的女性有了自己的事业，她们的生活圈子不仅仅局限在家庭，她们自立自强，这可能给他们的丈夫带来很大压力，久而久之，他们的婚姻就出现了裂痕，但我觉得这不是造成离婚的原因。在婚姻生活中，我觉得双方谁有能力谁就多承担。现在越来越多的女性有能力去为这个家庭在经济上尽一份力，去追求自己的事业与理想，实现自己的人生价值。她们由小家走向了社会这个大家，我觉得作为她们的丈夫，应该感到自豪，应该给她们更多的支持与包容，而不是抱怨与厌恶。现在社会婚姻生活中出现越来越多的女强男弱现象，我觉得男性作为婚姻的一方更应该有这种气度去适应。就像《神曲》的创作者龚琳娜与其丈夫老锣一样，论名声，其丈夫远不及龚琳娜，但是这并没有成为他们婚姻的障碍，反而是他们更加相亲相爱，更加珍惜对方。我想婚姻不正是要双方的相互包容、相互体谅吗？

网络时有调侃："结婚是娶了个祖宗，生了个爹。"话虽痞，但很在理，是她冒着生命危险为你生孩子（当然，随着科技的发展，现在危险已经越来越小了）。这时她已经是个伟大的母亲了，是她为了这个家庭付出了自己的一生尤其是那段最美好的年华。想到这，你还不觉得应该要把她当祖宗一样好好"供着"吗？她值得这样被对待。

45

建元元年（公元前 140 年）十月，汉武帝召见董仲舒亲自策问，董仲舒应答汉武帝，上策论——《天人三策》提出大一统的思想。"《春秋》大一统者，天地之常经，古今之通谊也。今师异道，人异论，百家殊方，指意不同，是以上亡以持一统。法制数变，下不知所守。臣愚以为诸不在六艺之科孔子之术者，皆绝其道，勿使并进。邪辟之说灭息，然后统纪可一，而法度可明，民知所从矣。"《汉书·董仲舒传》董认为，大一统乃大势所趋，乃古往今之必然，只有全部禁止不属于六艺科目和孔子学术的学说，才能使法令制度得以贯彻，人民才得以服从。

大一统思想适应了西汉王朝加强专制主义中央集权的需要，受到了汉武帝的极大推崇，于是实行"罢黜百家，独尊儒术"的政策。大一统思想，对西汉王朝以致整个封建王朝甚至今天都产生深刻而深远的影响。它对于国家的稳定，统一多民族国家的形成巩固和发展起到了重要的作用；大一统对封建社会主流价值意识形态的形成起到基础性的作用；大一统体现了文化间的和平兼容，而不像秦始皇“燔诗书而明法令”（《韩非子·和氏篇》），焚书坑儒；大一统乃中华儿女增强凝聚力、向心力的生动体现；大一统为封建社会的稳定提供了完善的理论和指导。

时至今日，西方意识形态对我国国家意识形态安全构成严重的威胁，只有构建新的社会主义核心价值体系，坚持马克思主义的指导地位，才能弘扬民族精神，增强民族凝聚力。只有集中力量，统一思想和步子，才能进行社会主义现代化建设，增强国防实力，只有这样才能实现国家的长治久安，但又不能够限制其他思想文化的交流与发展。那么如何在思想的一元化与多元化之间把握一个度呢？这是一个值得深思的话题。

13

对于董仲舒提出的罢黜百家、独尊儒术的观点，有其利也有其弊。

利，在于他的这个观点在当时适应了社会发展的潮流，有利于当时维护封建君主专制的统治。这种思想也在一定的程度上统一了思想，减少了思想上的混乱，有利于当时的统治。在当今中国，也坚持着在某些方面坚持一元化的思想，防止过多的思想扰乱民心，造成社会动乱，维护了国家的稳定与和谐。

弊，就在于这种观点在一定程度上限制了思想的发展，容易造成思想的僵化。我觉得罢黜百家、独尊儒术，不利于其他思想的发展，也不利于各种思想的交流与碰撞，不能很好地产生新的思想，不利于推进社会的发展。在我看来，可以用一个很小的例子来解答一下，就像在一场辩论赛中，每个人有每个人的思想，在比赛中很好地表达出来了，各种思想在一起相互碰撞就会产生火花。几种不一样的思想相交流，很好地让人们看清问题，从各个方面、各个角度很好地诠释问题，那么这个辩论的问题在后来也能很好地解答出来了。同理，社会中各种思想相互的交流、借鉴就能很好地解答问题，推动社会的发展。但这些都应该在相应的范围内进行，不能超出这个范围，不然社会将会动荡不安。

我们应全面地看问题，找到最好的方法来解答问题。不能过于局限于一定的范围，从全局出发，才能更好地做出决策。

14

秦朝统一天下后，作为显学“儒学”便遭到摧残，直到汉武帝时期，重用儒学，使儒学得到发展，但是否是真正的发展了儒学？

董仲舒提出“天人感应”的神学目的论，认为封建统治是“天意”的体现，将阴阳五行学说扭曲来论证天是有天意的，从而发展到后来，出现了谶纬迷信。统治者利用这样的迷信来愚化民众，在后期的发展中越来越偏离，并且在明清时期出现文化的僵硬，这是多么可悲的文化现象。董仲舒提出“三纲五常”，认为君为臣纲，父为子纲，夫为妻纲。这种思想禁锢了人的思维，剥夺了人的自由权，尤其是对于女性而言，压制力度更大，在封建时期的两千多年里，女性只能在家相夫教子，出现裹脚等残害女性身体的现象，这更是无法容忍。女性没有教育权利，没有自由权利，不管身处哪里，都是得到利益最少的一方。所以思想是否是正确？是否已偏离了轨道？

从董仲舒的思想中，我们可以反思：为了迎合统治者的需要，是否将儒学带到了另一个胡同，直到最后我们无法走出。

41

董仲舒：“大一统者，天地之经常，古今之通宜也。今师异道，人异论，百家殊方，指意不同，是以无以持一统，法制数变，下不知所守。臣愚以为诸不在六艺之科孔子之术者，皆绝其道，勿使并进。邪辟之说灭息，然后统纪可一，而法度可明，民知所从矣。”（《汉书·董仲舒传》）

汉初，诸皇推行无为而治，前期战争带来的混乱无序慢慢远去，国家和社会逐渐稳定和谐，封建一统的局面也逐渐形成，而巩固封建一统的专制统治需要思想的统一。因为它能够让君主的法令得到实施，让君主的权威建立起来，强化人民的思想统治，维护中央集权封建专制统治。这对帝王是百利而无一害。

然而，真的是这样吗？当然不是。思想统一本质上是文化专制，它容易导致社会思想僵化，思想文化进一步的发展受阻。在当今高速发展的社会，文化软实力的发展不可或缺。对于世界文化，我们要面向世界，博采众长。对于本民族文化，我们要取其精华，去其糟粕。所以个人认为，思想统一在当今社会是不符合社会发展潮流的。

第十章　领悟魏晋玄学的智慧

魏晋士大夫对枯燥烦琐的古文经学、怪诞荒唐的谶纬神学产生了厌倦，对三纲生产奴才、五常捆绑性情的政治纲领普遍感到痛恨，于是转而从道家思想中寻找新的安身立命之所，开始注重对《老子》《庄子》与《周易》“三玄”形而上的哲学思辨。这种以道反儒的方式，实质上对儒家思想批判的同时，也为儒家思想未来的发展扭转了方向。

竹林七贤是魏晋玄学的主要代表人物，也是魏晋时期的风流人物。他们风流而不下流，放诞而不放荡，在本末有无的思维世界里，以理性的方式追寻人生的真谛。他们积极探讨名教与自然的关系，反对一切伪善与欺诈，意图得象而忘言，得意而忘象，向着纯粹审美的境界义无反顾地前进。他们集体发出了解放人性回归本真的呐喊，响彻云霄也震撼古今。这是传统知识分子自我意识的觉醒，也是对理想人格的自觉追求，形成了属于他们特有的玄远空灵的生命格调与率真任性的生活情趣，为后世封建士大夫重新建构起一个超越现实世界的美好精神家园。

魏晋玄学，犹如一阵清风，穿越历史的长河，吹落了古今许多人灵魂深处的灰尘。怡情山水的画作，酣畅淋漓的书法，无我之境的诗篇，田园牧歌的生活，都体现了玄学的性灵与风骨。在中华民族的文学艺术长廊里，早已深深地蕴藏了玄学的基本精神。即便是当今反对“官僚主义，享乐主义，形式主义，奢靡之风”，也可以看作对那个时代的遥相呼应。

郭象哲学的核心思想就是他的“独化”说。“独化”，顾名思义，就是指每一个个体事物都是独立存在，独立发展的。确实，每一个个体事物都是独立存在并且在自然而然地变化，假设把世界上所有事物全部抽掉，只剩下一个事物，那么这个事物就是所谓的“独”，但是这个时候它要怎么存在呢，也就是说它要存在在哪里呢？现在这个世界就只剩下这一个事物了，就是说它只能存在于虚无中，那不就是说它也是虚无吗，既然是虚无又怎么能存在呢，又怎么能表现“独”呢？所以逻辑上来讲，“独”是不能存在的。郭象的“独化”说明显是带有形而上学的色彩。郭象把庄子的相对主义推向极端，从根本上否定事物的相对差别。个人觉得这种思想不符合当时的社会，更加不符合现在的社会。

19

所谓“名教”即名分教化，儒家礼乐制度与道德规范；而自然便是自然而然，道家道法自然，自然无为。“名教”与“自然”之辩，是魏晋玄学研究思考的主题之一，并与社会政治有着紧密的联系。

“越名教而任自然”是晋朝的竹林七贤为首的名士们提出的，最主要的代表便是嵇康。“越名教而任自然，审贵贱而通物情。”嵇康的这一句话告诉我们两个道理：一是，一个人应该顺着他的自然本性生活下去，不用去管社会的条条框框，也不要在意别人的看法与评价，只做自己；二是，在人与宇宙、人和物的关系中，人应该“审贵贱而通物情”，能够物情顺通，就与大道无为。

生活在当代的我们，做不到嵇康的“越名教而任自然”，不可能不去在意别人的看法与评价，更不可能违背大家所尊崇的条条框框。但不管别人如何变化，社会如何进步，生活如何不易，都要记得在追求中保持自我、不忘初心。

01

中国哲学发展到魏晋时期可以说进入了一个新的阶段。魏晋玄学是一种思辨性很强的哲学，它比较注重抽象理论的探讨，而抽象理论则需要通过一系列哲学概念以及这些概念间的逻辑关系表现出来。

因此，魏晋玄学使中国哲学的概念以及这些概念间的关系的探讨大大发展起来，尽管许多概念在以前的思想中也使用过，但魏晋玄学家却给了它们以新的意义。此外，在命题、理论及其方法上魏晋玄学也有了极大发展。玄学这种思潮，它所倡导的人生态度影响了魏晋南北朝时期的名士，形成了所谓的“魏晋风度”，为后世人或讥讽或仰慕，影响深远。作为当时名士所追求的人生境界，反对虚伪礼教、崇尚自然任情自有其积极的一面，但其放达的一面也产生了一些不好的影响。

关键在于人们对于“自然”的理解。由于魏晋玄风的影响，人们思想得到了解放和开阔。由于其飘逸自然的特殊作用，使得魏晋时期的文学、书法、绘画等艺术都具有了超凡脱俗、超然尘世、自乐逍遥的风格。正是因为这些因素，魏晋风度与魏晋文艺得以成为美学的永恒的话题。

30

郭象提出的“名教即自然”是对魏晋以来关于名教和自然之辩的一种调和。那么，什么是“名教”？什么是“自然”？它们两者之间又是怎样调和的呢？

先说自然。自然并非我们现在所理解的自然界，而是事物的本质、天性，世间万事万物都是自然而然地在运动、变化、发展的。从自然到人都是一样的，人也应该追求自由、追求天性的解放。再说名教。名教就是社会的制度，长期的历史发展中形成的封建宗法等级制度。最后，所谓的“名教即自然”，就是指一切的社会规范与秩序都是符合自然的，是人性所固有的。

“名教即自然”调和的是名教与自然、社会和个人的关系。名教代表是儒家，自然代表则是道家，这两者其实是统一的，而两者统一的结果便是“名教即自然”的升华——内圣外王，天人合一。如同名教是自然的要求和体现一样，只有达到内圣，外王才能彰显。郭象的“名教即自然”把封建的仁义道德归结为人的本性中所固有的。这种做法是在为西晋的门阀士族地主阶层统治秩序的合理性作论证，更好地维护了魏晋门阀士族的政权。

42

“天地万物皆以无为本。”王弼认为世界万物的无形无象的本体是“无”，而末体是有形有象的“有”，而我认为，世界上的万事万物都是有无相生的，有无没有本末之分。

与哲学相联系，“无”与唯心主义相似，讲的天下万物都是抽象的东西。“有”与唯物主义相似，讲的天下万物都是具体存在的东西，我们知道唯心主义与唯物主义是对立的，在哲学上二者没有本末之分，而“无”与“有”也是对立的，在王弼看来这二者却是有本末之分。用辩证的观点去衡量有无的地位，有无是相生的，不存在王弼的本体与末体的说法。

为了论证自己的观点，王弼通过各个方面举例说明他的命题——“无”是本体，“有”是末体。比如，他从动静的关系来论证天地万物以无为本。然而，他没有看到，动静就是通过具体存在的东西即“有”来对比的，不是在抽象的世界里即“无”来比较的。所以，对于有无来说，用动静来论证是行不通的。有无孰重孰轻？在我看来地位是一样的，只是在某一特定的情况下，可能有区别，但是本质上来说，有无是相生的。

31

“名分与教化。”且先说名分，名分就形成了等级，等级观念贯穿于孔子的全部思想，可以说，等级是孔子思想的门槛。暂时不去评论其思想的是与否，放大于今世，其实名分这个东西真的是随处可见，在我看来，从统治者下到政府官员再到平民百姓其实就已经是一个名分，显然也是一个等级。我们时刻在追求名分，各种荣誉，各种职称。只是名分在今世已经从家族世俗逐渐淡出，明显的男尊女卑观念已经不常挂嘴边。但经济差距家庭背景之后隐藏的名分是不可消除的。它存在于这个现世社会。

再说教化，成长的过程中，教化是关键的，人的思想形成需要引导，需要在错误挫折与正确中碰撞相击前进。各种形式的教育都是为了使我们形成正确的三观去面对社会，在社会道德中生存，我们需要他律，从而约束自己。

自然即无为，我是不赞同的，我始终相信明天更美好，积极的人生态度是一个人工作或者学习的重要动力。消极的避世，只是一味地削弱自己的战斗力，最后沉沦在自己的世界里。假想社会都如此，那么怎么发展，怎么抗衡，“丛林法则”同样适用于人类。

但是辩证的眼光又会让我们看到另外一面，与世无争好像更加适用于此时的社会现状。利益交杂的针锋相对的时代，利益存在于我们的脑部核心，我们都围绕着它所思考，所以难免有人失了分寸，乱了手脚，触犯了法律，破坏了社会秩序，成了社会的惩罚对象，人生也就画上了不好的一笔。

该自然？还是该名教？我始终很难抉择，我总觉得我们永远都不能做出一个绝对的选择，在徘徊不前的时候，中庸是个很好的答案。相辅相成，总是能取其优，来适应社会；在名教的同时，我们需要适当无为。

16

旁白：何谓名数，名数指儒家礼乐制度与道德规范，是对人的行为有约束力的规章法则。何谓自然，自然指道家的自然而然，是人的本性能够自由追求自我的一种随心所欲。儒道之争，春秋以来，生生不息。

名数：听说最近嵇康提出越名教而任自然，说什么情不系所欲，矜尚不存乎于心。嘿，自然老兄，你怎么看？

自然（怒火中烧）：如果不是你们大搞形式主义，虚伪的条条框框一大堆，我岂会挑起事端？

名数（连忙赔笑）：原本我也是出于自然老兄的指导而提出仁义礼智信，的的确确想以内心的真诚来诠释名教，没想到却僵化到如此地步。但是如若不用我名教，嵇康虚浮放诞的行为也会形成不尊礼法、放荡不检的风气，使一些人的行为有如禽兽，自私丑恶，完全不受道德的约束，造成社会风气败坏。这可如何是好呢，自然老兄？

自然：我也知道，否定了你名教就等于否定了社会制度的合理性，再说我也找不到更好的表现形式来诠释我自然所想表达的仁义礼智信，这得要我们共同努力啊！

名教：我也反对只重形式而违反人情的假礼法，我保证，以后社会制度道德原则要包含于人类的自然情理中，德性的获得就在于适应无为、顺应自然！

旁白：经过此次小斗之后，遵循名教与自然的统一，人们各司其职又顺应自然，一个和谐的社会就迅速建立起来！

40

两汉以来，以儒家“名教”为核心的统治思想，在实际政治生活中暴露出不少的弊端。以王弼为代表的玄学，打起了评论汉朝名法之治的旗号。在他看来，汉王朝推行的礼法制度越搞越烦琐，日益成为形式的东西。

对于他的观点，我是比较认可的。“名教”即名分教化及儒家礼乐制度与道德规范，它的基础应该是“自然”，即自然而然、自然无为。名教的实行也应该以此为根本。如果“名教”根据它来建立，就能更好地发挥作用。提倡仁义、道德等，不是为了某种目的而实行仁义道德，而是作为人本身需要善良，需要道德才去实行，这样才能体会到仁德之意，否则一切都只会停留于表面。

“名教”需立于“自然”，以此为本，以此为根。由此，方可达到自然之名教。由此，才能真正发挥“名教”的作用。

49

佛曰：“一花一世界，一叶一菩提。”

“夫气静神虚者，心不存于矜尚；体亮心达者，情不系于所欲。”魏晋玄学提倡“无为”，闲置邪念，祛除虚华，存以诚心，善待人生。在物欲横流、心浮气躁的当今社会中犹如一颗明珠，照亮曾经的黑暗，洗涤人心的虚无。

春去秋来，宠辱不惊，数十载的人生，几十年的思量。人生，到底追求的是什么。金钱？名誉？地位？抑或虚无缥缈却又无所不及的初心？曾经的秦桧，显赫一时，位极人臣，到头来白骨入黄沙，留下的却是千古骂名，万世唾弃……曾经的和珅，富甲天下，荣誉至极，最终是白雪伴孤坟，换得的却是抄家入狱，凄惨人世……

五千年的兴衰成败，不断地告诫我们，只有回归本心，追求无为，真正做到情不系于所欲，贵贱审而通物情，才能最终找寻到我们生命的真谛！闲看庭前花开花落，漫随天外云卷云舒。“一沙一世界，一花一天堂，掌心握无限，刹那是永恒。”

51

经历了两汉经学的洗礼，东汉末年的战乱纷飞，加之曹魏政权是在镇压农民起义之上而建立的，为了更好地维护门阀氏族统治，魏晋玄学应运而生。

魏晋玄学其实就是结合了道家的思想来补充儒家思想，要求被统治阶级安贫乐道，无知无欲，不犯上作乱，同时又是那些政治斗争中失败的士族安身立命的一个思想。其实，魏晋玄学并不否定儒教，而是调和儒道，使儒道兼容。归根结底，玄学的核心思想便是那本末有无之辩、名教与自然之辩、言意之辩、圣人有情无情之辩以及才性之辩和声无哀乐之辩。而有无之辩又是本体论世界观的范畴。王弼在《老子指略》中认为，若把某种一定的事物当做世界的始基，就不能说明世界的多样性，所以“有”不能成为世界统一性的基础，故要以“无”为本。

仔细思考，你会发现世界的本源就是“无”。我们一直强调世界的物质性，世界的本原是物质的，物质是怎么来的呢？什么才是所谓的哲学上的物质呢？西方认为上帝是万物之源，但上帝是怎么来的呢？是无中生有吗？中国道家认为世界都来源于“道”，但对道却迟迟没有一个合理明确的解释。你想想，这世界里的一切难道不是从没有到有吗？最后还是会回到“无”去。人生下来就注定会死，地球也一样存在寿命，我们生活的世界也是如此，有与无不断转化。有无是一个统一体，有运动才知道什么是静止，有“一”才知道什么是“多”。万物千变万化，最后还是终归于静止。世界的统一性是统一在没有任何质的规定性的“无”。所以“无”是世界的本末。

06

王弼认为“名教”本于“无为”，“天地万物皆以无为本”，一个“无”字贯穿了王弼的两个观点。

“名教本于无为”：“无为”是推行礼义之治的根本，“仁德之厚”“行义之正”“礼敬之清”都离不开无为。无为是最简单的形式但它也是最有用的形式，如果统治者能做到无为，作为底层的民众有学习的能力，学习也是在不知不觉中。长此以往，人民也能做到无为，由此达到消除邪念的作用，这样就能起到维护社会秩序的作用。

“天地万物皆以无为本”，“无”决定着“有”的存在。王弼通过“一”和“多”的关系，“动静”关系来论证无是世界万物的本源，正因没有任何规定的无的存在，它才不会制约着各种有的存在，但他这种观点是唯心主义的观点。

“无”在王弼心中是十分重要的：无不代表没有，也不代表随意，或许只是一种简单的存在。也或许是通过“无”来抒发对稳定的向往。

44

魏晋玄学是为了维护门阀士族统治作论证的哲学理论，玄学经历了正始玄学→竹林玄学→元康玄学→东晋玄学的演变过程。在玄学之中，名教与自然的关系一直是文人争辩不休的问题。名教是指儒家礼乐制度与道德规范。自然是指道家“道法自然”，自然无为。

魏晋玄学的创始人之一王弼认为“名教”本于“无为”，“名教”应根据它来建立。王弼认为，对任何事情都应该采取“无为”的态度。而嵇康主张“越名教而任自然”，他崇尚没有“仁义之端，礼律之文”的自然境界。西晋的郭象认为名教即自然，“任名教”就是“任自然”。郭象肯定社会名教存在的必要性和重要性，但反对只重形式与反对人情的假礼法。我更赞同郭象的看法，“名教”是社会礼法及制度，人的行为受其约束。“自然”是人的本性。制度与礼法不能违背和压抑人性，只能将它用于规范人的行为。人有追求自由的权利，但不能为所欲为，否则社会将无法建立。人的行为应遵守相应的礼法和制度。只有这样才不会走向极端，社会才能稳定。

07

西汉以来，以儒家“名教”为核心的统治思想，在实际生活中暴露出不少的弊病。于是魏晋玄学兴起，玄学的实质是儒道交融，并且有三玄：《易经》《老子》《庄子》。玄学是以王弼为代表的，他是魏晋玄学的创始人之一。

王弼的主要思想是“名教本于无为”，王弼认为，“无为”是推行礼义之治的根本，如果“名教”根据它来建立，就能更好地发挥作用。他说：“仁德之厚，非用仁之所能也；行义之正，非用义之所成也；礼敬之清，非用礼之所济也。”（《老子》三十八章注）从这里可以看出，王弼表面上认为“仁义”“礼法”不重要，但实际上是企图用“无为”来巩固“名教”，使“名教”起到更好地维护封建统治秩序的作用。

因此，王弼鼓吹“无为”，与当时的社会有极大的关系，对当时统治者有很大的帮助。而在现代高科技技术盛行的社会，其实也应当提倡“无为”，科技在带来人们方便的同时，也带来很大的问题，各种利用高科技来进行不正当的非法盈利，忽略了人们最初的根本。所以，呼吁“无为”是我们都应当做的事情。

20

魏晋玄学中，名教主要是指封建礼教和道德规范；自然主要是指天道自然。名教与自然应是相辅相成、共同存在着的。物竞天择、适者生存，此乃自然法则，是天道自然。每一个物种的存在必定是适应天道自然的，是有其合理性的。但是存在的时间长短必定与名教有一定的联系。例如，人是生物中最高级的存在，其存在是天道自然。人天生有七情六欲，但是，如何控制人的情、欲呢？这必须有名教的约束。而名教发挥作用的方式是使人提高道德修养，知晓礼义廉耻的。

但是名教若仅仅只是封建礼教和道德规范，那未免也有些狭隘，所以，现今的名教，也应包括法律法规。人无论有多高的文化素养或者道德素养，都无法完全避免其劣根性的显现。所以，就该有法律法规来约束，减少其发生的可能性。名教与自然应是同等重要的，人无法逃避自然，却可以用名教来辅助，从而促进和谐社会的发展。

15

“名教”即“名分教化”，是儒家礼乐制度与道德规范。儒家思想对中华民族影响深远，只是随着时间的洗礼，“精华”变质。

王弼是魏晋玄学的创始人之一，在他看来，礼法制度越烦琐，人们往往越赤裸裸地追求名利。王弼认为，应该抓住根本的东西，所谓根本就是先秦道家所提倡的“无为”，这是“名教”建立的基础。他说：“仁德之厚，非用仁之所能也；行义之正，非用义之所成也；礼敬之清，非用礼之所济也。”实质就是：形式主义。一旦有形式主义，人们就会追求权势，贪慕虚荣。例如我们每年都会大张旗鼓地举行“雷锋日”，时间一过，“雷锋”灰飞烟灭。这并没起到“名教”的作用，反而逐渐成了功利形式，没有发自内心的道德实质。那么该怎么做呢？“载之以道，统之以母”，不要因为对自身有利才去做，而是从内心自发的，没有局限性的，不求利益的。幸而人们的道德心未泯，时有“给予帮助后悄然离去”的事，我尊敬这类人，也值得学习。但是，学到的知识应该化为自身的力量，自然而然的表现出来。

魏晋玄学之博大精深，我理解不了如此深奥的内容，还需进一步学习，直到熟知它的“根”。

32

“玄”这一概念，最早出现于《老子》：“玄之又玄，众妙之门。”玄学又被称新道学，是对《老子》《庄子》和《周易》的研究和解说，是中国魏晋时期到宋朝中叶期间出现的一种崇尚老庄的思潮。这种思潮是一种跳出传统的思维方式，在儒家思想发生严重危机后，使那些士大夫重新找到了思想家园。

王弼、何晏主张“贵无论”，认为“天地万物皆以无为本”（《晋书·王衍传》），“无”是天地万物的根本，而“有”则是宇宙万事万物的具体存在。“无”是事物的根本、本质，而“有”是事物的外在现象。“无”是“有”的基础、根本，且“无”的本质特征是需要“无”的作用呈现才能掌握，因此，“有”“无”是互通的。我们需要做到的就是两点：一是透过现象看本质，不要被表象所迷惑；二是抓住本质才能掌握现象，本质决定现象。

26

不同的人对名教与自然的关系有不同的见解，对于我自己来说，在内心深处是向往嵇康的“越名教而任自然”，完全回归自己的本真，不受礼乐制度和道德规范的束缚，活出自我。

但是俗话说：没有规矩，不成方圆。我们处在社会中，人与人、人与社会必然存在联系，既然有联系，就无法完全的随心所欲，必然要遵循一定的规章制度。否则由于每个人有不同的需要，不同的生存方式，必然会造成社会动荡。在混乱的环境中，我们也无法随心所欲地做自己想做的事情。

所以人在江湖，身不由己。我们只有学习郭象的中庸——“名教即自然”。在遵循礼乐制度道德规范的情形下，保持本真，做到“结庐在人境，而无车马喧”的境界。无论在什么情况下，都不要让心灵净土有污染，让兰花芬芳不散。

45

魏晋时期，王弼、何宴等提倡贵无论思想，嵇康等人提倡“越名教而任自然”的主张，在思想界形成一股潮流。这导致贵族们都热衷于高谈虚无之理，带头破坏礼教，荒于政务，骄奢淫逸。“递相夸尚，景附草靡”（《颜氏家训·勉学》），严重威胁西晋王朝统治，裴頠对士族门阀的颓废腐化行为以及所崇奉的贵无之学进行了针锋相对的批判。

“夫总混群本，宗极之道也。方以族异，庶类之品也。形象著分，有生之体也。化感错综，理迹之原也。”（裴頠《崇有论》）他认为世界是有形象的个别存在物的叠加，规律乃事物间的相互联系，不存在造物主。从根本上否定了贵无派以“无”为本体的观点，为自身的崇有思想提供了本体论依据。

裴頠从本体论上探究了“有”与“无”的问题，认为：“至无者，无以能生，故始生者，自生也。”（裴頠《崇有论》）万物初始乃自生的，必须以自身存在为本体、实体。他认为人生必资于有，没有“有”就没有生，“自生必体有”。因此，他认为：“生以有己为分，则虚无是有之所遗者也。”要想在真正的世界中生存则必资于“有”。他还进一步认为对事物起作用的是“有”而非“无”，正确的行动原则应是“有为”，而非“无为”。无论做什么，“无为”都无济于事，要保生就必须“有为”，同时认识到“无”和“无为”的思想也存在一些合理性。“崇有之起乃贵无之反动，然亦并未全弃贵无之论。故裴頠之学说是得意而不必忽忘形骸。这种学说与嵇阮自不相同，但与王弼仍有相近处，而郭象则为此种学说，找一形上学的根据。”（汤用彤《魏晋玄学论稿》）

综上所述，我认为：裴頠崇有论思想在本体论上表现出了明显的辩证法因素的唯物主义倾向，阐明了世界的最高本体——道乃万物之总和，事物的规律乃事物之间的相互联系和相互作用。肯定了物质的第一性，精神第二性，又肯定了精神的能动作用，是对以“无”为本的思想的批判，但是也存在明显的局限性。裴頠把万物看成为彼此独立并存之物，忽视了事物间相互转化可能性，崇有论的出发点乃论证名教比自然更重要，强力用世界各种现象和规律的存在来证明封建等级秩序的合理性，本质上是为地主阶级服务的。

17

孔子说：“子不语，怪、力、乱、神。”意思是对自己不知道的事情不发表意见。对于玄学，我最欣赏竹林七贤的洒脱自然，那种纯真的人格，不“刻奇”（刻奇来自德语，指媚俗的艺术作品）的心态。王弼认为世界本体是无，在我看来，世界本体的问题对判断生活中小事的影响不是很大，但对于人生观的塑造和事物本质的认识有重大影响。然而，在我们了解这些思想之后，能否真正运用到生活中，是需要从更广泛的方面来思考的。许多科幻大片，是作家对世界、对人的想象，他们把这种奇思妙想掺杂到当代的社会生活中去，于是写出的小说既真实又富有想象力，十分吸引人的眼球。而相比之下，思想被运用到政治和经济中时，就不那么有趣了。不在其位，不谋其政。玄学和生活相距太远，也不可爱了。哪有什么比早上的阳光，蓝天白云和花朵更能让人心情舒畅的。竹林七贤生不逢时，不然能和他们做朋友真是件乐事。

47

通过学习魏晋时期的哲学，我们可以知道，在该时期讨论的一个重要问题是符号、语言和意义的关系讨论，即符号、语言和意义的关系是怎样的？语言和符号是否能表达意义，应当如何把握意义，关于这个问题的讨论就是所谓的“言意之辩”。

言意之辩，最早是由战国时期的庄子提出的，言意之辩分为“言不尽意”和“得意忘言”两种。而到了魏晋时期，便发展到了顶峰，分为了“言不尽意”“得意忘言”和“言尽意”三种。言意之辩既涉及认识论、方法论问题，因而具有重要的哲学意义；也对意境的形成有重要意义，对后世的文学创作影响深远。

而在此，我来简述一下自己对言意之辩的看法。由上文所说，魏晋时期的言意之辩分为三种；首先“言尽意说”的代表人物就是自称“违众先生”的欧阳健，认为语言完全可以表达思想，而具体来说便是客观事物依赖于名言，名言不能改变客观事物。但是名言具有表达思想、实现认识的功能，而且主观的名言都是根据客观事物确立的，名言和客观事物是一致的，名言完全可以表达事物。与此相反，三国时期魏国人荀粲持相反的意见，主张言不尽意。他说语言不能完全表达意义和思想，其观点在一定程度上反映出其本人尊崇道家，而反对儒家。欧阳健和荀粲关于言意之辩的看法代表了两种极端，在该时期的王弼，他一方面肯定言、象具有表达意义的功能，另一方面也强调言、象只是表达意义的手段，可以忘掉手段，来使手段不妨碍目的的实现，这就是他的“得意忘言”。

魏晋哲学被称为玄学，而言意之辩是魏晋玄学的重要的讨论问题。它承上启下，继往开来，推动了言意之辩的发展。虽然各个哲学家关于言意之辩的看法有其不足之处，但它对中国古代哲学、中国古代文学和中国古代思想产生了不可忽视的作用！

10

名教，名分教化，是儒家的礼乐制度与道德规范；自然，自然而然，是道家的自然无为。两汉以来，以儒家“名教”为核心的统治思想在实际的生活中不断暴露其弊病。以王弼为代表的玄学，打起评论汉朝名法之治的旗号，用玄学的形式为封建等级制的统治秩序的合理性做出了论证。在王弼看来，汉朝推行的礼法制度越烦琐就只能成为形式上的东西。

由于注意形式，讲求仁义博施的人，往往是在那里赤裸裸地追求虚名；提倡礼义的人，反而毫不犹豫地和人争权夺利；所表彰的所谓的忠信之士，实际上是一些假名节之士。就如王弼所说：“崇仁义，愈致斯伪。”然而真正的名教，应从自然出发，遵循道德仁义，应从本心出发，而不是为了争名夺利才做出一副道貌岸然的姿态。真正的仁义之士往往做事情先是遵从本心，不计较个人名利得失。形式主义的弊端就在于其功利性，这使得儒家礼乐制度与道德规范逐渐崩坏。真正的“名教”应本于自然，发于本心，只有这样才能真正地发挥名教在社会中的领导作用。

18

天下大势，合久必分。东汉末年的黄巾起义宣告了汉王朝的终结，经历过魏蜀吴的三足鼎立的格局，东晋王朝如一颗冉冉的新星，绽放出耀眼的光芒，但其门阀制度造就了“上品无寒门，下品无世族”的局面。其黑暗腐朽的统治也激起了文人志士的愤慨，他们不屑于传统礼数的束缚，纵情山水之间，追求自我心灵的宁静。其中最为突出的“竹林七贤”，嵇康洋洋洒洒的《与山巨源绝交书》披露了对官场的厌恶；阮籍驾牛车，路绝而哭，这是内心真实的想法，不顾及世俗的眼光。他们渴望心灵的自由，山水之间，一壶酒足矣，酩酊大醉，一切也都置身事外。

我们都读过《西游记》，对孙悟空的形象印象深刻，他被套上了金箍，一味地想要挣脱，而金箍就象征着封建礼教，他习惯了天不管地不管的自由不羁的生活，取经并非他所愿。虽然他是小说中的人物，但也映射了我们的生活。

我们同样也是渴望飞翔、向往自由的人，我们不在乎世俗的眼光，就是要努力挣脱枷锁的束缚，纵使头破血流，短暂的内心的释然也是可贵的，这就是我所追求的生活。

所谓的礼法，就是统治者冠冕堂皇进行统治的说教，压抑了人的天性，但我们有自己的思想，可以听从自己的内心，过自己想要的生活。

41

名教与自然是魏晋玄学中的一对范畴。名教，名分教化，儒家礼乐制度与道德规范。自然，主要指天道自然，认为天是自然之天，天地的运转，万物的生化，都是自然而然的。

王弼认为，自然是名教之本，名教是自然的必然表现。所以，王弼在《老子微旨略例》中说："闲邪在乎存诚，不在察善；息淫在乎去华，不在滋章；绝盗在乎去欲，不在严刑。"嵇康认为六经、礼法、名教束缚人性，与人的本性相对立。认为越名教，除礼法，才能恢复人的自然情性（即越名教而任自然）。郭象认为，夫仁义自是人之情性，但当任之耳，恐仁义非人情而忧之者，真可谓多忧也。他反对只重形式而违反人情的假礼法，他提出了"名教即自然"的观点，实际上是追求"名教"与"自然"的统一。而我就比较认可郭象的观点，只有当社会制度与人性自由相融合时，即名教与自然相统一时，社会才能获得真正的稳定、和谐。

21

名教，原指儒家"因名设教"的那一套宗法等级制度和伦理观念，一般指以正名分、定尊卑为主要内容的封建礼教和道德规范。自然，主要指天道自然，认为天是自然之天，天地的运转，万物的生化，都是自然而然。

对于名教与自然的关系，王弼认为，名教本于自然。在他看来，汉王朝推行的礼法制度越搞越烦琐越成为形式的东西。而真正的名教应该是发自内心的，自然的，而不是虚情假意的。他认为，“无为”是推行礼仪之治的根本，应用“无为”来巩固“名教”，才能让名教更好地起到维护封建统治秩序的作用。他的这一思想使得被纲常名教束缚的人们的思想得到解放，同时也提高了人们的思维能力。

王弼的思想主张是一次伟大的思想解放，使中国哲学跨入认识论阶段。但他把名教与自然分成两截看待，没有真正将两者在本质上统一起来。

46

名教与自然的关系在魏晋时期就争论不休，有人认为名教本于自然或越名教而任自然。面对名教与自然的矛盾，郭象提出名教既自然的观点，他把这两种观点加以调和，使二者不可分离。

何为名教？何为自然？名教指的是以正名分，定尊卑为主要内容的封建礼仪。自然指的是天道之无为和人的自然本心。儒家重名教，道家重自然。魏晋时期的玄学家们在顺应历史发展潮流的前提下，以老庄思想解释儒家思想，产生了名教与自然关系之争。郭象认为名教即自然，在不否定儒家思想的前提下又宣扬道家无为思想，使社会动荡得以缓和。在政治上，它是有一定的作用的。但是，理论上，这两种思想真的能够调和吗？我认为不一定。因为儒家思想是积极有为，而道家是无为，两种思想是矛盾的。但名教即自然思想还是有一定借鉴意义的，就现代社会来说，在我们生活之中，我们的规章制度应该更加注重人民的自由，在治理好社会的前提下，不应该多加干涉市场和人民生活，政府的治理应该更加人性化，给予人民更多的空间。政府扮演好服务者的角色，而不是指导者，才能更好地服务社会，才能使社会和谐。

简政放权是我国政府一直主张和实施的，在原则制度能够得到原则性的实施下，又能让市场形成多样化和简便化。这不是在能够遵循制度的前提下，又能够发挥主观能动性吗？

22

对于玄学的“有无”之辩郭象提出了自己的“独化”说，“上知造物无物，下知有物之自造”。他认为，天地万物的生成和变化都是自然而然的。整个宇宙是变幻莫测的，还有很多的现象和规律都没有发现，这是万物生长的自然。同时具有反对宗教神学的“造物主”说的意义，让人们相信天地万物的生成、变化是自然而然的。这些观点都是合理的，能够顺应历史的发展趋势。

但是郭象的独化说在逻辑上能得出必然的结论：世界上万事万物的发生和变化都是杂乱无章、无规律可循的。这又让他的思想陷入了神秘主义，这与客观事实是不符合的。我们都知道万事万物的生长是需要一定的内部条件和外部条件，它的变化也是遵循着一定的规律，虽然有的规律目前还是没有发现，但并不能否认。

所以对待一种思想，我们不能全盘吸收和全然否定，它都会有存在的意义，就要看我们怎样去辨别。

09

如若自然，渴望自然，追捧自然。人们如此痴迷自然，犹如久旱之人求降大雨，犹如沙漠迷路之人渴求绿洲。如痴追求原因在于什么？

人们就这样不得自然吗？那些结庐在人境的隐士呢！嵇康，阮籍等竹林七贤不装疯者几人，得善终者几人？

七贤中最得自然意境莫过嵇康，阮籍醉卧美妇旁不生邪念，世人毁谤亦是梅妻鹤子琴友逸散自得，死前一曲广陵散未见半分恐惧，堪称用人生写尽这自然意。

魏晋玄学讲究的自然有一个诚字极为重要，无论是法律还是为政莫过如此。儒学价值观依旧会产生十分严重的后果，以前那个时代的沽名钓誉就不说了，就看我们这个时代的政绩工程，形象工程吧！

24

魏晋南北朝长期处于战乱，国家也处于长期分裂的状态中，而此时期的玄学被称为魏晋南北朝艺术的灵魂，也是为维护门阀士族统治作论证的哲学理论，是中国哲学和文化思想史上的一个重要阶段。从中我们可以看出玄学的产生并不是偶然的，是有其深刻历史根源的；同时也不难看出魏晋玄学是儒道交融的产物，是时代的产物。

魏晋玄学中的儒家思想可以说是微弱淡薄的。西汉以来，以儒家“名教”为核心的统治思想，在实际政治生活中暴露出了不少的弊病。为此，以王弼为代表的玄学，打起了评论汉朝名法之治的旗号。从另一个角度，用玄学的形式来为封建等级制的统治秩序的合理性作论证。并且在长期战乱、分裂的魏晋南北朝时期，玄学中有不少消极避世的成分与儒学的积极应世的思想是相悖而行的。这无疑是时代的产物。

魏晋玄学中的道家思想，主要是指以老庄玄学为主要内容，主张清心寡欲、超脱名誉，并且魏晋玄学弘扬的是道家之玄。因为魏晋时期是一个政治非常复杂和混乱的时代，动乱而黑暗。士人们迷惘而绝望，名士们慑于统治者的淫威，苟全性命于乱世，不能言心中之言，不能做心中欲做之事，心灵受到极度压迫。所以这个时代的士人们趋向于一种极度紧张的高压状态，为了应付这种高压，名士、士族子弟们十分重视玄学、崇尚老庄的清静无为的思想。这无疑也是时代的产物。

25

魏晋玄学的本质是儒道交融，它提倡用道家思想来补充儒家思想，要求被统治阶级安贫乐道，无知无欲，不犯上作乱。从根本上来说，同样是为了维护统治者的利益，维护国家统治。

“名教”本于“无为”，是魏晋玄学的主要思想，也是我比较吸引我的地方。“名教”即儒家礼乐制度和道德规范。“无为”则是自然无为。“无为”更为透彻地说是清心寡欲，让自己的内心保持无欲无求。简单得来理解这句话：如果你欲望强大，追求的就会多，就很有可能侵犯别人的利益，因此用来约束你的条条框框就来了。但真正淡泊名利的人又有多少呢？这种思想没有错，却过于简单、理想化了。

在现在这个社会，我们又习惯性地强调每个人都有追求幸福的权利，然而每个人对幸福的定义不同。所以，“名教”本于“无为”这种思想放在现在社会可以这样来理解：在不损别人的利益的前提下，追求自己的幸福，这是“无为”。制定实用合理的规章制度，来维护整个社会的稳定，来确保他人的幸福，从而维护自己的幸福，这是“名教”。两者的关系紧密巧妙，可往好处想，也可往坏处理解。关键在于自己。

28

在自然与名教的关系问题上，王弼认为自然（即玄学所说的宇宙本体论）是名教之本，名教是自然的必然表现。因此，他 认为自然与名教是统一的，两者并不矛盾。一般说来，哲学总是要为特定的政治提供理论论证的，而政治也需要一定的哲学为其提供保障。

我国历史上封建主义的政治与道德原则最核心的东西，就是儒家所宣扬的名教之治。这种名教之治，到了汉代，由于董仲舒的提倡，再经白虎观会议的编造，形成了一 套所谓“三纲”“五常”的政治道德规范，成为人民的精神桎梏。但是这一套东西却在东汉末年遭到了农民大起义的沉重打击，致使其地失去了它原来维系封建秩序的作用，尤其是汉代为名教所提供的理论基础——天人感应神学目的论的儒学已经堕坏，在这种情况下，魏晋时期门阀地主阶级，为了恢复名教的权威，维 护自己的统治，就必须要为名教提供一种新的论证、新的哲学理论。这也就是王弼、何晏所以要提出玄学唯心论的真正政治目的。

由此看来，维护封建等级秩序的“名教”，确实是出于无为的自然之“道”。在这里提倡名教的儒家与崇尚无为而治的道家，两者并不矛盾，而是相为表里的。因此，王弼极力用道解儒，用老解孔，希望儒家的名教能借助于道家的无为政治来实现。这就是王弼鼓吹玄学的本质之所在。

34

魏晋时代，中国封建社会进入了以门阀士族当政的地主阶级专政时期，他们对农民实行农奴式的压迫和剥削，他们与农民阶级的矛盾越来越尖锐，于是产生了魏晋玄学。其中有无之辩是魏晋玄学中争议较大的。

王弼采用思辨哲学的形式，以探索宇宙本体问题作为其哲学体系的核心。王弼认为宇宙的本体是“道”，即“无”，崇尚“贵无论”。王弼认为具体的东西都有会定性，从“一”和“多”的关系和动静的关系来论证天地万物以无为本。也就是说世界的统一性不是它的组织性，而统一于没有任何质的会定性的“无”。王弼的哲学是一种客观唯心主义，并没有正确地认识到世界的存在和变化。

裴頠不赞成王弼的“贵无论”，认为它对社会政治是有危害的。裴頠针对“贵无论”提出了“崇有论”。裴頠指出：“夫至无者，无以能生。”从根本上否定了“贵无论”。裴頠说：“化感错综，理迹之原也。”与王弼相反，他认为万物的变化和关系是寻求事物规律的迹象的根据。但裴頠的观点是为了巩固封建统治，也具有很大的局限性。

裴頠有局限性的“崇有论”被郭象发展为“独化说”。郭象对“无”的看法，既不同于王弼（把“无”看做天地万物的“本”），也不同于裴頠（把“无”看做“有之所谓遗者”）。郭象认为“无”是“自生”的。郭象把“物各自生”绝对化，根本否定物与物之间的依赖关系和因果关系。郭象所认为的“独化”，天地万物的变化都是由“命”或“理”决定的，这又陷入了客观唯心主义的漩涡。

王弼、裴頠和郭象的有无之辩对人们认识世界有一定的帮助，对打破谶纬神学起了积极作用，但都有各自的局限性。

38

两汉以来，以儒家“名教”为核心的统治思想，在实际政治生活中的弊病越来越明显，一些进步思想家对此进行了批判和揭露。以王弼等人为代表刮起了一股玄学之风，试图寻找更加合适的统治秩序。儒家提倡的很多礼节、制度越来越烦琐，越来越成为形式化的东西，很多人口头上提倡仁义礼制，实质上虚假肤浅功利，缺乏真正的内涵修养。针对这些，王弼认为，要抓住根本的东西才可能解决问题。他认为，名教应该本于自然，即名教要以自然为本，行无为之治，顺应自然。我个人看法其实与他的可能并不是相差特别大，只是我认为名教不仅仅要本于自然，还要再进一步融于自然，合二为一，达到名教与自然相融合的境界。

名教融于自然，这个意思是说，要让名教深入到人的内心，把仁义道德礼义制度变为人的本心。就拿现在我们所说的道德规范来讲，就是要做到由他律转化为自律，把外在的道德要求内化为自身心中的道德法则，将道德规范转化为自己的良心。追求仁义是因为我的内心想要那么做，而不是因为道德规定要求我这么做，若真能达到那样一种境界，我们离和谐安宁的理想社会就更近一步了。

03

帕斯卡尔曾说："人是有思想的芦苇。"是啊，人的全部尊严在于思想。我想这句话同样可以用在竹林七贤中的嵇康身上，在那样的时代，他可以对礼乐名教不屑一顾，对官场表示轻蔑，不愿被统治者异化。在世人看来，醉酒是竹林七贤的常态，殊不知醉酒对于他们而言是在两难处境中自保的妙法。可见，嵇康对于当时礼教和政治的厌恶与不满，他不像当时那些为了去迎合统治者需要而谄媚逢迎的人，而是放荡于山水自然之中，大有陶渊明"采菊东篱下，悠然见南山"的味道。

有时，我也觉得在尘世之中庸庸碌碌地活着，倒不如回归自我，顺应内心。在人生的旅途中，我们都在不断赶路却忘了出发时的初衷，在追名逐利的过程中身心疲惫，于是开始怀疑和沉思，开始抽离现实。嵇康正是我们学习的对象，明知道官场不适合自己，倒不如简单地在自然中品悟哲学，对统治者的不满也不多说，大家都会明白。同时，对自然的赞美也印证了庄子对自然的赞美"天地有大美而无言"，自然在山水之中可以体悟到与世俗不同的道理。

04

两汉时期，独尊经学。古文经学注重训诂和文字，今文经学注重与现实结合，阐发经书中的微言大义。然而，经学发展到最后却变成了愚昧粗俗的谶纬神学，其思想也日渐荒诞。一些进步的思想家对当时的政治制度和伦理道德都进行了不同程度的揭露和批判，自此，玄学之风兴起。

玄学不同于老庄哲学，它有其自身的特点：（1）玄学以“三玄”为主要研究对象。“三玄”即《易经》《老子》《庄子》。（2）以辩证“有无”问题为中心。王弼认为“无为”是推行礼义之治的根本，认为对任何事情都应采取“无为”的态度，而针对王弼等玄学“贵无”论，裴頠提出了“崇有”论。（3）以解决名教与自然的关系问题为其哲学目的。王弼倡导“名教本于自然”，嵇康提出“越名教而任自然”，郭象认为“名教即自然”。

魏晋玄学在中国哲学发展史上占有重要的地位，是中国哲学史中的重要组成部分。它不仅上承两汉时期的道家思想，克服了汉代经学的弊病，还开创了糅合儒道学说的一个新的哲学时期，在理论思维上是一大进步。

05

在魏晋玄学中，“言意之辩”开拓了一个新的认识视野，对当代教学有重要的意义。

言意之辩有“言不尽意论”与“言尽意论”两个观点，代表人物分别是王弼和欧阳建。言，指卦辞，代表语言；意，指一卦的义理，代表事物的规律。很显然，“言不尽意论”主张义理存于现象之外，语言不能反映事物的本质。而“言尽意论”则认为语言可以直接表达深奥的义理，认识事物的规律。虽然二者都忽视了实践的作用，但就当时来说，是认识论的一大进步。在双方的争论中，持有一个共同点，即都强调语言的重要性，只是对其作用的体现有矛盾之处。当把“言意之辩”与教学相结合起来时，我们会有一个有趣的思考。“言”可以表示为书本文字，“意”可指意境、意象，本质。“言不尽意论”更加突出“意”的作用，如果学生只学习了书本的表面意思，而没有体味书中的深层内涵与言外之意，那么就把握不住作者的思想真谛。相反，“言尽意论”显得较简单些，认为读者只需掌握书面意思即可，不需要过多地去加以理解，体味，因为文字已表达出了全部思想。

所以，站在教学角度看，“言意之辩”体现了两个不同的教学方法。相较而言，“言不尽意论”更适用于教学，教学不应只是单单让学生理解书面知识，而是拓宽学生视野，提高学生想象水平，这样才能让学生学好、学懂，更好地在书海中翱翔！

23

王弼对于玄学的看法之一是名教本于无为，这对于我的启发是较大的，所谓名教，在我看来，指的是一种规范，它是怎么来的呢？它肯定不是世界诞生之初就有的东西，它是通过社会不断地发展，同时人们对一些事情的发生有比较统一的意见。然后他们把类似于这样事情的发生预估了一个结果，当结果与预估大致相同的时候，这样是符合标准的。这样的结果通常是不会对别人造成伤害的，这当然没有问题，但是，在发展过程中，通常我们所期望的结果，似乎越来越多的加诸形式上的要求。

我们赞颂一些人所做的贡献或者对别人有帮助的事，这个时候，这样赞颂的目的是褒扬拥有高尚品格的人，同时是对他所做的事的表扬，但我们不能赞同因为想拥有这样的赞扬而去做一些表面而形式的所谓的“好事”。我们也不应该助长这样的风气。在做一些事的时候，觉得这是一件平凡而且不值一提的事情时，这才是一个正确的态度。

08

名教即名分教化，指的是儒家礼乐制度与道德规范；自然即自然而然，指的是道家的“道法自然”、自然无为。对于纲常礼法与自然无为的关系的不同看法，产生了魏晋玄学中以王弼、嵇康、郭象为代表的不同思想流派。王弼认为名教本于自然，嵇康提出了越名教而任自然的说法，而郭象则认为名教即自然。郭象将自然与名教统一起来，真正做到了天人合一的境界，不愧集各家之大成。

“夫圣人虽在庙堂之上，然其心无异于山林之中”，圣人即便处于压抑紧张的朝堂之上，身边有一堆棘手的政事，但是内心却依然是自由潇洒的，就仿佛在山林之中无拘无束。这句话很生动地为我们阐述了何为名教即自然。无论处于何种环境下，保持内心的自由纯洁，那周围一切凡俗的喧嚣都扰乱不了平静悠远的心境。

当看到“夫圣人虽在庙堂之上，然其心无异于山林之中”这句话时，我的脑海中第一个想到的人就是不为五斗米折腰的陶渊明。他“结庐在人境，而无车马喧”，屋舍坐落在人世间，却没有车马的喧闹，门前幽静安宁。“问君何能尔”，为什么能做到在闹市仍如在山林之间呢？他自己回答道“心远地自偏”，因为寄心高远，无所阻滞，自由潇洒，所以虽居于人境之中，却超然神游于象外。他做到了超然物外，天人合一，因为懂得“心远”。他拥有宽阔的胸怀、开阔的眼界，他从喧嚣纷扰的尘世中挣脱出来，投入了大自然的怀抱，纵情于山水之间。

名教即自然，重点在于心。心有莲花之高洁傲岸，便会出淤泥而不染；心有飞鸟之自由不羁，便会处尘世而不束。

11

言意之辩是指文字语言与文字语言所要表达的意义的关系。“言”和“意”的关系问题，早在先秦时已经提出，到了魏晋南北朝时期，它就更成为玄学家们关注的一个主要问题。言意关系的辩论在发展中大概可分为三种观点：言不尽意，得意忘象，言尽意论。

言不尽意，从字面上理解就是言语不能完全表达物象的实质意义。《易·系辞上》中所说的：“子曰：‘书不尽言，言不尽意。’然则圣人之意，其不可见乎？子曰：‘圣人立象以尽意，设卦以尽情伪，系辞焉以尽其言……’”这是说，即使言语不能表达实意但是“圣人”可以通过某些特殊的“言语”来准确表达事物的意象。也就是在言与意的关系中，“圣人”所起的作用是不容小觑的。

得意忘象的提出者王弼认为，要得到一切事物的意，一定要抛开具体的物象，只停留在物象上是得不到真正的意的。他说："然则忘象者乃得意者也，忘言者乃得象者也。得意在忘象，得象在忘言。"他的意思是说，只有抛弃物象的限制才能认识事物的真正规律。而对于忘象求意，他则认为要依靠非凡的智慧，也就是神明。他的思想和言不尽意有共同之处，就是都认为"圣人"才能得意象，这带有一定的神秘主义色彩。

我比较赞同的是欧阳建的"言尽意论"，他说："理得于心，非言不畅"，他肯定了人们可以认识和反映客观事物及规律，否定了言不尽意的不可知论。他认为语言和概念来源于客观事物，反映客观事物。

欧阳建能够在言不尽意盛行时提出并坚持自己的言尽意论是很难能可贵的。我们也应该这样，要有自己独立的想法并且坚持自己的想法。

12

为了更有效地巩固地主阶级对农民的统治，以王弼为代表的玄学，打起了评论汉朝名法之治的旗号。王弼认为，名教本于自然。所谓名教即名分教化，自然即自然而然。我赞同王弼的观点，在汉王朝，礼法制度越搞越烦琐，越来越形式化。王弼由此提出应该抓住根本的东西。这点与我们现在学的哲学不谋而合——通过现象看本质。"牵牛要牵牛鼻子"这一方法体现了面对主次矛盾要集中力量解决主要矛盾。在当时，我觉得王弼的思想是先进的。

名教本于自然，他认为的自然就是道家所提倡的"无为"，以无为为本这样礼法才能起作用。我觉得对待事物和解决问题是要从本质出发的，这样才能有效地解决问题，不绕弯路。在现代，这仍是值得我们借鉴的。我们现在所处的社会越来越冷漠，道德正在不断缺失，我们与其一味地加强法制建设，出台各种严规戒律，还不如从问题的根源抓起，全面提高人们的综合素质，从而建设一个和谐、道德的社会。

13

"仁德之厚，非用仁之所能也；行义之正，非用义之所成也；礼敬之清，非用礼之所济也。”我对这句话的理解是，仁德的厚重不是用仁能达到的，义的正不是用义能达到的，礼，也不是能用礼达到的。总的来说就是不能过于形式化，但在当今的中国社会里形式化极其严重，在学校时，感受最深的莫过于在领导要来学校检查时，要求同学们打扫教室，集体穿校服。相信中国许多的学生都经历过这种事情。其实，很多事情在之前就可以做好，为什么偏要在领导来临的时候把表面工作做到极致，这么形式化。在学校还有一个是对老师的评价，我觉得这也是个形式化，评价自己的老师时当然都是往最高级的地方打分，试问这样的评价意义何在，学生的很多评价，有些能很客观地反映教师相关的问题，但很少会真的提出来。只是走个形式，最后问题还是没有得到改进。像这种形式化的东西只是在浪费时间和精力，其实并没有太大的意义。

在我看来，形式化并不能很好的解决问题。但中国很多事情上都是形式化的，这种形式化其实不利于社会的进步，什么东西都要走个形式，把大量的精力、时间、金钱、人力、物力投入其中却做着无意义的事情，问题都没有得到相应的解决。做的都是无用功。有这个时间和精力不如把形式省去，真的做点实事，解决好问题。

告别形式化，才能更好地解决问题，才能更好地做好实事。

14

魏晋时期，玄学的主要代表人物对于名教和自然都各有其看法，那么在今天会有什么新哲思呢？

名教是名分教化，指儒家礼乐与道德规范；自然是自然而然，指道家“道法自然”“自然无为”。嵇康主张越名教而任自然，王弼主张贵无论，裴頠主张崇有论，郭象主张独化论……

从个人角度而言，人从一开始本就是纯洁的，在这个社会生活里，去学习道德，礼制，再去制定制度，达到更好的无为，个人的演变过程便就是从无为到名教再到无为。

从整个社会的角度来看，名教根本于自然，“无为”是实行礼义之治的根本，所以是通过名教也就是适合的社会制度和道德规范来达到无为。载之以道，统之以母。在当今社会，我们社会制度一样要适应社会的发展情况，才能使社会得到更好的发展。从名教与自然的关系中，我们可以学习到很多，对我们个人和社会都具有重要的作用。

第十一章　领悟理学开端的智慧

北宋时期，儒家学者为了重振儒学权威，融合了佛道本体论思想来解释儒家的义理，建立了以“理”为核心的新儒学体系，史称“理学”。从其本体论强调的内容来看，有理本论：周敦颐为先驱，至程颐定型，发展到朱熹集大成。有心本论：程颢现端倪，至陆九渊定型，发展到王阳明集大成。有气本论：胡瑗、李觏现端倪，至王安石、张载定型，发展到王夫之集大成。

周敦颐改造道家《无极图》而成《太极图》，并加以儒家义理化诠释，开启理学之先河。他论述无极而太极，太极本无极，为儒学寻找超越的本体性根据。在万物生生而变化无穷的过程中，周敦颐突出了人得其秀而最灵，具有道德理性，世界因人的存在而显现，而变得有价值有意义：形既生矣，神发知矣，五性感动而善恶分，万事出矣。圣人则定之以中正仁义，而主静，立人极焉。

二程则强调，吾学虽有所受，“天理”二字却是自家体贴出来。他们认为人心私欲，故危殆。道心天理，故精微。所以应当灭私欲而存天理。天理具有至上性，自然推出“饿死事极小，失节事极大”的必然性结论，从而使其理学备受诟病。他们念兹在兹的天理，复是何物？仁、义、礼、智是天理；君臣、父子、兄弟、夫妇、朋友相处之道是天理。他们为三纲五常正名，也为三纲五常的合理性辩护。在他们看来，在天为命，在义为理，在人为性，主于身为心，其实一也，只是从不同方面来看待自然、社会与人生的最高本体。二程理学认为有理则有气，理主而气从，理气是合一。人要领悟证得最高本体，一方面须向内用敬涵养本心，另一方面须向外用力，格物致知，通过合内外之道，才能做到廓然而大公，物来而顺应，定性而不惑不乱。

20

伦理纲常是理的一个重要含义。程颢的“天即是理”，将封建伦理关系神圣化，认为维护封建君权和父权统治的道德法则是绝对永恒的真理，是世界的根源并且是唯一的。不可否认，在封建社会，这有效地维护了封建君权统治，也营造了父权的社会氛围，在一定时期内稳定了社会，也对后世造成了深远的影响。

时代在发展，社会在进步。当我们用现今的眼光看，这是统治者及统治阶级为维护自身利益的手段，是对人思想的禁锢，是大男人主义的体现，是对女子权利的无视与否认。

而这影响的是几十代乃至几百代人。在父亲的描述中，在我的印象中，爷爷就是一家之主，是奶奶的天，是父亲他们兄弟姐妹几个的权威存在，是不容反驳的。爷爷走后，有一段时间，这个大家子存在的矛盾慢慢显现，乃至需要一段时间去磨合。我相信很多爷爷那一辈的人都有这样的意识，而今，我们也不能绝对说这个社会中的人没有了这种思想。

伦理纲常还会影响多少代人，那是一个未知数。

45

“不为穷变节，不为贱易志。”（桓宽《盐铁论·地广》）不因生活困厄而改变自己的节操，不因地位低贱而变更志向。充分肯定了气节，节操的重要性。子曰：“君子固穷，小人穷斯滥矣。”（《论语·卫灵公》）面对国家奸臣当道，山河破碎，屈原发出“举世皆浊我独清，众人皆醉我独醒”的感叹，投身汨罗江；面对权贵当权，李白发出“安能摧眉折腰事权贵，使我不得开心颜”的心声，行游山水；面对敌人的诱降，文天祥不为所动，发出“人生自古谁无死，留取丹心照汗青”的回应，从容就义。这些是坚守气节之人，历史记住了这些人，这些人流芳百世，永垂不朽。然而也有失节之人，面对金国的利诱秦桧诬陷岳飞，面对日军的利诱汪精卫投降日本，面对明朝的失败，吴三桂投清绞明。如果说是因为名利或生死而放弃节操，如果说是因为饥寒而失去人生的原则；如果说是为了个人私利而出卖国家，丧失民族气节。那么他将永远被历史抛弃，那么他将永远受到历史的谴责与唾骂，那么他是无论如何都不值得提倡和赞扬的。一个人一旦失去了节操，那么便可以在遇到危难之时出卖自己的灵魂。

一个人不能失去气节，一个群体、一个国家、一个民族更不能丧失气节。如果说一个人连气节都没有了，那么苟活于世就如一条下贱的狗一样，活着难道还有价值，还有意义吗？人就应当“不为穷变节，不为贱易志”（桓宽《盐铁论·地广》），坚守气节。

41

二程的人性论包括天命之谓性、生之谓性、定性三个方面。

天命之谓性亦称道心。程颐曾提出“性即理也”的命题，认为“天命之谓性”的性就是“理”，也就是“五常”。他说：“自性而行皆善也，圣人因其善也，则为仁义礼智信以名之。”（《遗书》二十五）生之谓性亦称人心。人性包括诸多道德内容，为何人们的行为还是有很多不符合道德标准呢？程颢认为这是气的影响，气有清浊之分，于是人的思想就有善恶之分。他说：“有自幼而善，自幼而恶，是气禀有然也。”（《遗书》一）程颐说：“气有清浊，禀其清者为贤，禀其浊者为愚。”（《遗书》十八）这就是说，人们的恶习是从先天禀受的气质中带来的。在二程的眼里，定性即“夫天道之常，以其心普万物而无心；圣人之常，以其情顺万物而无情。故君子之学，莫若廓然而大公，物来而顺应。圣人之喜，以物之当喜；圣人之怒，以物之当怒。是圣人之喜怒，不系于心而系于物也”。《定性书》二程根据他们的人性论提出了“存天理，去人欲”的观点。他们认为每个人都应克服人欲，保持以天理为内容的本性。

我认为，二程的人性论在孟子的性善论的基础上又进一步深化了，回答了性为什么至善，为什么会产生恶的因素等一系列问题，它在儒学发展史中独树一帜。

30

古人云：“饿死事小，失节事大。”这句话一直被不少当代人所批判，觉得这种想法的提出是对女性的压迫，是十分残忍的做法，使多少不幸失去丈夫的女子再也不能寻找下一段的幸福。以前我也是一直这么认为的，但通过学习，我对这句话又有了全新的见解。

“或问：‘孀妇于理，似不可取（娶），如何?’伊川先生（程颐）曰：‘然！凡取（娶），以配身也。若取（娶）失节者以配身，是已失节也。’又问：‘人或居孀贫穷无托者，可再嫁否?’曰：‘只是后世怕寒饿死，故有是说。然饿死事极小，失节事极大。’”（《程氏遗书》卷二十二）这就是“饿死事小，失节事大”的原始出处。其实从原始出处，我们就可以了解程颐这段话针对的是男、女两者，并非仅指妇女一方。从伦理道德角度出发，男子娶寡妇是一种失节行为；寡妇改嫁也是一种失节行为。而且失节，不止女子的贞洁，也指人的气节。了解前人的想法切不可断章取义。

再者，时代背景不同，古人们的一些观点自然在当代看来是落后了一些，但同时不可否认，同样的时代背景我们不一定做得比古人好。

02

一　周敦颐的主诚主静思想

在人性和道德的问题上，周敦颐继承发扬了《中庸》里的唯心主义观点，认为这种超然的本性是完全至善的，是道德的源头，有言之“五常之本，百行之源”。

为了达到“诚”这一至善的道德境界，周敦颐提出了“主静”学说，把它作为封建道德的修养之法。何为静？他解读说“无欲故静”，没有私欲的干扰就能到达安定安宁的目的。这一思想让我想起了他的《爱莲说》。

《爱莲说》与佛的缘分特别深，有记载，“一，如世莲花，在泥不染，譬法界真如，在世不为世法所污。二，如莲花自性开发，譬真如自性开悟，众生若证，则自性开发。三，如莲花为群蜂所采，譬真如为众圣所用。四，如莲花有四德，一香、二净、三 柔软、四可爱，譬真如四德，谓常、乐、我净”（节选自《华严经 · 探玄记》）。周敦颐受到佛家思想的影响，他所作的《爱莲说》同样认为莲花香洁可爱、清净不被玷污，完全可窥见其操守和旨趣——认为人性该如此，崇静向善。

二　程颐的主敬思想

主敬较早见于《礼记》，意为恪守诚敬，主敬也是孔子思想的一个重要方面，后来又被宋儒吸纳为其说的重要思想。程颐言，“涵养须用敬，进学则在致知”。他主张敬是修身之要，应当以虔诚之心涵养心性，收敛浮躁散漫的心，使自己的内外端直方正符合伦理道义。这样才算明事旷达。主敬是处事之要，对我们的现实生活具有重要的指导意义。“主敬”使人正直，使人敬业。现今诸多官员在岗职工贪污收受红包，商人非法牟利等，这些违规非法的事正是守敬之心缺失的外在表现。一言以蔽之，虔敬之心不可无，“主敬”还是有益于人生的。

26

理学代表二程提出“存天理，灭人欲”，其中程颐说“不是天理，便是私欲”的论点将天理和私欲完全对立开来，认为天理即向善，私欲即向恶。

但他们忽视了所谓的向善与否，都是由人自己赋予的，而私欲是正常人都有的，属于合理的存在，是无法和我们完全脱离的。就拿他们的“饿死事小，失节事大”来说，这个就不符合人类生存之道，即便是有人为了自己的信念，即便在物质缺乏的状况下也坚守正道，那也是一种极致克服私欲的表现。更何况对大多数人来说，只有在物质基础满足的情况下，才会去追求精神的突破。所以私欲是不可能消灭的，我们能做的更多的是在自己的私欲满足过程会损害向善的情况下尽量压制自己的私欲，从而引导自己向善。

二程提出的观点更多的是引导我们走向圣人，克制私欲，从而达到无欲则刚的境界。

48

知，就是学到的知识；行，便是去行动和实践。知行合一，则是将所学到的东西运用到切合实际的行动上并获取理论与实践的统一。

知行合一，首先便是先要获取知。从教育获得理论上的依据和自我领悟所加工的新知。我想这才是知吧。而如今教育灌输式教学，却是为了应试和升学考试，为了考试而考试，为了不纯目的的学习，以及没有自我思考与感悟的学习。只有死记硬背的内容与结构，只有试卷分数才能衡量你的学习和所知。那么这就是所谓的形式主义上的知了。这种知识是科学的吗？显然不是。

知行合一，其次是行。如果没有科学理论知的指导，行就变得盲目，行就变得无用功式的行动了。就算最终获得成功，也只是用成倍的行动耗费获取罢了。这种行可取吗？我认为不值得。

知行合一，最后是知与行的统一。既要用科学的理论知识指导实际行动，也要将实际行动去论证与发展科学理论。就如我国社会主义建设，不仅用科学的马克思主义思想指导社会主义道路的发展，而且通过探索与努力，更是将中国国情考虑在内，最终用中国化的马克思主义如科学发展观推动中国社会朝有中国特色的社会主义方向前进。

所以，单“知”不行，单“行”不行，唯有知行合一，方有高效成就。

01

以宽容之心度他人之过：退一步海阔天空，忍一时风平浪静。对于别人的过失，必要的指责无可厚非，但能以博大的胸怀去宽容别人，就会让世界变得更精彩。毛羽不丰时，要懂得让步；低调做人，往往是赢取对手的资助，最后不断走向强盛，发展势力再反过来使对手屈服的一条有用的妙计。

淮阴有一个年轻的屠夫，他侮辱韩信，说道：“你的个子比我高大，又喜欢带剑，但内心却是很懦弱的啊。”并靠他们的人多势众，侮辱他说："假如你不怕死，那就刺死我。不然，就从我的胯下爬过去。"韩信注视他一会儿，俯下身子从对方的胯下爬过去。集市上的人都讥笑他，以为韩信的胆子真的很小。之后，韩信找到刘邦，把萧何给他的推荐信呈上去，最后当上了大将军；如果韩信当初杀死那个小混混，杀人偿命，韩信也不会当上大将军，更不会帮助刘邦攻打项羽，一统天下。

32

宋代社会动荡不安，由于道、佛教的冲击，儒学独尊的地位终于动摇了，在这种情况下，宋明理学也就此产生了。"存天理，灭人欲"是朱熹理学思想的重要观点之一。著名儒者程颢、程颐认为"存天理，灭人欲"就是修养之道，他们认为人若要成为圣人，就必须彻底去掉心中的欲望。

但是我并不这样认为，首先，我认为修养之道就是"穷则独善其身，达则兼济天下"；其次，圣人也是人，是人就会有欲望，当然这个欲望也是有好坏之分的。比如有一个人本能的欲望和欲望变质后的所谓贪婪之区别，一个人饿了就得有食物充饥，这就是本能的欲望，难道圣人不吃喝拉撒吗？但若这个人为了自己去"拿"不属于自己的东西，那就是贪婪了。

所以，就像古人说的那样，"存天理，灭人欲"在一定程度上禁锢了人的自由，但也防范了个人私欲的过度膨胀，维护了社会的道德、政风和民风的和谐与美好。

06

程颐说过"饿死事小，失节事大"，这句话深刻地影响了中国古代。方苞在《赵氏贞烈传序》中说过这句话的影响力"饿死事小，失节之大之言，村儿井童，亦能耳熟，自此以后为男子者，率以妇人之失节为羞"。"贞节牌坊"的存在也是这一影响力的见证。

程颐还提出过一个观点："天理"，世界的根源是"理"，这个观点是为巩固封建制度和官僚地主阶级服务，他的道德法则是维护君权和父权统治。在我看来，我们可以把这两个观点结合起来。封建伦理关系都上升到万事万物的根据的法则上，可见程颐是封建统治的支持者。而在当时出现了与以往不同的情况，女子变得开放，程颐针对当时情况有感而发，希望改变这种情况，希望能维持父权统治的稳定。

“饿死事小，失节事大”对女子意味着禁锢，但如果放在大环境下也是令人敬佩的，朱自清不吃美国的救济粮，表现的是民族情怀。

15

“‘或有孤孀贫穷无托者，可再嫁否?’曰：‘只是后世怕寒饿死，故有是说。然饿死事极小，失节事极大’。”这是程颐对于这个问题的回答。还有一段：“或问：孀妇于理，似不可取（娶）。如何？伊川曰：‘然！凡取，以配身也，若取失节者以配身，是己失节也’。”以上两段对话所针对的是男、女两者，并非仅指妇女。从伦理道德的角度而言，男人娶寡妇，女子再嫁，因女子失去丈夫便没有经济来源。在程颐看来都是失节行为，也许这个想法极端了些，但是我们不能用当代的眼光去评价。这个思想在当时未产生多大影响。

在如今物欲横流的社会，怕是程老先生所不能接受的了。最常见的“街讨”，他们为了果腹而用尊严来成为他们物质来源的工具，对于这种我也只能摇头叹息却不能做更多。

在纸醉金迷的现世，我倒觉得二程的“理”更能让人安逸，只有追求精神层面上的旷世，才能保持自我。

10

“‘或有孤孀贫穷无托者，可再嫁否?’曰：‘只是后世怕寒饿死，故有是说。然饿死事极小，失节事极大!’”（《二程全书·遗书二十二》）

从伦理道德的角度来看，程颐所说的是男子娶个寡妇为妻或寡妇改嫁是一种失节的行为。他认为，人即使贫困饥寒致死也不能失去品节。但事实上，程颐并未对这一观点进行大肆宣扬，他所想表达的意思并不是我们所理解的对女性的歧视与压迫，而是将男女放在同等的地位上，提出无论男女都应守住气节，其对女性所采取的态度也是宽容的。结合当时开放的社会环境，放纵享乐的社会现象，必然是程颐这样的学者所看不惯的，所以才有了上述对话。但实际上我们要全面地看待这个问题，不能将眼光局限于男女关系之间，而是应该往大的社会现实面看。人们所追求的不应该只是享乐和权势，而是要在这种奢靡之风中保持独属于自己的气节，不为五斗米折腰。

所以我们不能用狭隘的眼光来看待“饿死事小，失节事大”这个问题，而是由此看到其背后所蕴含的深意。

49

二程认为世界的根源是“理”，也叫做“道”，即“天理”。天即理也，认为“理”为最高的实体。理的内涵即社会关系，人伦关系的总和。

古往今来，曾有无数的“仁人志士”向着所谓的天理开炮，批判其残忍性，无情性，将其认为一无是处，是社会的毒瘤。然而平心而论，社会的发展，国家的安定真的离得开“理”的约束吗？离开了规范的社会关系，人伦关系的理，我们的社会就真的能更好地向前发展吗？“人心私欲，故危殆；道心天理，故精微。灭私欲则天理明矣。”

我们不是鼓吹所谓的存天理灭人欲，而是主张用道理来限制，约束人类无限度的私欲。程颐说：“在天为命，在义为理，在人为性，主于身为心，其实一也。”（《遗书》十八）的确，人心本善，理与心也是一贯的。

于内心处守住善念，于行动中践行理法，方能最终成功成才！方可自立于天地之间！

27

“存天理，灭人欲”是朱熹理学思想的重要观点之一。那么何为天理？何为人欲？《礼记·乐记》中记载道：“人化物也者，灭天理而穷人欲者也。于是有悖逆诈伪之心，有淫秽作乱之事。”朱熹说：“圣人千言万语只是教人存天理，灭人欲，学者须是革尽人欲，复尽天理，方始为学。”（《朱子语类》卷四）问：“饮食之间，孰为天理，孰为人欲？曰：饮食者，天理也；要求美味，人欲也。”（《朱子语

类》卷十三）

我认为，存天理、灭人欲是彻底灭掉人类的欲望，甚至限制两性生活，影响到人类社会繁衍生息，这种观点无疑是过分的偏见，甚至是无知又愚蠢的。朱熹认为自然需求是“天理”，沟壑难填的欲望是“人欲”。例如，现代社会老老实实做生意是本分，利用非法手段和不利于人体健康谋取暴利是人欲；娶妻生子是天理，婚外情是人欲。若不是人类一味地追求欲望，不遵守社会秩序，谋取暴利，社会不会动荡不安，甚至于道德沦丧。正基于此，朱熹站在理学的最高点为当代社会指明道路，用人类因为一系列欲望造成的后果证明真正的“存天理，灭人欲”思想是符合现代文明的。

朱子曰：“虽小人不可能没有天理，虽圣人不可能没有人欲，圣人之所以为圣人，是因为圣人灭尽人欲存尽天理。”“存天理，灭人欲”实则是讲人的修炼与修行，要求人们通过对自己的严格要求，来获得某种品质，从而使社会更加和谐。

18

朱熹是中国封建时代儒家思想集大成的人物。朱熹的学说，受到南宋、元、明以及清代封建统治者的推崇，在加强中央集权的封建专制主义、维护封建社会秩序上产生过很大的影响。

他认为理是最高的思想道德标准，提出“存天理，灭人欲”的观点。要想到达思想上的崇高境界，就要克制自己内心的欲望，压制人的天性，这是对人性的摧残。三纲五常被他视为最高的天理，“君为臣纲，父为子纲，夫为妻纲”，用这些所谓的思想来维护封建等级秩序，更多的是对人性的压抑，当人们的压抑程度达到一个点就会爆发出来。

但是不可否认的是朱熹作为儒学的集大成者，对儒学的继承性、创新性发展，起到了重要作用，更加巩固了儒学的主导地位，使儒学发展到一个新的高度。

21

“问：‘孀妇于理，似不可取，如何？’伊川先生曰：‘然！凡取，以配身也。若娶失节者以配身是己失节也。’问：‘人或居孀贫穷无托者，可再嫁否？’曰：‘只是后世怕寒饿死，故有是说，然饿死事极小，失节事极大。”（出自《程氏遗书》卷二十二）

程颐的一句“饿死事极小，失节事极大”，使世人饱受断章取义之苦。有人痛恨这句话，也有人力挺这话。于前者，人们痛骂它是千百年来压迫中国妇女的罪魁祸首，多少居孀者饿死在所谓的贞节下。与其有这样的结果，不如选择“留得青山在，不怕没柴烧”。生命都没了，何谈贞节？而于后者，人们都赞美“宁为玉碎，不为瓦全”的男儿气概；欣赏“富贵不能淫，贫贱不能移，威武不能屈”的大丈夫情怀；歌颂“天行健，君子以自强不息”的君子豪情。是的，也许很多人都误解了程颐的本意，他并不是针对女子而提出的说法，而是对于包括男子的整个社会，女子改嫁不应该，男子再娶更不应该。

22

陆九渊和王守仁站在统治阶级的立场上，把主观唯心主义作为封建社会秩序的精神力量，挽救了当时封建统治的政治危机。然而它作为一种唯心主义思想，片面夸大了人的意志，完全脱离了客观现实，无论是对当时或者是现在都产生了消极的影响。

“心即理也”“心外无理”否认客观世界的存在，这本身就是一种错误的思想，我们都知道客观世界是不以人的意志为转移的客观存在。这不利于认识世界、改造世界，反而阻碍了社会的发展。

“致良知”“知行合一”否认人的认识来自客观世界的感觉经验，反对探求事物的客观规律。一味地注重人的主观认识，很容易陷入错误的认识中去，不利于社会的发展。同时人们会失去探索社会的兴趣，使得整个民族安于现状，造成科技落后，整个国家落后于其他的国家。落后就会被欺负。

所以，对于陆王心学，我们要有自己的思维，要辩证地看待。

24

“存天理，灭人欲”是宋代著名儒者程颢、程颐提出的道德修养目标。他们宣称，应该克服“人欲”，保持以“天理”为内容的本性。从表面上去理解，存天理，灭人欲，极为容易令人望文生义。其实，我觉得其本意并非如此。

我觉得它的主旨是：不要过分追求物质和不要过分沉溺于情感之中。在当今物欲横流的社会里，随着商品经济的蓬勃发展，人们对于追求物质的享受，其需求可谓是越来越趋于高水平了。也许，这正是顺应了社会进步与发展的历史潮流吧！世界在充满多姿多彩的同时，也是遍及诱惑的。的确，物质条件的优越可以使人生活得滋润和舒适，从而体会工作上或学习上的快感。但同时，过分追求物质上的享受，不免会养成人对生存在美好环境中的依赖性，以致在艰难条件下的生活难以自理。换一种说法，就会失去了那与生俱来的本能，或原有的淳朴品质也会随着历史的车轮所湮灭。所以，面对生活，抱着适可而止的人生态度。或许，更能体会生活的幸福和快乐。

19

午夜，高跟鞋，威士忌。

白日，笔记本，地铁站。

我们生活在这样一个苏醒过早、沉睡过晚的城市中，车水马龙，空气中总是夹杂着太多的喧闹声，而熙熙攘攘的人群，神色匆匆。即使是夜晚也不再平静，于是我们都想静静。

关于“静”，不同的人有不同的看法。而周敦颐有着不同于世人的看法，他认为“无欲为静”，提出了“主静”学说作为修养方法。在周敦颐的世界里，他希望每个人都懂得修养，即：他希望每个人都应该没有私欲以达到生活的安定、安宁，然后可以过着平静安定的生活。

周敦颐的想法太过美好，生活中的我们努力着却做不到，因为我们总是想的太多，追求的太多，渴望的太多。慢慢地，我们在“追求”的道路上越走越远，追求着那些华而不实的东西，然后忘记了我们真正需要的是什么。事实上，我们真的需要放慢生活的脚步，懂得“主静”，追求真正需要的生活。

25

绝大部分人都讨厌或憎恨汉奸，视他们为走狗。他们为什么如过街老鼠一般人人喊打呢？深深想一下，只因他们在生命与气节两者之间，选择了前者。世界上没有多少人是不怕死的，这样想想他们选择生命也是理所当然的，正如有句话说的那样，好死不如赖活着。可是你只企求着肉体上的满足，而精神上是空虚荒芜的。每日过着行尸走肉般的生活，靠出卖灵魂，活在人们的白眼与责骂之中，这样活着又有意思吗？

封建时期，每家每户以拥有贞节牌坊为无上荣耀，丈夫意外死去，女子不能改嫁，更有甚者女子不得不舍弃自己的生命来证明自己的贞节和那一份所谓的从一而终。此时，生命与气节又该做何选择呢？我们应该想想这样的贞节需不需要？丈夫死去，并非女子所害，女子也并未在丈夫生前做出背叛之事，丈夫死后，女子应有权利选择自己的未来，选择那种所谓的贞节是没有任何意义的。

生命与气节两个看似没有联系的东西，在选择的时候应权衡两者的利弊，学会具体问题具体解决。

28

关于“天理”“人欲”的含义，过去的解释有很多片面之处。就天理而言，以前人们基本都认为是三纲五常，即封建的伦理道德；就人欲而言，过去的人们把它解释为一般的欲望。二程根据他们的人性论，提出“存天理，灭人欲”。他们宣称“不是天理，便是私欲”，又说“无欲”，保持以“天理”为内容的本性。程颐说：“不是天理，便是私欲。”又说，“无人欲即皆天理”，认为天理人欲是势不两立的。

过去总有很多人对“存天理，灭人欲”有着片面的批判，对哲学史也造成一定的影响，而我觉得，这种思想对我们今天反腐倡廉、抵制私欲膨胀而滋生的腐败现象有着十分积极的借鉴意义。我们经常可以看到一些官员因一己私欲，贪污受贿，私吞国家财产，损害他人利益，作风腐败，根本原因就是私欲的恶性膨胀。因此，我们有必要在建设中国特色社会主义过程中，有必要对一些官员进行优秀的传统文化教导，在社会主义精神文明建设中发挥党员的先进模范带头作用。

34

北宋时期，儒家学者融合了佛道思想来解释儒家的义理。他们建立了以“理”为核心的新儒学体系，称之为“理学”。二程提出了以“理”为中心观念的体系，为道学奠定了理论基础。但是程颐和程颢的哲学思想也不完全一样，程颐的思想具有客观唯心主义的性质，程颢的思想具有主观唯心主义的性质。但他们都是为了维护封建统治，是企图从思想上解决当时社会安危治乱问题。

二程认为“理”的重要含义是伦理纲常，把封建伦理关系神圣化。同时强调形而上与形而下的区别，形而下是物质世界，形而上则是指“理”，认为理是气的根本。他们也认为，万物对立具有普遍性。

二程的理学发展了传统的儒家思想，为儒学注入新的血液。但有些思想也束缚了人们的发展，没有正确认识世界的本源。

09

理学，明明追求天下至真至纯之物，男的仁、义、礼、智、信，女的温、良、恭、俭、让。要多么高度文明的国家才会有这样高的精神文明素质。一旦实现，所有人都会幸福地生活在这样的环境里，没有欺骗，待人优雅。当一个民族的所有人都觉得可以用女子的性换取物质财富的时候，那个国家将会被多少人嗤之以鼻，那个国家是有多不思进取。

二程回答寡妇改嫁的时候明明是对的啊！饿死事小，失节对自己的精神伤害实在太大了，为了吃的，就忘记了精神尊严的底线了吗？

理学把自己抬得太高了，理就是天理，当被西方列强打得节节败退的时候，我国思想界还在守着这个天理自我催眠。理学缺少一份低姿态，包容的姿态。

有人会说，理学在日本、新加坡其实还是不错的。我想说，理学在新加坡等国家担当的是配角，不像我们捧得那么高，那么理学为何能当好这个配角呢？

理学确实能培养好品德，能培养具有优秀道德素质的人，这个不仅对个人待人接物有影响，对整个国家的整体素质也能带来好的效果。

17

"天理"说到底是人定的。孔子说："天何言哉？四时行焉，万物生焉。天何言哉？"天从来不说话，也不要求什么，只是被有心的人利用了而已。这些人的目的很明显——维护本阶级的统治。

清朝末期，李鸿章与俾斯麦和格兰特并称十九世纪世界三大伟人。他没有劝谏清政府顺应历史潮流进行体制改革，而是极力维护腐朽落后的政体，最后只能含恨而终。政体作为上层建筑是一种客观的存在，是需要一套与之相适应的思想去统领人们。天理在政治家那儿是实现一定政治意图的理论依据，在家庭中是丈夫对妻子的绝对领导和束缚，在君臣之间则是皇权至尊的法规。

真正的天理应该把公平正义放在优先位置。很多时候人们所谓的道德问题来源于利益关系的分配不均，虽然这是个无法根除的问题。而在阶级社会中统治阶级必然占据优势地位，这时想要突破整个社会大环境的限制是很难做到的。我们无法在为贞洁妇女立牌坊的时代谈女性的地位和权力，因为就算有也根本无法实现。可能在这方面人们做的努力还不够多。美国废除黑奴制的过程，经历了起初的反动和流血，到南北内战，这是无数的人用自己的身体为光明的未来铺出的一条道路！想让思想变成现实的唯一方式就是实践，再实践，直到最后取得胜利。如果明清那会儿有人站出来，反对这种保守思想，并且这些人一批接着一批，毫不畏惧，那么我们现在可能真的被称为大明王朝和大清帝国。

大自然中是存在理的，成为规章之后难免会使人心灵固化。真正的天理应是顺应大自然和本心吧。

36

程颐“饿死事小，失节事大”的思想，带有浓厚的封建伦理色彩。在古代，这种思想主要是对妇女的压迫和束缚。它要求妇女在守寡时，即使没有生计，没办法养活自己，都不能改嫁，要保持自己的贞洁，否则就会被定位失节。在当时，这不仅会受到舆论的指责，还会受到严厉的惩罚。因此，这一思想无疑成为了旧女性的坟墓，成为压在她们身上的一座大山。

当然，这种思想在当今这个男女平等的社会自然是站不住脚的，却依旧有它的现实意义。人们在批判它的教条和迂腐时，可曾想过它的深层内涵，为何现代社会无论是中外的政治家，还是企业家，乃至一般人都将古代先贤的思想作为指导自己现世行为的纲领。中华上下五千多年，即使遭遇自然灾难和战争都能屹立不倒的原因是什么?

因为，中华民族有自己的民族气节，“饿死事小，失节事大”的深层内涵告诉我们：说出的信仰和梦想，要用生命去付出和守护，即使要付出生命的代价，也要坚守自己的底线和原则。如孟子《鱼我所欲也》中写道：“一箪食，一豆羹，得之则生，弗得则死，呼尔而与之，行道之人弗受，蹴尔而与之，乞人不屑也。”可见，经典文献中，大同小异，无不显露出这种气节。我们每个人都应该继承和发扬。

39

“或有孤孀贫穷无托者，可再嫁否?”曰：“只是后世怕寒饿死，故有是说。然饿死事极小，失节事极大!”《二程全书 · 遗书卷二十二》原指女子失去贞操，后泛指失去节操。贫困饿死是小事，失节事情就大了。很多人认为程颐这段话只是针对女性而言，其实他所针对的是男、女两者，并非仅指妇女。他的意思很清楚，就是从伦理道德的角度而言，男人娶寡妇为妻，是一种失节行为，而身为寡妇的女子改嫁，也是失节行为。但是在南宋时期，还是有女子改嫁行为，比如大家都很熟悉的李清照改嫁于张汝舟、唐婉再嫁赵士诚，在当时的社会背景下也没有引发多大争议。

单单从字面上来看，饿死了是小事情，而失去了节操或者贞操就是大事情了，引申的含义则是不为五斗米折腰。要有骨气，但是我们应该要用辩证的眼光去看待这个问题，假若生命都没有了又怎么去谈理想怎么去谈抱负呢？但要记住生命是实现这些东西的前提。

03

众所周知，“孔颜之乐”是一种内心的强大，是孔子颜回追求安贫乐道、超脱世俗的生活。但我认为，这个社会更需要的是诚信，是所谓大众的诚信，孔子和颜回的这种追求也许在大多数人眼里是被认可的，可是他们所向往的生活却是一种消极悲观的避世态度，没有关注这个社会。仅仅靠自身的行动是难以感化世人的，而是应该用不同的方式去影响世人，教化世人。因此，在不同的时代背景之下，诞生出不同的思想来适应当时的社会潮流是值得肯定的。

周敦颐在人性和道德问题上，提出了“诚”是圣人的根本，认为“诚”是仁、义、礼、智、信的基础，是一切德行的根源。的确，在我看来，当今社会已缺少了做人最根本的诚信，诚信缺失已成为现代社会的一个危机。例如说：食品行业层出不穷的问题，老人摔倒无人敢扶，各种欺诈案件等，这些无疑都是缺少诚信的结果，都值得我们反思。同样，圣人不能只在乎自身的修行，也不能忘记当今大众社会的需要。诚信，社会之本也。

23

理学是儒学的新发展，理论上来说，某一个发展总是取精华、去糟粕的，然而在理学的发展过程中，似乎不仅仅是精华的闪光点，被人诟病却是它对三纲五常的强调的极致，所谓的存天理，灭人欲。

通常，在现代看来，对于存天理，灭人欲都是持一种批判的态度的。然而也有一种态度，就是我们需要理解那时候的时代背景。对于这两种观点，我并不赞同，因为无论是哪一种观点，都是站在一个道德的制高点去批判别人。第一种是完全站在现代的角度去批判，第二点是理解了他们的背景，然而遗忘了一个事实，就是他们的观点即使多么受环境的影响，从根本上就是错误的。就像一个人犯了罪，也不能因为种种环境原因放过他，而让他逍遥法外，所以，在考虑问题时，环境原因可以列入考虑范围，但不能忘记问题的本质。

08

“又问：‘或有孤孀贫穷无托者，可再嫁否?’曰：‘只是后世怕寒饿死，故有是说。然饿死事小，失节事极大!’”（《二程全书·遗书卷二十二》）饱受后世诟病的“饿死事小，失节事大”就是出自这句话。

二程作为理学的开创者，也是儒家学派的改造创新者。所谓的“饿死事小，失节事大”不单单是指妇女不应该因为生活贫富而去改嫁，这种行为是失节。同时男子在得知女子是孤孀，仍然娶她为妻，同样是一种失节行为。之所以在二程的学说中出现“饿死事小，失节事大”，客观说来更偏向于举一个例子来告诉人们什么是伦理纲常。结合当时所处的时代背景和道德取向，二程的这一观点是孔子“君君、臣臣、父父、子子”的另一种表现。其主要目的并不是批判妇女改嫁的行为，而是强调有秩序的封建伦理关系，来维持社会稳定，巩固封建政权。这与儒家的“礼”的思想不谋而合。

在当今，这句话之所以被广为批判，不仅是因为所处的社会环境、时代背景不同，还因为这句话本身也有些偏激了。失节的最终结果是极端的。当然孟子说：“贫贱不能移，威武不能屈，富贵不能淫”，也有人说有关民族气节时，那么即便饿死也是理所当然的。抗战胜利后，由于中美矛盾，朱自清宁愿饿死也不去领取美国的救济粮，毅然在拒绝美国救济的知识分子名单上签上了自己的大名。这种行为不仅仅在当时让广大人民百姓感到敬佩，在如今我们依然对他的高贵品行感到深深的敬意。但这并不代表要维持我们的气节，必须走向死亡这一条道路。

正如我们耳熟能详的，承受胯下之辱却用兵如神、战绩赫赫的韩信；卧薪尝胆，忍辱负重终成霸业的越王勾践；忍受宫刑却坚持著书立说，写出“史家之绝唱，无韵之离骚”的司马迁……他们没有选择壮烈的死亡，却在历史上留下了浓墨重彩的一笔。

在看待历史事件、评价历史人物时，或许我们应当学习“退一步海阔天空，忍一时风平浪静”的精神，退一步，用退一步的视野去看这没有孰是孰非的大千世界。

12

“饿死事小，失节事大”出自于《二程全书·遗书卷十二》。我觉得评价这段内容要一分为二，具体问题具体分析。

其一，程颐主张天理论，他把封建的道德标准说成是人的本性，提出“性即理”，认为“天命之谓性”的性就是理。程颐：“不是天理，便是私欲”，“无人欲皆天理”，认为天理人欲是势不两立的。从而，他认为妇女宁饿死，也不能改嫁，失去节操。他过度看重节操，把改嫁提升到道德的层面，认为“改嫁”就是不道德。这样说来，那男子丧偶再娶不是也违反伦理道德了吗？他忽视了当时妇女的自身需求。在当时这有利于巩固他的学说，与封建道德相符合，但对当时的妇女而言是极大的不公平。在现代，人人都有追求自由、幸福的权利，不能因为一句话而剥夺了他们的权利。所以这句话有不合理性。

其二，若把这句话放在一个特定的环境下，泛指人应该有节气，而不是只局限于妇女改嫁，我觉得有合理之处。我们不能因为仅仅追求物质上的充足，而失去了自己的节气。曾经某相亲网站上就有女嘉宾说过：“宁可坐在宝马车里哭，也不愿意坐在自行车上笑。”诚然，若她真的嫁入豪门，就能一辈子衣食无忧，从此过上锦衣玉食的生活，再也不用担心生计。但是她为此失去的是她的气节，一个人最基本的操守。仅仅有物质上的充沛，而精神上是匮乏的，这样的人生还值得过吗？有多少人像陶潜这样“不为五斗米折腰”，像李白一样“安能摧眉折腰事权贵，使我不得开心颜”？

所以，对于这句话我们应该辩证地看待，它对于我们现在的生活还是有借鉴意义的。

13

程颐的“饿死事小，失节事大”，在我看来，他这句话其中包含了古代封建社会对妇女的压迫和束缚。在当今社会看来，这种观点在对于妇女改嫁寻求精神上的灵魂伴侣是不可行的。但对于那些为了吃饭，单纯地为了填饱肚子，而不惜出卖了自己的灵魂的可耻行为是不可取的。孟子有句话说得好：“富贵不能淫，威武不能屈，贫贱不能移。”人不能为了自己的私欲而不择手段，如果每个人为了自己的私欲而出卖自己的灵魂，这个社会将会变得无比的功利和世俗，那么这个世界将会变得冰冷，会出现越来越多的人为了一己私欲而出卖亲人、国家和社会。

在另一个角度来看，我们对于一个问题，应该从多方面多角度地看问题，不要局限于一个方面，要全面地看问题，这样我们可以把问题分析透彻，可以看到一个事物的利与弊。这样我们的思想也能更加完整。

14

隋唐时期儒学的正统地位受到佛老之学的挑战，在宋明时期出现了以周敦颐和二程为代表的儒学家将儒学发展成了一个新体系，这就是“道学”，也叫作“理学”。北宋时期，儒家学者批判地融合了佛道思想来解释儒家的义理，建立了以“理”为核心的新儒学体系，称之为“理学”。周敦颐发展了太极动静说。“无极而太极，太极动而生阳，动极而静，静极而生阴。静极复动。一动一静，互为其根；分阴分阳，两仪立焉。”（《太极图说》），这种观点便是对唐代元末的元气说的继承和发展。并且周敦颐用太极动静说来解释伦理观、价值观，使之更符合当时的社会发展。

二程用唯心主义观点探讨出天理论，以“理”为中心把封建的伦理道德普通化、永恒化，以此来为巩固封建统治地位提供理论依据。并且“理”具有的一个重要内涵是伦理纲常、三纲五常，建立起维护封建君权和父权统治的道德法则。这样的道德法则在当时看来确实在一定程度上达到了维护统治、提升儒学地位的作用。

不管是周敦颐的太极说，或是二程的天理论、人性论和道德学说，都在当时取得了一定成效。然就现在而言，三纲五常是荒谬的，它压抑了人的个性和自由，但是我们应当把它们放在当时北宋时期所处的混乱时代，不能一味地将其放置在任何一个时代去批判它或者去照搬它。我们应该根据时代发展的特点和当时的社会情况去学习、去借鉴。

第十二章　领悟朱熹与王阳明的智慧

12

朱熹治学涉及经学、史学、佛学、道学、文学、礼学、乐律以至自然科学，无所不及，对各个哲学范畴思想命题都做了比前人更加严密和仔细的解释，对各种自然现象和社会现象的观察也做了更深入、严谨和细密的解释。

在理气方面，他认为天地之间，有理有气。理也者，形而上之道，生物之本；气也者，形而下之器，生物之具，因而理与物的关系，便可以概括为理一而分殊。从每一个人与每一个事物上看，性即理，论天地之性，则专指理言；论气质之性，则以理与气杂而言之。人禀气不同，使此心灵明，故而可以心统性情。

教育的根本目的是明人伦——以穷理正心，修己治人之道，用三纲五常维系专制统治，压制、扼杀人们的自然欲求和主观意志力量，注重气节、品德，强调人的社会责任感和历史使命感，对塑造中华民族性格起了积极作用。

02

在今天我们看来，理学（例如“存天理，灭人欲”）扼杀了人的思想，但我们放到特定的历史背景，明清中国已经走向没落，理学在当时还是被大部分人所接受，八股取士在当时还挺吃香，而且理学教化人们要遵守理法，重视个人修养，等等，映射到当今都还很有借鉴意义，我们的很多优良的价值观的形成与保持都受到影响。

我们无法抹灭宋明理学的积极影响，正如老师所说，理学重视主观意志的力量，看重人的品行气节，强调人在社会中该以勇担责任与使命的精神风貌出现，善于修己、为塑造民族正气贡献力量。

说到其消极影响，宋明理学用执拗的条条框框规定制度，压抑了人民大众不少的自然欲求和创造性。在我看来，合理的私欲是应该被认可的。从那时到现在，国家民风渐趋保守，宋以后，贞洁观念深入人心，贞节牌坊、三寸金莲畸形脚骨的后面有多少辛酸和血泪谁也没法说清。而保守的民风，到现在都牵绊着国人奋斗的步伐。

06

朱熹有许多创新观点，比如："理与气的先后关系""理一分殊""格物穷理"等，而我也从这些观点里看出了他的纠结。关于理和气的先后关系：一方面说本无先后，一方面又说理是第一，气是第二。虽然朱熹说他是从时间上来说明的，可是他又说没有理也就没有事物的存在。这是间接地承认在他心中"理"是第一位的，气并没有如此高的地位。"理"在朱熹中的地位是重要的，理成为源头。万事万物都有各自的理，却也有共同的理在连接着。理对于世界是不可缺少的存在。不仅如此，"理一分殊"的主角有时是普遍与特殊的理，有时又指太极与万物……我的感觉是朱熹把自己的观点当成了一个可以套用的公式。

朱熹虽然是摇摆的，但他也是个大思想者，他在思考着这个世界，以自己的想法来看着这个世界，这体现了古代思想者喷涌的智慧，而且他也为维护封建统治做了不小的贡献。

21

作为理学集大成者，朱熹认为理是宇宙万物的本体，它先与天地万物而存在，是万事万物的原因、法则和规律。他还说，理超越于天地万物之上，是永恒的，不生不灭的存在。他以理为核心的思想，受到封建统治者的推崇，在加强中央集权的封建专制主义、维护封建统治秩序上得到很大程度的影响。对于理和气的关系问题上，我始终没有读懂。他首先是说理是第一性的，是创造万物的根本；气是第二性的，是创造万物的材料；这样将理与气截然区分开来。但他又讲理与气不能相离。这理和气的关系，实在令人费解。

而对于这个问题，疑惑的不止我，更有好学而好奇的同学向老师提出："为什么朱熹的观点读起来这么矛盾?"老师给我们的解答是，从万物本原上说，理先气后；从万物禀赋来看，气先理后；还有一种则是理气有则皆有。不管理先于气还是理气不能分离，朱熹的思想都对后代产生了极其重要的影响。

24

朱熹是我国南宋理学家，被认为是理学的集大成者。在中国，许多人认为他确立了完整的客观唯心主义体系。一生专心儒学，成为二程之后理学的重要人物。朱熹哲学发展了二程等人的思想，集理学之大成，建立唯心论的唯理论体系。认为"理""气"不相离，但"理在先，气在后"，"理"是物质世界的基础和根源。纵观朱熹的学术研究，"格物致知"这四个字无疑是其思想的精髓。

"格物致知"源出于《大学》。《大学》中讲："古之欲明明德于天下者，先治其国。欲治其国者，先齐其家，欲齐其家者，先修其身。欲修其身者，先正其心。欲正其心者，先诚其意。欲诚其意者，先致其知，致知在格物。"论述了儒家以修身齐家为根本的政治伦理哲学中，格物致知是何其的重要。就朱熹哲学而言，"格物致知"论不仅是对一般典籍的整理，更是根据他的"理气论"的哲学结构而阐发的为学方法。同时，这还是阐述把外在伦理规则内化为个人内在道德的修养论。所以，朱熹的"格物致知"论是内外本末功夫的一以贯之，"精细俱到，统体兼尽"。

总的来看，朱熹的"格物致知"论既在求真，也在求善。与事事物物上求理的"格物"之功，不仅获得了对于外部事物的知识，也是对于自身道德体认的实践。从"格物致知"是求真求善的途径上可知，朱熹哲学中"穷理"和"明善"是结合在一起的。

25

何为格物致知？朱熹认为致知在格物，就是讲，要想得到知识，就在于就物而研究它的理。放在当代社会来理解，认识事物，要深刻理解其内在道理。如何深刻理解，只有通过不断实践这样一个循序渐进的过程，一边实践，一边认识，才能掌握其真正的道理。

孔子一句关于学习的话与朱熹的格物致知有着异曲同工之意。“学而不思则罔，思而不学则殆。”光学习不思考你会迷茫，只思考不学习你也会毫无收获。学与思结合才是成功的关键。掌握了一门技巧，你要学会运用，在运用之中，你也能学到更多。

而在现实生活中，大多数人都是处在学而不思的状态。缺乏探索的精神，懒得去问为什么，沉浸在照搬照抄的安逸生活中，所以有些东西，有些人只能说学到了，却不能说是自己拥有了。没有了好奇的为什么，这是学习的悲哀。拿上海沉船事件来说，事情发生，连续几天都是报道伤情如何，如何救助，了了几篇简单概述了为什么会沉船的原因，不去学会好奇，不去学会反省原因，什么事都做不好的。

28

朱熹发展了二程的理一元论，建立了一个完整的客观唯心主义体系。他虽然认为每一种事物都各有各自的理，但他又认为这些万事万物的理，都是一个最根本的整体理的内容，即“太极”。太极中最主要的是仁、义、礼、智这四种道德。他进一步把这四种原则强加到自然界上去。他认为，“春天草木生长，体现了仁；夏天草木茂盛，文采丰富，体现了礼；秋天结成果实，收敛起来，体现了义；冬天草木凋落，生机潜藏，体现了智”。

我认为，他牵强地把仁、义、礼、智等道德属性，说成是自然界四时变化的固有的规律，赋予自然界以道德属性，而在实际上是要把这些道德规范说成是像自然规律那样是永恒不变的，不能违背的。我认为这是很片面的，四季变化是固定不会变的规律，然而仁、义、礼、智四种传统道德是会随着历史发展历久弥新的，它会不断丰富完善其含义和作用，而并非一成不变的。道德规范在不同的时期会有不同的发展和完善。

34

朱熹生活在民族矛盾与阶级矛盾尖锐的宋朝，是中国封建时代儒家思想集大成的人物。“存天理，灭人欲”就是朱熹提出的。

朱熹认为“理”是宇宙万物的本体，它先于天地万物而存在，它超越于天地万物之上，是永恒的，不生不灭的。他认为“理”是最高的、绝对的、永恒的和必然的。朱熹首先犯了唯心主义的错误，认为思想是世界的本源，但是在朱熹生活的年代这是不可避免的错误。

我认为“灭人欲”违背了人的本性，有欲望是人正常的情感。朱熹强调灭人欲会使人的正常生活遭到破坏，对社会的影响很大，对妇女的影响尤其大。其压制了扼杀了人的自然欲望和创造性，对妇女进行了多方面的禁锢。

朱熹“存天理，灭人欲”的思想除了可以加强统治之外，其实对人们也有积极意义。理学注重主观意志力量，注重气节、品德，强调人的社会责任感和历史使命感，对塑造中华民族性格起了积极作用。

36

相对于朱熹“存天理，灭人欲”的思想，我更赞同王夫之提出的：天理和人欲是统一的，天理存在于人欲之中，离开人欲的天理是不存在的。相比较而言，朱熹的思想过于偏激，似乎太不近人情了，他要求要存天理，就必须灭尽人欲。这不仅是事实所不容的，我更是不赞成的。首先，人的欲望有好有坏，邪恶的欲望自然是天理所不容的，但正义的欲望不仅可以激发人的潜能，还有利于人们成功、成才。这对于当今这个社会尤为适用。当然，最好的是天理和人欲相互制约，共同发展，正如康德所说：我这一生只仰望两样东西，一是头上的星空，二是心中的道德律。人的欲望若能以天理为准绳，那么就会阻止人走向邪恶之路。

还有朱熹“格物致知”的思想，是教人明道德之善，而非求科学之真。不只朱熹，中国古代的大家都崇尚研究道德领域的孰是孰非，忽略了对自然科学的探索，要知道只发展个人的道德，只想不做是无法使一个国家强盛的。所以，近代中国的屈辱史，不就是意料之中的事。然朱熹的思想依然是中华民族宝贵的精神财富，亦有其积极意义。

03

村上春树曾说："世上有可以挽回和不可挽回的事，而时间经过就是一件不可挽回的事。"是啊，时间匆匆而过，而我却依然没有停下脚步去细细品味一本书。古人朱熹热爱儒家经典，仔细品读四书五经，提倡圣贤的思想去观察客观世界。也许在现代人看来，儒家学说并不一定是经典，甚至有些教条主义，还有些是为了维护政治统治而衍生出来的一些思想。可是在我看来，现在的人们缺少的不是批判他人的眼光，缺少的是是否能够静下心来像朱熹那样去品读一部书，或者是一篇文章。这个社会充斥着各种心灵鸡汤、小短文等。在忙碌的都市生活中，人们习惯在地铁、车站、机场等地方依靠这些精简的文章来消磨时间，并没有真正静下心来去细细品读一部书。

正如朱熹所提倡的格物需读书，一部好书能使人的气质得到提升。所谓"读书在某种意义上来说是养心"。当你的心灵得到提升，你的世界也必将更加广阔。

05

朱熹是理学的集大成者，使理学逐渐发展成为正统的官方哲学。从根本上说，理学的目的是抬高封建道德的地位，以巩固封建社会的等级秩序。朱熹在其中扮演了一个重要的角色，对于他的思想有两点我是感受比较深的，分别是"格物穷理"和"人性论"。

"格物穷理"我是赞同的，我觉得要想获得知识，就要付诸实践去研究，去学习。这与马克思主义的实践观是有异曲同工之妙的。不像王守仁的"致良知"，完全靠心去感受世界，要求自身反省即可，这就是典型的主观唯心主义者。所以，朱熹的这个观点还是合乎时宜的，从来没有不劳而获的，有的只是努力争取！

而他的“人性论”我是不敢苟同的，他主张“存天理，灭人欲”。这比二程的“存天理，灭私欲”更加苛刻，更加压迫人性，他反对人有过高的自然欲求。在我看来，这完全就是为统治者提供思想武器，我不相信他本人就没有奢求过。在当代，人有欲望是很正常的，谁不想要过得好一点，所以他们才会发挥所长去追求自己想要的，才会不断地拼搏。朱熹的这个思想轻视了个体自由，捆绑了性情，忽视了人的创造性，使中国自然科学一直处于劣势。

所谓“金无足赤，人无完人”，思想家的思想也不一定是正确的，朱熹也是这样。所以，不管对于什么我们都要采取辩证的态度，不能一味地被别人牵着鼻子走。

08

有的时候人在看到某些事件，评论有些东西的时候就像是近视眼一样，只有走上前去，凑近它，才会看清它到底是何种模样。

谈到宋明理学，可能令人印象深刻的不是朱熹如何在二程基础上改进发展理论学说，而是各个思想家对于理学的批判。坚持“童心论”的李贽批判了理学的“存天理，灭人欲”的思想。他认为“天理”就存在于人们日常的衣食住行之中；黄宗羲更为大胆，提出批判君主专制的思想，同时与儒家千年来的一贯思想“离经叛道”，认为工商皆本……我们并没有全面地走进理学，试图去了解它。

“存天理，灭人欲”在我们的固定思想中就是没有“人性”，对人有太过苛刻的要求。而经过学习，我才知道原来所谓的“人欲”是指人的不合理情欲，更恰当点说其实是“私欲”。举一个浅显的例子，吃饱并没有错，但挑挑拣拣，要求吃好了，吃精致了，这就是理学所反对的。

在学习中，最怕雾里看花，水中望月。因为雾里看花终隔一层，水中望月终是虚幻，并没有真正看清事物的本质。

在批判的同时，我们也要看到宋明理学的确成为中国数百年来官方的正统思想，对稳定封建政治统治、维持封建社会秩序发挥了巨大的作用，同时在塑造中华民族的性格上起到了不可磨灭的影响。

12

朱熹主张“格物穷理”，他认为人不能直接认识自己，必须通过“格物”功夫才能获得新的自我认识。与陆九渊不同，朱熹主张的是自外向内的认识。我认同他的观点。我们从小被鼓励去接触自然，接触外界的事物，通过对外界的事物接触，我们从而明白道理。就如，学习马克思主义哲学中的实践是认识的来源。可见，格物（实践）是多么的重要。

首先，格物要做到对事物有彻底、详细的把握，通过“格物”这种手段我们达到“致知”。致知在我认为就是把握了事物的本质或内在规律，从而获得真正的认识。它有别于我们一般的认识。我觉得它是一种认识的升华，是由外向内、由浅及深、循序渐进的。格物致知就如同透过现象看本质，进而把握它。对于朱熹的这种观点，我们在学习上值得借鉴。对于我们专业而言，我觉得我们应该多读些书，通过对书本内容的反复琢磨和研读，从而形成自己的理解，真正做到“致知”。我们通过高考由高中进入到大学这个小型的社会环境，我们在大学里不光是学习书本知识，更重要的是我们接触到了不同的人、物、事，大学教会了我们如何接人待物处事。它为我们跨入社会这个复杂的环境架起了一座桥梁，以便我们日后更好地适应社会。我想这就是读大学的真正意义吧。

13

事物都具有两面性，在我看来思想也是一样，也是具有两面性的。并且在不同的时间段，不同的背景下来看同一思想，会有不同的体会，你会看到该思想在当时与现在其合理与不合理的成分。

宋明理学中消极的成分在我看来是有这么些，其思想容易使人们的思想僵化、呆板，局限于一定的格式中。该思想强调灭人欲，那么就会使我们的思想按照以前固有的思想思考问题，使人们缺乏创新，在我看来应该强调适当的人欲，这样才可以激发人们的创新性思维，突破原来固有的思维模式。

在我看来，宋明理学思想在当时维护了封建统治，有利于统治者的统治。在当时，这也是一种新的思维方法，使人们从理的方面来思考问题，看待问题。在一定程度上，理学起到了鼓励人们爱国的思想，它还强调了自我约束，对当今社会的发展也具有重大的借鉴意义。

14

“知行合一”指的就是知与行不能相分离，这也是明朝中期思想家王守仁的思想主张。“知是行的主意，行是知的功夫；知是行之始，行是知之成。若会得时，只说一个知，已自有行在；只说一个行，已自有知在。”（《传习录上》）王守仁这句话着重强调了知与行二者之间不可分离的关系，以此来反对知而不行的弊端。

其实不管是在什么时代，知与行都必须合一。对于国家而言，没有了解国情，一味地实行制度，那么最后的情况也可想而知了；如果上层建筑没有适应经济基础发展的规律的话，只能是阻碍经济的发展，甚至会导致社会混乱，这并不是危言耸听。

从中国的历朝历代同样可以看出知行合一的影响。秦朝统一天下，然而打江山容易，坐江山难。严刑酷罚使民不聊生，实行的社会制度没有结合现实情况，最后便迎来了顷刻间的灭亡。

就个人而言，作为青年一代，我们有时会盲目追求，没有脚踏实地，结果被现实重重伤害。如果我们知行合一，订立切合实际的目标，并在了解实际情况后去奋斗，那么离成功还会远吗？

07

朱熹是我国伟大的思想家，他继承、发展了二程的理一元论，建立了一个完整的客观唯心主义体系。朱熹的著作甚多，主要的著作是注释四书五经，为维护封建社会统治起了极大的作用。

朱熹的理学思想虽然在当时是正统的官方思想，但是存在很多矛盾的地方。比如说，朱熹认为："天地之间，有理有气。理也者，形而上之道也，生物之本也。气也者，形而下之器也，生物之具也。"也就是说，理是根本的，是第一性的。然而朱熹又说"理"和"气"本无先后之分。还有，朱熹在谈到知行问题时，他说："论先后，知为先；论轻重，行为重。"但由他的以理为最高本体的唯心主义体系决定，知是第一的，行是第二的。诸如此类的矛盾，在朱熹的思想里还存在很多。

其实朱熹之所以提出这样的思想，都是为了论证封建伦理的合理性。根据社会情况，朱熹的思想一定程度上达到了统治者的根本目的，只是从长远来看，他的思想不利于中华传统文化的继承和发展。当然，社会就是在矛盾中发现问题，进而解决问题中得到发展。所以，朱熹的理学思想虽然存在矛盾的地方，但还是促进了哲学的发展。

23

朱熹，我们都知道是理学的集大成者。他对理学的一些见解的确可称得上精辟，然而我对他的一些观点却不能苟同，例如：对于君权的至高无上，他甚至违反常理地用天地四季的变化来论证君权存在的合理性。

我们说，在一个环境下对于它存在的最高前提不予质疑，这是无可厚非的，然而却不能以这存在的客观性来加强对人们的束缚。就像朱熹所说，人的尊卑贵贱是与生俱来的，那是因为他没有感受过所谓"贱"者的生活，当一个人有时候连生活的基本要求都不能达到的时候，朱熹却还对他说，这是你天生要来承担的，你一辈子注定就是"贱者"。所谓的注定不过是统治阶级为了保障自己的利益而编出来的胡说八道。而朱熹却还要对这种毫无根据的言论俯首帖耳。这真不可谓不悲哀。

15

朱熹发展了二程的理，从而得出自己的思想。他融合了儒、释、道三教，建构了自然社会人生整体理论。

"理"是宇宙万物的本体，超越于天地万物之上，是万事万物的原因、法则、规律，即所谓天理。宋明理学中，朱熹所谓"格物"的意义就是读书，特别是儒家经典，这一点，就限制了人的思想之开拓，只教人“明人伦”，强调“人人有一太极”等。心中有性，性就是理，所以心中有理。故而有“存天理，灭人欲”。看得出来，“人欲”是一个贬义，人应该忘记自己的欲望，只跟随着天理去行事，社会就会安宁。如果一个人连自己想要的追求都没有，只是机械地在别人安排好的路线上行，一味地“灭人欲”，这是一个傀儡式的生活。

我们既要明理，也要求欲。这不仅不影响社会，反而有利于他人发展的追求。事情都有两面性，宋明理学中的积极影响，比如具有强烈的社会责任感和历史使命感，注重细节……这些都是可以为我们所用为社会所用。

46

良知是一种道德意识，致良知就是我们在生活实践中知行合一，实现良知。那么，我们生活中为什么处处出现作恶无良之人？为什么到处都是有良知却未有知行合一的人呢？中国两千多年传下来的道德传统经过一位位圣贤的补充和完善，可是为什么到了近代却慢慢消逝于人心之中呢？

唯物主义历史观告诉我们：这是由当今的社会环境所决定的。但是，难道我们今后就生活在这样尔虞我诈的环境之中吗？我们问一下自己的内心是否愿意生活在这样的环境之下，既然外在的状况我们无法改变，那么我们是否愿意去平静一下浮躁的内心，给心灵一次良知的洗涤呢？

古有柳下惠坐怀不乱，最起码可以说明欲望并不可以战胜良知。我们的心现在已经被太多的灰尘所蒙蔽了，只有良知的清水才能将它冲洗干净。我们已经在没有良知的生活中迷失了太久太久，已经迷失了我们的本心。良知对我们来说就是不断发掘自己，使自己向善，使自己无愧于心。

29

朱熹乃理学的集大成者，他开创了理学的新世界，但是这并不代表他的思想就全部都是对的。“存天理，灭人欲”（《朱子语类》卷四）这个思想，单看“灭人欲”，我就觉得是不对的。

“灭人欲”（《朱子语类》卷四）就是只要消灭人的欲望。把欲望拆开来就是“欲”和“望”，“欲”就是想要的意思，人可以有很多想要的东西，有些是物质上的，有些是精神上的。比如精神上，野心是欲望，雄心也是欲望。野心指对权势名利等过分的贪欲，在我们的生活里一般是贬义词，通俗点就是说野心是不好的；雄心指伟大的理想和抱负，这是个褒义词，也就是说雄心是好的。但是按朱熹的说法就是要消灭雄心，那就是说雄心是不好的，这和我们的现实有出入。如果没有雄心壮志那这个人还有什么追求呢，他的人生还有什么乐趣呢？这显然是以偏概全了，消灭欲望可以，但是应该消灭不合理的欲望，所谓不合理的欲望指的就是那些除自己之外的人或事有消极影响的欲望。这些欲望本来就是不好的，本就应该消灭。

31

看到“欲望”之类的词，我们会油然而生一种不好的感觉，不假思索的认为欲望是犯罪的根源，是欲望促使人们去追求更高的利益，以至于在途中迷失了方向。

朱熹提倡“存天理，灭人欲”。他认为天理是至善的，是道德标准，而“人欲则是一切不善行为的根源。只有克服和去掉人欲，才能保存和恢复天理”。但他又强调“饮食，天理也，要求美味，人欲也”。他承认饮食的要求是正当的，但实际上他是反对提高物质生活的要求，任何超出封建秩序所给予的物质生活以外的要求，都是应该排除的人欲。

按照朱熹所说，那么我们学习的目的是更好地工作，间接的是为了更高的收入和更好的生活。在年轻的时候，很少有人会单纯为了精神的追求而去读书，我们所看到的提倡精神读书的人大多是享受过了物质繁华的人，回过头来追求精神享乐。这是需要一定社会物质基础的。不然吃不饱穿不暖的时候，谁还有力气去陶冶情操？

人欲不一定是恶的，我们不是庄子，做不到他的“逍遥”境界。社会的发展都是为了追求更高的利益，社会主义的目标也是为了给予人们更高质量的生活。人欲，只要不偏离伦理道德的轨道，我觉得是有利于社会进步和发展的。

35

孔子说："饭疏食饮水，曲肱而枕之，乐亦在其中矣。不义而富且贵，于我如浮云。"（《论语·七则》）而他的弟子颜回也曾说："一箪食，一瓢饮，在陋巷，人不堪其忧，回也不改其乐。"（《论语·雍也第六》）在当时的政治背景下，他们还能够苦中作乐，不在乎自己生活环境的简陋，真的是不得不让人钦佩。他们追求的不仅仅只是物质上的享受，同时也是精神上的享乐。

宋明理学家们也在追求孔颜之乐的境界。其中二程和朱熹就是一个典型的例子。二程曾说："学至于乐则成矣。笃信好学，未知自得之乐。好之者，如游佗人园圃；乐之者，则已物尔。"（《遗书》卷十一）我觉得他们的"存天理，灭人欲"不是人们字面上理解的扼杀人们的欲望，他们要扼杀的是那些过度膨胀的私欲。如果人心的私欲过强，那么人就会很危险，他可能会步入歧途。就和课堂上有同学讲的一样，在战争时代如果有过分的私欲，那这个人很可能就成为汉奸。所以我觉得程朱的"存天理，灭人欲"在一定程度上是可取的。

宋明理学家们都知道学习孔颜之乐的境地，但是放眼现如今物欲横流的社会，不是拜金主义就是奢靡、享乐主义，过于追求自己的物质享受。这与孔子和颜回形成鲜明的对比。不求我们现在的人有多么的高尚，只求自己在享受物质之时考虑一下那些贫苦百姓。那么请问我们还有什么理由浪费奢靡呢？如果我们也能够做到孔颜之乐，那么我们还会有那么多的贪官污吏吗？还会有拜金主义的出现吗？还会有奢靡之风吗？

我们当代社会应该提倡孔颜之乐，希望现代人能够从一种功利境界和享乐主义提升到道德境界的效果。不要再出现所谓的拜金和奢靡了！

40

宋明之际的理学家们，打着儒家学说的旗号，用封建伦理道德思想愚化百姓、控制百姓，以达到为封建统治者服务的目的。他们提出的理学思想使民众愚昧，让人们顺从。其中，尤以朱熹的“存天理，灭人欲”杀人于无形为首。

朱熹认为“人欲”是一切不善行为的根源，只有克服它，去除它，才能保存和修复“天理”。所以，才产生了“饿死事小，失节事大”“女子缠足”“三从四德”等一系列的事。数代妇女深受其害，从小被强制缠足，也无法获得教育、学习的机会，完全没有自己的想法，没有独立人格，没有理想追求，盲目服从于男性。同样，理学的这一言论，对后世也产生了极其深远的影响，直到现在，一些偏远地区的妇女，依然地位低下，完全处于一个男权主义社会。

抛开这些封建伦理不谈，理学的另一大危害在于束缚思想的发展与进步。虽然在明清之际产生了王宗羲、顾炎武等一些批判理学家的人，但是，理学的消极影响依然深入骨髓，它对“人性”“欲求”的扼杀，导致中国鲜少人去钻研科学，使得科技水平底下、逐渐落后于世界潮流。所以，才导致后面的鸦片战争、八国联军侵华、日军侵华等一系列侵略战争的发生。倘若当时的中国是一个追求发展、勇于探求的国家，怎么会有这些屈辱的历史呢？当时的国人，个个安于现状、不思进取。所以说，你不挨打，谁挨打。

直到辛亥革命、抗日革命的开启，我们知道了这头沉睡的雄狮终于要觉醒了。后来，我们也做到了，用行动证明了华夏民族的实力，让世界从此对我们另眼相待。21 世纪的中国，人民从未停止前进的步伐，中国人也将会用声音告诉世界：我们是强大的。

45

当朱熹的思想上升为统治阶级的官方意识形态时，慢慢地被统治阶级者利用、曲解、断章取义。一些具有反正统之士，具有强烈批判意识的才学之士便大骂理学扼杀人性。然而，果真是这样吗？今天我就要为理学请冤，还理学千百年以来的清白。

朱熹认为：“天地之间，有理有气。理也者，形而上之道也，生物之本也。气也者，形而下之器也，生物之具也。”（《答黄道夫》）他认为理是世界万物之根本所在，是世界的本体，乃超万物之上；是构成万物的原因所在。万事万物都由其各自的理构成，如：桌子为何为桌子，因为有桌子的理让其构成桌子。而万事万物的理之上还有起统摄作用的理便是天理。

何为人欲？朱熹继承和发展了程颐的思想，认为“人欲”是“人心”中为恶的一面。“人心”之中合理的欲望可以为善一面除外。朱熹认为你“天理”和“人欲”这两部分是对立的，不是你死就是我亡。朱熹说：“人之一心，天理存，则人欲亡；人欲胜，则天理灭。未有天理人欲夹杂者。学者须要于此体认省察之。”（《朱子语类》卷十三）因此，“学者须是革尽人欲，复尽天理，方始是学”。正是因为此句话让朱熹饱受千年不白之冤。饱受千年不白之冤的是因为他们没有看到朱熹还说过另外一句话：“饮食者，天理也；要求美味，人欲也。”（《朱子语类》卷十三第二十二条）朱熹是承认了饮食要求的正当欲望的，实际是反对超出客观实际物质生活欲望的要求。反对奢靡之风，这难道是灭人性吗？如果说勤劳节俭也是灭绝人性，那么还有什么不是灭绝人性的？如果说反对奢靡之风也算是扼杀人性，那么还要提倡勤劳节俭吗？这不正是我们党反四风所提倡的吗？

如果人的所有欲望被禁欲了，这世界还存在吗？还是人吗？还有存在的必要吗？作为帝王，还能起到巩固统治的目的吗？然而，他的思想却成为科考的官方标准，所以说，这是人们对朱熹的误解。正是那些按字面理解者，曲解者，断章取义者让朱熹蒙受千年之冤。

51

每个时代都有每个时代的特征，现在的中国是坚持马克思列宁主义，民国的中国坚持的是孙中山的三民主义。在民国之前的国度坚持的又是什吗？每个朝代都有每个朝代的主流。秦朝“依法治国”，汉代独尊儒术，宋明时期就是理学大兴。

宋明理学，许多的理科生就会问，宋明理学它是什么？它包含了什么？又有什么？或者说影响了什么？面对这么多的疑问，作为一个学习中国哲学史的学生会一一帮你解答。首先，宋明理学大致分为程朱理学和陆王心学。宋明理学主要说的是宋明时期（包括元及清代时期）中国占据主导地位的儒家哲学思想体系，主要的派别是理学（程朱为代表）、心学（陆王为代表）。他们普遍主张“存天理，灭人欲”的思想观点。

宋明理学反映了中国古代社会后期有思想有见识的中国人在思考和解决现实社会问题与文化问题中所生出来的哲学智慧，它深深影响了中国古代社会后半期的社会发展和文明走势，现代的中国人仍然不得不面对由它所造成的社会及文化后果。然而也正是这个智慧成果，其在成功地回应佛老而使儒学重新走上正统地位。

思想文化影响人们于无形之中，同样地，宋明理学以三纲五常为专制统治服务，压制扼杀人的自然欲望和创造性。宋明理学适应了统治阶级压制人民的需要，成为南宋以后长期居于统治地位的官方哲学。万事有利有弊，同样，宋明理学有利于塑造中华民族的性格特征：重视主观意志，注重气节道德，自我调节，发愤图强，强调人的社会责任感和历史使命，凸显人性的高度。

26

朱熹的“存天理，灭人欲”，通过深入了解“饮食者，天理也；要求美味，人欲也”。这与二程的“存天理，去人欲”完全将天理人欲对立是不同的。

朱熹所说的“灭人欲”是在不否定人基本私欲的情况下实现的，他不否认人最基本衣食住行的保障，他要灭的是人们在满足了自己的基本衣食住行情况下的贪欲。在现代社会，这是值得我们借鉴的。

在古代，人们受理学思想的影响，满足于自己的温饱便是最大的幸福了。所以对自然的索取也是适当的，与自然的关系是和谐的。可是，所谓的现代文明社会，人类不再满足于衣食住行，而是打着人类发展的旗号对大自然贪婪索取，人类的欲望随着科技的发展愈加膨胀，给我们目前唯一的生存空间——地球——造成了一系列的破坏。在这些血淋淋的伤害前面，我们是不是应该反思一下自己的行为，我们现在所追求的发展真的是发展吗？就我而言，我就更加崇尚以前“日出而作，日落而息”的生活状态，相信和我一样的人不在少数。

吃饭是为了活着，但是活着不是为了吃饭，物质的需求仅限于维持身体正常运转，而好好活着才是我们的价值所在。不要为了自己的贪婪私欲而对这个世界造成伤害，这才是我们需要做的。

41

朱熹，早年出入佛、道。31 岁时拜李侗为师，专心儒学。他继承和发展了韩愈的道统论，宣扬道统，认为道学已经掌握了永恒的终极真理。朱熹也是理学的集大成者，他极力宣扬他的“天理”和“存天理，灭人欲”的理学思想体系。

朱熹认为，理是宇宙万物的本体，它先与天地万物而存在；理超越于天地万物之上，是永恒，不生不灭的存在；理是万事万物的原因、法则及规律。他说：“未有天地之先，毕竟也只是理。有此理，便有此天地；若无此理，便亦无此天地，无人无物，都无该载了。”（《朱子语类》卷一）而他的“存天理，灭人欲”理学思想实质就是以“三纲五常”强化统治，让百姓服从君主的统治。这一思想在一定程度上维持了社会的稳定，但是，人的欲望没了，其自主创造力也就随着下降了。这让我们想到了从 18 世纪开始，西方国家科技迅猛发展，而中国的科技节节败退，能出手的仅有一些轻工业产品。由此可见，朱熹这一理学思想扼制了人们的自然欲望和创造性。

朱熹的“理”让儒学有了新发展，但不可否认的是，它也存在不足之处。我们在学习朱熹的理学思想的时候，要懂得取其精华，去其糟粕。

47

“为什么我们的学校总是培养不出杰出的人才?”这就是著名的“钱学森之问”。

钱老之问深刻地告诉我们，中国的教育制度存在一些问题。他认为，现在中国没有完全发展起来，一个重要的原因是没有一所大学能够按照培养科学技术发明创造人才模式的方案实行，没有独特创新的东西，老“冒”不出杰出的人才。所以，针对“钱学森之问”，中国实行了“珠峰计划”，即“基础学科拔尖学生培养实验计划”，并配合科教兴国战略和人才强国战略，来大力培养顶尖的科技创新型人才。经过十几年的努力，中国取得了巨大的成就。中国培养出了具有高技术，能够创新的人才。可是，在一定的程度上，如今的人才却缺少良好的德性修养。中国教育从小就强调德智体全面发展，可是现在，却出现了严重的“德轻智重”的现象。

最近我们学习了宋明哲学中关于人本主义的教育思想，其主张要“格物穷理”“知行合一”，来达到“变化气质”，实现“天人合一”的目的。而且程朱理学明确提出“格物、致知、诚意、正气、修身”的观点，而推之至于齐家、治国，可以平治天下的教育宗旨，这肯定了教育在育人才、一道德、变气质、正人心、美风俗方面的重要作用。朱熹把这一教育观概括为培养“醇儒”教育。由此，我们可以知道，“醇儒”的教育在于培养学生的德性，具有良好的道德修养。我想，这也是我们中国现代教育所要借鉴的地方。

众所周知，中国的学校教育或者是家庭教育都存在严重的重智轻德现象，重智轻德不仅对个人，而且对家庭，甚至是对国家长远的健康发展都会产生不利的影响，毕竟少年是国家的未来。醇儒教育思想强调德性的修养和提高学生的道德品质，这是我国教育思想和教育目标所提倡的，也是我们学生所需要的。例如：各大高初中学校，都有一节班会课，却被变相成为自习课。本来这是可以让学生有很多的时间学习，可是大多数学生却不支持。希望班主任可以在此刻给它们放些正能量的视频。所以，我觉得中国的现代教育，可以借鉴宋明理学的“醇儒”教育，在提高学生智力时，既要让他们掌握创新的科学技术，又要加强他们道德修养，做到德智相协调，培养出既具有创新型科学技术素质，又具有良好的思想道德素质的人才。不过对于“醇儒”教育思想，要本着“扬弃”的态度。

所以，本着客观的态度，扬弃吸收“醇儒”教育的思想，是解决如今重德轻智的问题的一条有力途径。

48

“饿死虽小，失节事大。”（《二程遗书》）二程将纲常伦理封建道德规范升级至天理的高度，将人欲与伦理对立，将伦理作为最高尺度来衡量人们，将其作为最高的社会规范。

难道真要这样做吗？有没有考虑过守寡的妇人？人家失去爱人已是悲痛至极，将来面临痛苦而又寂寞的生活更是难过。古代女子主内，男子主外，男子劳作挣钱养家，女子在家相夫教子就可以。现在唯一的劳动力失去，除了自己还有高堂，这样的妇女拿什么来养家？拿什么来孝敬父母？拿什么来抚养孩子长大？不说平常的伦理道德实现不了，自己也将饿死在这个无情的世界。没了生命，拿什么去实现价值，没有生命，何谈其他呢？人非圣贤孰能无欲，就算圣贤也有欲望啊，更何况一介平民呢？再说，如果男的失去了配偶，在古代基本还可以再娶。这就是在道义上存在性别歧视的典型。何况婚姻自由，也要考虑女性的需求。

最后，联系当代，如果“饿死虽小，失节事大”在婚姻自由方面上大谈节操问题，现今生活中还有比这更失节的——“宁愿在宝马上哭，也不愿在自行车上笑”这样虚荣的拜金主义——更相形见绌。在这个民主与自由的时代，也许不会饿死人，但仿佛失去的节气更多，难道不是吗？

43

为复兴儒学，韩愈率先提出道统论，把儒学上升到天理的高度，而朱熹也提出事物的根本及核心是理，认为理的主要内涵乃儒学中的三纲五常、三从四德。实际上，宋明理学在本质上是对儒家学说的批判继承，是一次儒学的复兴运动。

朱熹提出“存天理，灭人欲”，认为人的私欲（指不正当的欲望）应该灭绝。比如，人穿衣吃饭是正当的欲望，而人要吃美食便是私欲了。他并不是排斥人的正当欲望，排斥的是人的私欲。但他就是这样告诉人们什么可做不可做，什么是对什么是错，逐渐形成了一个评价对错的标准，用这样的评价标准架构在人们的身上从而束缚和约束人性的发展，而这套标准又是为统治者服务的。统治者用这一套去管理国家，管理人民。这样朱熹就达到了他的目的——让儒学再次成为官方哲学，成为社会主流的思想体系。

所有思想的出现都是有其目的性的，它立足于当时的社会历史背景。有什么样的社会就会有什么样的符合这个社会的思想。当这种思想不符合这个社会时就会有新的思想取代它。所以，我们要透过理学表面的各种现象，看到它真正的本质——建构起一种思想体系从而服务于当时的统治阶级。这就是儒学的真正面目。

后　记

今年上半学年，我们班开设《中国哲学史》课程，同学们在学习过程中，对中国古代哲学思想展开了全面思考，引起了广泛共鸣。此书便是在老师的建议组织下，从同学们所思所想所写材料中选择一些文章进行整理汇编而成，这种做法极大地激发了同学们独立思考与探究的兴趣。本书从筹划、汇编到成册历时近一年时间，经老师同学一起精心选择与反复修改，最终定稿。由于篇幅所限，我们在编辑过程中只能选取《中国哲学史》课程上课期间老师所讲主题中选取一些具有一定深度与广度，最有代表性的同学的文章。同时，因我们能力水平和经验有限，本书肯定存在许多瑕疵，敬请读者批评指正。我有幸撰写后记，不禁思绪飞扬。总结回顾中国哲学思想发展的源流，让我的心灵再一次受到中国哲学智慧的启迪。

盖文王拘而演《周易》创立《易经》，“太极生两仪，两仪生四象，四象生八卦……”试图揭示宇宙之奥妙，开启中国哲学之源头。从《易经》衍生出来的义理派，至春秋战国时期，发展形成诸子百家：道家、儒家、墨家、法家、兵家、农家、杂家……百家争鸣，文化大发展，掀起了第一次思想解放潮流。道家由老子所创，后经庄子继承发展形成老庄之学；孔子创建儒家，经孟子、荀子继承发展成为大宗；墨子建立墨家，战国一度成为显学，后逐渐没落；法家经管子、李悝、吴起、申不害、商鞅等到韩非为集大成者；兵家由孙武所创，经孙膑、司马穰等各著兵法，影响甚广。流派纷纭，各自游说诸侯君主推行自己的主张。在历史的大洪流面前，法家适应了形势所需，秦国采用法家思想治国，国力强盛。秦始皇统一六国，焚书坑儒，儒家陷入低谷；西汉初年黄老学说盛行，汉武帝时期，今文经学派的董仲舒应答策论提出大一统思想，适应了加强封建君主专制主义中央集权之所需。汉武帝“罢黜百家，独尊儒术”使儒家获得独尊地位；东汉分裂割据，礼教遭到破坏；魏晋时期，以王弼、裴頠、竹林七贤、郭象等为代表的玄学家，研读三玄（《易经》《老子》《庄子》）形成魏晋玄学思想；后佛教盛行，与儒家形成三教并行之势；唐初佛道思想严重冲击儒家地位，士大夫为维护儒家统治地位，以韩愈、柳宗元为代表率先掀起儒学复兴运动；宋明时期儒学家融合佛道思想来解释儒家义理，他们创立了以“理”为核心的新儒学体系，称之为“理学”。“理学”形成有三条路径：以张载为代表的气学为路径，以二程（程颢、程颐）、朱熹为代表的理学为路径；以陆九渊、王阳明为代表的心学为路径。宋代新儒家为儒学的统治地位重新确立进行了新的构建，将儒学上升至天理的高度；面对理学逐渐走向固化，明末清初，以李贽、黄宗羲、顾炎武、王夫之等思想家对理学进行批判，抨击君主专制，使儒学在批判中得以继续发展。

综上所述，中国哲学史以儒道思想演变为主线，影响中国两千多年，时至今日依旧深刻。中国哲学史是一幅画卷，画卷里有丰富、美丽、精彩的景色，需要我们去欣赏，去探究。在编辑过程中，我深刻体会到同学们对中国古代哲学思想进行思考与探究的个性化色彩，深刻体会到博大精深的中国古代哲学思想具有的独特魅力。我感慨中华上下五千年的悠久历史，惊叹中华儿女日积月累的生活智慧。那孕育了光辉灿烂的华夏文明，犹如一颗璀璨的星辰，无时无刻不在照亮国人的前行之路，推动着历史巨轮驶向辉煌。我相信历史一定会永远铭记那些为中华文明进步付出艰辛努力与做出巨大贡献的仁人志士，古圣先贤。今天，是追求中国梦的时代，中国梦是民族复兴梦。民族复兴梦里有文化复兴梦；文化复兴梦里有中国哲学复兴梦。我们有理由坚信——中国的哲学将会获得新的发展。因为它是照亮我们前行之路的星辰！课后写作的过程亦是学习的过程，学习的过程更是思考的过程。但愿我们都能继续坚持在学习中写作、在写作中学习、在写作学习中思考的良好习惯，以提升独立思考能力，培养健全人格。

尹业初